법학입문

권영복 · 백승흠 · 이철호 共著

21세기사

머 리 말

인간은 사회적 동물이다. 사회적 동물인 사람은 홀로 살아갈 수는 없으며, 다른 사람과 더불어 살아간다. 이러한 인류의 사회생활이 원활히 운영되기 위해서는 사회구성원이 공동생활의 규칙을 잘 지켜야만 한다. "사회 있는 곳에 법이 있다"라는 격언이 의미하는 바와 같이, 인간은 사회규범(社會規範)에 의하여 공동생활의 통일과 질서를 유지하게 된다.

법은 인간이 공동체생활을 유지하기 위한 최소한의 약속이다. 법을 준수한다고 해서 인격자라고 할 수도 없다. 현대사회에서 법에 대한 이해는 민주시민으로서 최소한의 의무이며, 사회생활의 필수적 요건이 되었다. 아울러 법 없이 살 수 없는 세상이 되었다. 민주 사회는 자유로운 경쟁과 거래를 보장하고 있지만, 한편으로는 법률과 법 제도를 악용하여 사회적 약자를 해치며 이득을 보는 교활한 사람들도 있다.

자신이 법률지식을 갖고 있지 않으면 눈뜨고서 속고 피해를 당할 수밖에 없는 세상이다. 세상을 살아가다 보면 크고 작은 여러 가지 법률적인 문제에 부딪히게 되지만, 자신의 권리와 이익을 올바로 지킬 수 있는 방법을 몰라 당황하는 경우가 있다. '예방' 의학의 중요성만큼이나 법률세계에서 분쟁을 사전에 막는 '예방 법학'이 오늘날 더욱 중요하다.

법학(法學)은 "빵을 위한 학문(Brotwissenschaft)"이라고도 불리 운다. 이 말이 유명해지게 된 것은 19세기 근대 독일 형법학의 아버지라 불리는 안젤름 포이어바흐(Paul Johann Anselm Ritter von Feuerbach)가 사용하고 부터라고 한다. 이는 법학이 현실적인 학문이라는 다른 표현이라고 본다. 이 표현이 속물적인 의미만을 드러내고 있다고는 생각하지 않는다. 법학이라는 학문의 특성상 재미없고 필요에 의해 할 수 없이 하게되는 경우라 할지라도, 성실하게 꾸준히 시간을 투자하면 좋은 결과를 얻을 수 있는 학문이라 할 수 있다. 이는 오히려 법학을 공부하고 있는 사람들에게 희망을 제시하고 있다고 본다.

　법학은 헌법·행정법·민법·상법·형법·민사소송법·형사소송법·사회법·국제법 등을 이론적·체계적으로 연구하는 학문이다. 대학에서 '법학입문'이나 '법학개론'은 법학에 관한 일반적인 기본개념과 기본원칙들을 체계적으로 배우고, 위에서 이야기한 주요법률의 전반에 관한 기초지식 및 그 상호관계에 관한 지식을 습득하기 위한 개론 교과목이라고 할 수 있다.

　이 책은 대학에서 법학의 기초지식의 습득을 필요로 하는 대학생들과 경찰 및 소방공무원 등 각종 공무원시험 준비생, 경비지도사 등의 자격시험, 기업체 입사시험 등에서 법학전반에 대한 지식을 습득해야 하는 사람들이 법학에 대한 체계를 세울 수 있도록 기본적인 내용을 중심으로 집필되었다. 원고를 완성하고 보니 미흡함이 눈에 띈다. 강의를 통하여 미진한 부분을 계속하여 보완해 갈 작정이다.

　항상 출판을 문의할 때마다 어려운 출판환경에서도 상업성(商業性)을 따지지 않고 흔쾌히 출판에 동의하며 좋은 책으로 만들어 주시는 〈21세기사〉 이범만 사장님께 거듭 감사드린다.

2014년 1월 30일
저자 일동

목 차

총 론

CHAPTER 05   법의 효력   60

CHAPTER **03**　형 법　　　　　　　　　　　182

CHAPTER 04   민 법   210

CHAPTER 08   사회법   327

총 론

Chapter

01 법의 개념

1 법의 의의

Ⅰ. 법의 의의

법은 무엇인가? 법이란 정치적으로 조직된 사회의 강제력을 수반하는 사회규범이라고 일반적으로 정의된다.

법의 뜻을 한마디로 정의한다는 것은 어려운 문제이며 사람에 따라 여러 가지 의견이 있을 수 있다. 법의 개념을 밝힌다는 것은 법학의 처음이자 마지막의 과제라고도 할 수 있는 법학의 궁극적인 문제이다. 법학을 공부함에 있어서 처음부터 법의 의미를 정확히 이해하기는 어려우며, 법의 일반적 정의를 염두에 두고 법의 실제적인 내용을 파악해 가는 과정에서 그 의미가 드러나게 될 것이다.

1. 법은 당위(當爲)를 명하는 규범이다.

법은 하나의 규범이다. 규범이란 사람이 마땅히 지켜야 할 당위(Sollen)의 법칙을 말한다. 예컨대, "사람을 죽이지 말라", "빌린 돈은 갚아야 한다"와 같이 사람이 하여서는 아니 될 것(부작위)과 사람이 하여야 할 것(작위)를 명하는 명제가 규범이다.

이러한 당위의 법칙은 필연성이 지배하는 자연의 법칙과 구별된다. 예컨대, "물은 위에서 아래로 흐른다", "사람은 모두 죽는다"와 같은 존재(Sein)의 법칙은 모든 자연현상에 예외 없이 적용된다.

2. 법은 사회적 규범이다.

아리스토텔레스(Aristoeles, B.C. 384-322)는 인간은 '사회적 존재'이며 인간 존재의 본질은 '사람과 사람과의 결합'에 있다고 하여, 인간의 사회성(社會性) 즉 사회 속에서 살아야 하는 인간의 본성에 대하여 강조하였다. 사회적 동물인 사람은 홀로 살아갈 수는 없으며, 다른 사람과 더불어 살아간다. 이러한 인류의 사회생활이 원활히 운영되기 위해서는 각개의 사회구성원이 공동생활의 규칙을 잘 지켜야만 한다. "사회 있는 곳에 법이 있다"라는 격언이 의미하는 바와 같이, 인간은 사회규범(社會規範)에 의하여 공동생활의 통일과 질서를 유지하게 된다.

이와 같이 법은 다른 사람과의 관계를 규율하는 규칙이라는 의미에서 개인규범과는 구별되며, 사회규범에는 법 뿐만이 아니라 도덕, 종교 및 관습 등이 있다. 이러한 사회규범은 원시사회에서는 서로 혼합하여 존재하였으나, 사회집단의 거대화와 공동생활이 복잡해짐에 따라 점차 분화되어 발전해 왔다. 역사적으로 국가성립 이전의 원시상태에는 법이나 도덕, 종교가 다같이 관습으로 존재하다가 내면적·자율적·개인적 측면은 도덕·종교로, 외형적·타율적·공권적 측면은 법으로 분화·발전되었다. 현대사회에서 가장 중요한 역할을 하는 사회규범은 법이라 하겠다.[1]

3. 법은 정치적으로 조직된 사회의 강제규범이다.

법은 정치적으로 조직된 사회, 즉 국가의 강제력이 뒤따르는 규범이다. 법이 강제력(强制力)을 수반한다는 것은 그 실효성을 지키기 위한 것이다. 이런 의미에서 독일의 법학자 예링(Rudolf von Jhering, 1818-1892)은 "강제가 없는 법은 타지 않는 불, 비치지 않는 등불과 같다"라고 표현하였다.

이와 같이 법은 자기를 거부하는 자에게 반드시 일정한 통제와 강제를 가한다는 점

---

[1] 근대 이후에는 정치와 종교가 분리되고 개인의 자아와 단체로부터의 독립성이 인정됨으로써, 법은 종교·도덕·관습 등 다른 사회규범과 구별되는 독립된 사회규범으로서 질서유지 기능을 담당하게 되었다. 특히 근대국가에는 개인과 전체의 조화, 개인과 개인간의 이해조정의 문제가 복잡하게 전개됨에 따라, 법규범도 더욱 복잡해지고 국가권력에 의한 강제력이 없이는 그 기능을 수행할 수 없게 되었다. 사회의 대규모화되고 복잡화된 오늘날 사회규범은 그 중심이 관습에서 도덕과 종교 규범 그리고 법으로 점차 옮겨가고 있다.

에서 도덕, 관습이나 종교와 같은 사회규범과 성격을 달리한다. 다시 말해서, 법은 사회구성원에 의해 일반적으로 승인되고 궁극적으로는 물리적 강제력에 의해 유지·강행되는 규범이다.

Ⅱ. 강제규범인 법의 구조

사회생활에서 지켜야 할 행위의 준칙인 법은 일정한 행위를 할 것과 일정한 행위는 하여서는 아니 된다는 작위·부작위(금지)의 명령을 내린다. 한편 강제규범(強制規範)인 법은 위와 같은 행위명령에 따르지 않는 자에 대하여 국가의 강제력을 동원하여 일정한 제재를 가하게 되는데, 이와 같이 법규범은 행위규범과 강제규범의 구조를 갖고 있다.

1. 행위규범

"약속을 지켜라", "남의 물건을 훔치지 말라"와 같이 사회생활에서 지켜야 할 법칙이 행위규범(行爲規範, act normative)이다. 이러한 행위규범이 준수되면 사회질서가 유지될 수 있기 때문에, 좁은 의미의 사회규범은 행위규범만을 가리킨다. 도덕이나 종교규범도 일종의 행위규범이라 하겠으나, 법규범은 강제규범과 결합되어 그 내용의 실현이 뒷받침된다는 점에서 차이가 있다.

예컨대, 형법 제250조「사람을 살해한 자는 사형, 무기 또는 5년 이상의 징역에 처한다」라고 할 때, 그 의미는「살인자는 처벌된다」라는 강제규범을 명시한 것인 동시에, 「사람을 살해해서는 안 된다」라는 금지의 행위규범을 전제로 하고 있다.

2. 강제규범(재판규범)

인간의 사회생활은 제1차적으로는 행위규범에 의하여 그 질서가 유지될 수 있으나, 모든 사람이 이를 지키는 것은 아니다. 만약 어떤 사람이 행위규범을 위반하면 국가의 강제력이 이에 개입된다. 예컨대 약속을 지키지 않은 자에 대하여는 강제이행과 손해배상(민법 제389, 390조), 남의 물건을 훔친 자에 대하여는 6년 이하의 징역(형법 제329조)과 같은 강제조치가 취해지게 된다. 이러한 국가의 강제력은 재판을 통해 확정·집행되므로 강제규범을 재판규범(裁判規範, justice normative)이라고도 한다. 이와 같이 법규범은 제1차적 규범인 행위규범과 제2차적 규범인 강제(재판)규범이라는 이중구조를 가지고 있다.

3. 조직규범

법규범은 행위규범과 강제규범만으로 나눌 수 있는 것은 아니다. 그밖에도 국가기관 또는 사회단체와 같은 법률관계주체의 조직에 관한 규범이 있다. 예컨대 헌법중의 국회·대통령·법원조직에 관한 규정, 국회법, 정부조직법, 법원조직법, 지방자치법 그리고 민법상의 법인, 상법상의 회사에 관한 규정들이 이에 속한다. 조직규범에 의하여 국가권력이 어떠한 조직과 절차에 의하여 제정·적용·집행되는가, 또한 이러한 일에 종사하고 있는 공무원이 어떠한 권한·책임을 갖고 있는가가 명확하게 되어 국가 법질서의 통일이 유지된다. 국가조직도 법에 의하여 결정되는 것이다. 이러한 조직규범(組織規範)은 일반국민의 직접적인 의무나 이에 대한 강제를 규율하는 것이 아니라 법적 단체의 조직에 관한 규범이라는 점에서 행위규범이나 강제규범과 구별된다.

Section

2 법과 다른 사회규범

법은 인간의 사회생활을 규율하는 하나의 사회규범으로서 도덕, 관습, 종교와 같은 다른 사회규범들과 밀접한 관련을 가지고 있다. 법만 가지고 모든 사회생활관계를 규율해 나갈 수는 없다. 그렇다면 법과 다른 사회규범들은 과연 어떻게 다르며, 또한 어떠한 관계를 가지고 있는 것인가? 이러한 문제는 법규범의 개념을 제대로 파악하기 위하여도 매우 중요한 의미를 갖는다.

Ⅰ. 법과 도덕

인간의 사회생활을 규율하는 여러 사회규범 중에서 중요한 것으로는 법외에 도덕이 있다. 법과 *도덕*의 문제는 법학에 있어서 가장 기본적인 과제의 하나이며, 법의 본질을 파악하기 위해서는 반드시 거쳐야 할 관문이라고도 하겠다. 그러나 이 문제는 매우 어려운 것이기 때문에, 예링(Jhering)은 이를 가리켜 법철학에 있어서 「케이프 혼」(Cape Horn: 조류관계로 범선의 난파가 많았던 남미의 남쪽 끝 곶의 이름)이라고 하였다.

1. 법과 도덕의 구별

자연법은 실정법을 초월한 영구불변의 인륜의 대도라고 보는 자연법론자(自然法論者)들은 자연법을 모든 실정법의 기초가 되고 법과 도덕은 일치한다고 하여 그 구별을 문제삼지 않는다.

이에 대하여 성문화된 실정법만을 법으로 인정하는 법실증주의자(法實證主義者)들은 법과 도덕을 엄격히 구분한다. 어쨌든 법과 도덕은 여러 측면에서 구분해 볼 수 있으며 중요한 몇 가지를 들면 다음과 같다.

(1) 법의 외면성(外面性), 도덕의 내면성(内面性)

법은 사람의 외면적인 행위를 구별하지만, 도덕은 사람의 내면적인 의사를 규율한다는 것이다. "생각에는 누구도 벌을 가할 수 없다"라는 말과 같이 마음 속의 간음은 법적으로 처벌할 수 없으나, 도덕적으로는 비난의 대상이 된다. 그러나 이러한 차이점은 절대적인 것이 아니라 상대적인 의미를 가질 뿐이다.

(2) 법의 쌍면성(雙面性), 도덕의 편면성(片面性)

법적 의무에는 이에 대응하는 권리가 있으나, 도덕적 의무에는 이에 대응하는 이익은 없다. 즉 법적인 채무(매도인의 목적물인도의무)에는 상대적인 채권(매도인의 대금청구권)이 존재하나, "너의 적을 사랑하라"는 도덕적 의무에는 그 대가가 당연히 뒤따르는 것은 아니다.

(3) 법의 타율성(他律性), 도덕의 자율성(自律性)

이것은 칸트(I. Kant, 1724-1804)가 개인주의, 형식주의적 도덕철학에 의해 구별한 것이다. 즉 법은 외부의 강요에 의하여 지켜지는 데 반해, 도덕은 스스로의 자각에 의하여 실천하는 규범이라는 것이다. 그러나 현실사회에 있어서 법이나 도덕은 모두 외부에서 강요되며 그 실효성은 모두 타율적인 요소가 있으므로 이 구별은 타당하지 않다.

(4) 법의 강제성(强制性), 도덕의 비강제성(非强制性)

법은 그 위반에 대하여 국가 권력을 배경으로 한 강제가 뒤따르나, 도덕은 사회적 비난은 있을지언정 국가적 강제력에 의해 그 실현이 보장되지는 않는다. 이와 같은 강제성의 유무에 의해 법과 도덕을 구별할 수 있다는 것이 일반적인 견해이다.

2. 법과 도덕과의 관계

법과 도덕과의 관계에 대한 학자들의 견해는 다양하다. 옐리네크(Jellinek, 1838-1911)는 "법은 도덕의 최소한(ethisches Minimum)·법은 윤리의 최저한"이라고 하였으며, 슈몰러(G. Schmoller, 1838-1917)는 "법은 최대한의 도덕(ethisches Maximum)"이라고 하여 도덕이 사회생활 전반에 걸쳐 확대됨을 강조하였다.[2]

(1) 내용면에서의 관계

법은 내용면에 있어서 도덕적 요소를 내포하고 있으며 법과 도덕의 내용이 중복되는 경우가 많이 있다. 예컨대 살인죄, 절도죄, 사기죄 등의 형법상의 전형적인 범죄는 대

---

[2] 도덕적 영역이 법으로 강제되는 문제를 이야기 할 때 거론되는 것이 '착한 사마리아인 법'이다. 착한사마리아인법은 성서에 나오는 착한 사마리아인의 비유에서 연유된 이름으로, 어떤 유태인이 예루살렘에서 여리고로 가다가 강도를 만나 상처를 입고 길가에 버려졌는데, 동족인 유태인 제사장과 레위인은 못 본 척 지나가버렸다. 그런데 유태인에게 멸시받던 사마리아인이 그를 보고 측은한 마음에서 구조해 주었다는 것이다. 일부 국가에서는 형법에 '착한 사마리아인 조항'을 설치해 놓고, 구조 불이행에 대하여 법적 제재를 가하고 있다. 예를 들면, 프랑스 형법 제63조 2항은 "위험에 처해 있는 사람을 구조해 주어도 자기가 위험에 빠지지 않음에도 불구하고 자의(自意)로 구조해 주지 않은 자는 3개월 이상 5년 이하의 징역, 혹은 360프랑 이상 15,000프랑 이하의 벌금에 처한다."고 규정하고 있다. 프랑스 외에도 많은 국가들이 이런 조항을 채택하고 있다.

부분 반도덕적 행위가 되며, "선량한 풍속"(민법 제103조), "신의성실"(민법 제2조) 등의 일반조항에서 볼 수 있는 법적 개념은 도덕원리의 단적인 표현이라고도 볼 수 있다.

그러나 모든 도덕이 법으로 될 수는 없으며 또한 법적으로 강제하는 것이 적당하지 않은 경우도 있다. 이러한 의미에서 "법은 도덕의 최소한"이라고 말할 수 있다. 반대로 법의 내용이 도덕으로 전화되는 경우도 있다. 예컨대 교통법규가 오래 시행되어온 결과 하나의 교통도덕으로 인식될 수도 있다. 이를 두고 독일의 법철학자인 라드부르흐(G. Radbruch, 1878-1949)는 "도덕의 왕국에의 법의 귀화"라고 말했다.

(2) 효력면에서의 관계

법은 국가의 강제력에 의하여 실효성이 보장되나 도덕적 지지가 없이는 엄벌에 처한다 해도 잘 지켜질 수가 없다. 한편 도덕은 사회적 비난만에 의해 강요되나 법적 강제력이 뒷받침되면 그 실효성도 보장받게 된다. 따라서 법은 도덕원리의 실현을 위한 좋은 후견인이 되어야 할 것이다.

〈법과 도덕의 구별〉

구 분	법	도 덕
목 적	정의 실현	공동선 실현
규율대상	행위·결과 중시 : 외면성(합법성) 내면을 주시하면서 관심의 방향을 외부에 둠	동기·의사 중시 : 내면성(도덕성) 외면을 주시하면서 관심의 방향을 내부에 둠
위반시 제재	국가의 처벌	위반시 사회적 비난
권리와 의무	양면성(권리와 의무	일면성(주로 의무)
자율성	타율성	자율성
강제성	강제성(외적 강제)	비강제성(자기강제)
존재형식	법률·명령 등 문자에 의하여 표시	성문화되지 않고 관념 속에 존재
성립	경험적 사실에 의하여 성립	선험적 이성에 의하여 발생

Ⅱ. 법과 관습

　관습(慣習)이란 사회에서 널리 반복되어 행해짐으로써 사람들로 하여금 그에 따르는 것이 올바른 것이라는 의식을 지니게 하는 사실을 말하며, 습속이나 풍속이라고도 한다.

　원래 고대의 미개사회에서는 종교의식과 결부된 관습에 의하여 사회질서가 유지되었으나, 사회가 발전하고 개인적 자아의식과 합리적 정신이 눈을 뜨자 맹목적이며 무의식적인 관습은 두 갈래의 방향으로 분화현상을 일으키게 되었다. 즉 내면적 측면은 도덕으로 외면적 측면은 법으로 나누어져 발전되어 왔다. 한편 관습은 이전부터 내려오는 생활질서이기 때문에 "선량한 풍속"(민법 제103조)이라는 이름으로 법체계속에 포함되어 존중되기도 하며, "관습법"은 하나의 법원(法源)으로 작용하기도 한다(민법 제1조).

　이와 같이 법과 관습은 현대사회에서도 밀접한 관련을 맺고 인간의 사회생활을 규율하고 있으므로 양자를 개념적으로 명확히 구별하는 것은 쉬운 일이 아니나, 권력적 강제가 없다는 점에서 도덕과 마찬가지로 법과는 차이가 있다.

Ⅲ. 법과 종교

　영국의 법사학자 메인(H. Maine, 1822-1888)은 「고대법」(The Ancient Law, 1861)에서 원시적인 법이 종교와 깊은 관계가 있음을 잘 설명하고 있다.

　원시인들은 금기(Taboo)라는 규범을 가졌는데, 이는 한편으로는 종교적이면서 한편으로는 법적 규범이었다. 예컨대 고조선의 「팔조금법(八條禁法)」이나 모세의 「십계명」이 그러하다. 또한 중세의 서양에서도 종교가 최고의 권위를 누려 법과 도덕을 포함하고 있었으며, "이자의 금지"나 "이혼의 금지" 등가 같은 종교적 계율이 「교회법」이라는 이름으로 일반인의 사회생활을 규율하던 때도 있었다.

　그러나 근세에 이르러 정교분리가 이루어지고 국가주권이 확립됨에 따라 종교도 국가권력의 통제를 받게 되었으며, 교회법은 종교내부에만 적용되는 자치법으로서의 효력만 유지하게 되었다. 다만 종교는 인간의 본성이라고도 할 수 있는 신앙을 바탕으로 한 것이기 때문에 국가는 이를 보호하고 그 자유를 인정하고 있다(헌법 제20조).

　법과 종교는 어떠한 권위에 대한 복종이 요구된다는 점에서 공통점을 찾아 볼 수 있고, 그 학문적 방법도 절대적 가치의 추구와 독단적인(dogmatic) 성격이 있다는 점에서 유사한 점이 있으나, 다음과 같은 차이점이 있다.

① 법이 사회질서의 유지를 목적으로 함에 대하여 종교는 일정한 신앙을 통한 각자의 안심입명(安心立命)을 그 목적으로 한다.

② 법이 인간의 외면적 행위를 규율함에 대하여 종교는 도덕과 마찬가지로 인간의 내면적 의식을 규율한다.

③ 법이 권리·의무라는 쌍면적 규범임에 대하여 종교는 의무만이 따르는 편면적 규범이다.

④ 법은 현실적인 세계를 대상으로 하나 종교는 초월적이며 궁극적인 가치를 추구한다.

Chapter

02 법의 이념

Section

1 의의

법의 이념이란 법이 추구하는 근본적 목적을 말한다. 즉 법의 이념이란 법은 무엇을 위해 존재하는가 하는 물음이다. 법은 결코 맹목적이 아니라, 일정한 이념과 가치를 실현하기 위해 존재하는 것이다. 법이 추구하는 이념을 안다는 것은 법의 본질을 바르게 이해하는데 필수적인 과제라 하겠다.

법의 이념에 대해서는 적지 않은 법학자들이 다양하게 주장하여 왔으나, 가장 대표적인 이론체계를 제시한 학자는 독일의 법철학자 라드부르흐(G. Radbruch, 1878-1949)이다. 그는 법의 이념으로 정의(正義), 합목적성(合目的性) 그리고 법적 안정성(法的 安定性)의 3가지를 들고 있다.

Ⅰ. 정의

정의(正義)의 문제는 법철학에서의 가장 근본적인 것이며, 법(jus)이란 말 자체가 정의(justice)에서 유래한다. 로마의 법학자 켈수스(Celsus)이래 법은 「정의와 형평의 기술」이라고 정의되어 왔다. 따라서 법은 정의의 표현이며 법은 정의를 실현하는 것이 고유의 사명이라고 하겠다.

정의개념을 최초로 이론화한 사람은 아리스토텔레스(Aristoteles)였다. 그는 먼저 윤리학적 입장에서 정의를 사람이 이행하여야 할 최고의 덕이라고 함과 동시에 정의는 단순한 개인의 도덕이 아니고 공동생활에서 실현하여야 할 사회적인 도덕이라고 주장하였다. 아리스토텔레스는 정의를 넓은 의미와 좁은 의미의 둘로 나누었다.

여기서 넓은 의미의 정의란 사회전체를 대상으로 하는 거시적인 관점에서의 정의를 말하는 것으로 인간의 심성 및 행동을 공동생활의 일반원칙에 적합하게 하는 것, 즉 사회구성원이 공동생활의 규범인 법을 준수하는 것이라고 하였다. 좁은 의미의 정의는 법의 구체적 원리에 따라 개개의 사람의 물질 및 정신적 이익을 평등하게 하는 것이라고 하여 사회구성원의 평등을 개별적 정의로 보았다. 이러한 개별적 정의는 평균적 정의와 배분적 정의로 나누어진다. 이러한 아리스토텔레스의 정의론(正義論)은 개인주의와 전체주의의 조화를 꾀한 것으로 후세의 정의론에 결정적인 영향을 미쳤다.

1. 평균적 정의

평균적 정의(ausgleichende Gerechtigkeit)는 절대적 평등을 요구하며 사적 거래에서의 등가교환의 원칙이나 공법상의 국민기본권의 절대적 평등의 원리로 구체화된다.

2. 배분적 정의

배분적 정의(verteilende Gerechtigkeit)는 상대적 · 비례적 평등을 의미하며, 「각자에게 그의 몫을」 나누어주는 형평의 원리로 구현된다. 요컨대 정의의 본질은 평등에 있는 것으로 평등은 보편타당한 성격을 갖는다. 따라서 법의 이념인 정의로운 사회를 실현하기 위해서는 사회구성원의 자유와 권리를 보장함과 동시에 그 사회가 보유하는 정신적 · 물질적 가치의 적절한 분배가 필수적인 것이며 이를 위해 법은 봉사하여야 한다.

Ⅱ. 합목적성

합목적성(合目的性)이란 목적의 방향을 결정하는 원리나 기준을 말한다. 정의는 그것이 아무리 중요한 보편적 가치라 하더라도 평등을 지향하는 공허한 형식에 불과하다고 할 수 있기 때문에, 이러한 형식에 내용을 담아주는 가치기준으로 작용하는 것이 바로 합목적성이라고 라드부르흐는 설명한다. 그는 이러한 합목적성으로 개인주의(個人主義)와 단체주의(團體主義) 그리고 문화주의(文化主義)를 들었다.

개인주의는 하나 하나의 인간을 궁극적 가치로 지향하며, 개인의 자유와 행복이 최대한 보장되도록 노력한다. 따라서 모든 개인이 평등하게 존중되도록 평균적 정의가 강조된다.

단체주의는 민족이나 국가와 같은 단체를 최고의 가치로 신봉하고, 개인은 단체의 부분으로 전체의 가치를 실현하는 존재로서 그 의미가 인정된다. 여기에서는 단체를 유지·발전시키기 위하여 개인들에게 비례적인 평등을 실현시키면서 배분적 정의에 중점을 둔다.

문화주의 또는 초인격주의는 개인도 단체도 아닌 인간이 만들어 낸 문화나 창작물에 최고의 가치를 둔다. 따라서 개인과 국가는 이러한 문화를 창조해 가는 의미에서만 부차적인 가치를 인정한다. 문화주의도 문화업적에 따라 배분적 정의에 의한 차별을 인정한다. 이와 같이 라드부르흐는 3가지의 가치기준을 제시함으로써 상대주의적 정의론을 전개하였다.

Ⅲ. 법적 안정성

「악법도 무질서보다는 낫다」라는 말도 있듯이, 법의 일차적 기능은 사회질서를 유지하고 분쟁이 발생한 경우에 이를 합리적으로 해결하여 평화를 회복하는데 있다. 즉 형법은 개인적, 사회적, 국가적 법익을 침해하는 행위를 처벌하여 사회질서의 유지를 목적으로 한다. 민법은 재산권보호와 가족생활유지 등을 위한 기능을 한다. 헌법도 민주적 기본질서를 유지하기 위해 위헌정당 해산제도 등을 규정하고 있을 뿐만 아니라 분쟁의 평화적 해결을 도모하기 위해 법원을 구성하고 여기에 사법권을 부여하고 있다. 이러한 사회질서의 유지를 목적으로 하는 법은 우선 법자체가 안정되어야 하며, 이를 위해 다음과 같은 사항이 지켜져야 한다.

① 법의 내용이 명확해야 한다.
② 법이 쉽게 변경되어서는 안 된다.
③ 법의 내용이 실행가능한 것이어야 하며 너무 이상적인 것만 추구해서는 안 된다.

④ 법은 국민의 법의식과 합치되어야 하며 입법자의 자의에 따라 만들어 져서는 안
된다.

이와 같은 사회질서와 평화의 유지를 통한 법적 안정성은 법이 추구하는 이념이기도 하지만 분쟁을 평화적이고 합리적으로 해결하기 위한 법적 절차의 전제조건이기도 하다.

Ⅳ. 법의 이념 상호관계

각 이념은 본질적으로 상호모순이 되어 대립적 긴장관계를 이룬다. 법이념 사이의 모순·충돌에 대하여, 헌법은 "국민의 모든 자유와 권리는 국가안전보장·질서유지 또는 공공복리를 위하여 필요한 경우에 한하여 법률로써 제한할 수 있으며 제한하는 경우에도 자유와 권리의 본질적 내용을 침해할 수 없다(헌법 제37조 제2항)"고 규정하고 있다.

헌법 제37조 제2항의 규정은 법의 이념인 자유와 권리, 공공복리, 질서유지, 국가안전보장의 상관관계를 규정한 것으로 중요한 의의가 있다. 우리 헌법은 정의, 합목적성, 법적 안정성이 충돌하는 경우에 이의 조화적인 조정을 원칙으로 하면서 궁극적으로는 인간의 자유와 권리의 본질적 우선을 규정하고 있다고 보아야 할 것이다.

Section

2   존 롤스의 정의론

위에서 살펴본 바와 같이 라드부르흐는 정의, 합목적성 및 법적 안정성이라는 3가지의 척도를 가지고 법의 이념을 논하였으나, 가장 기본적인 것은 한마디로 정의(바름)라고 하겠다. 최근에 사회적 정의에 관하여 철학계를 비롯한 인문·사회학 전반에 많은 반향을 일으킨 이론이 존 롤스(John Rawls, 1921-2002)의 정의론이다. 그는 정의라는 단일주제의 철학자라는 별명이 붙을 정도로 평생 정의라는 주제의 한 우물만을 팠던 철

학자로서 대표적인 저서가 바로 「정의론」(A Theory of Justice, 1971)이다.3| 롤스는 「최대다수의 최대행복」이라는 구호아래 개인의 권리보다는 보다 많은 사회구성원의 양적인 행복을 추구한 벤담, 밀 등의 공리주의적 행복론을 배척하고, 루소나 로크 등의 사회계약론을 채용하면서도 정의를 절대적 이념에서 도출하려는 자연법론을 극복하였다.

롤스가 주장한 사회계약의 당사자들은 자신의 재산이나 소속된 사회계층을 모르는 상태에서 분배적 정의의 원칙들을 선택해야 한다고 하였다. 이렇게 해야만 재산소유자의 이익보다는 자신과 후손들이 인간으로서의 품위 있는 삶을 보장하는데 더 큰 배려를 하게 된다고 하였다. 이와 같이 롤스는 단순한 이념이 아닌 사회현실에서 정의를 찾으려는 이른바 사회적 정의론을 주장하였다. 즉 인간은 생존을 위하여 일정량의 재화가 필요한데, 이를 혼자서 생산할 수는 없고 타인과의 협동을 필요로 한다. 따라서 사회구성원의 협동으로 생산된 재화를 공정분배하는 것이 사회정의를 구현하는 조건이라고 하였다.

롤스가 주장한 정의의 원칙은 2가지인데, 제1원칙은 평등한 자유(equal liberties)의 원칙이다. 이는 사상, 양심, 언론, 집회, 보통선거의 자유, 공직 및 개인재산을 소지할 자유 등 자유주의가 내세우는 가장 기본적인 자유를 보장하는 데에 우선성을 두고 있다. 정의론의 제2원칙은 차등과 기회균등이라는 2부분으로 구성된다. 가장 유명한 첫째 부분인 차등의 원칙(difference principle)은 최소수혜자(least advantager)에게 최대의 이익을 가져다 줄 사회·경제적 불평등을 정당화하며, 그렇지 못할 경우 평등분배를 내세운다. 제2원칙의 둘째 부분은 공정한 기회의 균등을 요구하는 것으로 비슷한 능력과 기능을 가진 사람이라면 누구나 그들이 태어난 사회적 지위와 관계없이 비슷한 삶의 기회를 보장받아야 한다는 것이다.

이상과 같이 롤스(John Rawls)의 정의론은 최소수혜자 즉 사회적 약자를 우선적으로 고려하는 자유주의라 할 수 있고, 대립되는 자유주의와 사회주의의 이념을 가장 체계적이고도 정합적으로 절충하여 통합한 이론으로 평가받고 있다.

3| 국내에도 번역서(존 롤스 지음, 황경식 옮김, <정의론>, 이학사, 2003)가 있다.

Chapter

03   법 원

　법원(法源, Rechtsquelle)이란 법의 연원(淵源, source of law)을 줄인 말이며, 넓게는 법의 연혁적 근원이나 타당근거의 의미로도 사용되나 보통은 법의 객관적 존재형식이라는 좁은 의미로 사용된다. 즉 법원이란 법의 인식자료의 존재형식을 말하는바, 법의 내용을 파악하려면 법이 어디에 어떠한 형태로 존재하는 지를 먼저 알아야 하는데 이것이 바로 법원의 문제로서, 그 존재형식은 크게 성문법(written law)과 불문법(unwritten law)으로 나누어진다. 각국의 법을 계통적으로 분류하는 법계를 설명할 필요가 있는데, 일반적으로 법원을 분류기준으로 하여 성문법주의인 대륙법계, 불문법주의인 영미법계로 분류된다.

Section

1   성문법

Ⅰ. 의 의

　성문법(成文法)이란 법적 절차에 따라 성립되어 문자로 표현된 제정법을 말한다. 원초적인 법의 존재형태는 불문법(不文法)인 관습법이었으나, 프랑스·독일 등 유럽대륙의 국가들은 시민혁명을 통한 근대화과정에서 민주주의와 법치주의의 원리를 도입하고 이를 명문의 법전에 담아 성문법체제를 갖추었다. 그러나 전통을 고수한 영미법계에서는 아직도 특별한 경우를 제외하고는 불문법주의를 그대로 지키고 있다.

　성문법주의는 ① 법규의 통일정비, ② 법적 안전성의 확보, ③ 새로운 법원리의 수용

등에서 장점이 있으나, 고정적인 성문법은 변화하는 사회생활의 현실적 수요에 시의적절하게 대응할 수 없다는 단점도 있다.

우리나라는 대륙법계의 성문법주의를 수용하여 제정법을 1차적인 법원으로 삼고 있으며, 여기에는 헌법·법률·명령·자치법규 등이 있다.[4]

1. 헌 법

헌법(憲法)은 나라의 통치조직이나 국민의 기본권을 규정한 국가의 기본법이자 최상위법이다. 헌법 밑에 법률, 명령 등의 하위법이 단계를 이루어 배치되어 있으며 모든 하위법규는 헌법을 위배할 수 없다. 대한민국헌법은 1948년 7월 12일에 제정되고 동월 17일에 공포와 동시에 시행되었는데 그 동안 9차에 걸쳐 개정되었으며, 그 내용은 전문, 본문(10장 130조)과 부칙으로 구성된다.

2. 법률

법률(法律)이란 넓은 의미로는 성문법·불문법을 포함한 모든 법을 뜻하나, 좁은 의미로는 입법기관인 국회의 의결을 거쳐 대통령이 서명·공포하여 제정된 성문법을 말한다(헌법 제53조 참조). 여기에서는 좁은 의미의 법률을 가리키는 것이다. 일반 법률은 헌법의 하위에 속하며, 명령·자치법규에 대하여는 상위법에 해당된다. 보통 육법(六法)이라고 하면 헌법·민법·상법·민사소송법·형법·형사소송법의 기본법을 말한다.

3. 명령

명령(命令)이란 국회의 의결을 거치지 아니하고 행정기관에 의하여 제정된 성문법규를 말한다. 국가법인 점에서는 법률과 다름이 없으나 법률의 하위법이며 명령에 의하여 법률을 개폐하지 못한다. 국민의 대표기관이자 입법기관인 국회에서 제정한 법률이 법의 존재형식으로서는 원칙적인 것이라 하겠으나, 현대의 복지국가체제하에서는 행정력이 비대화·전문화됨에 따라 상대적으로 국회의 기능이 약화되어 행정입법의 비

---

[4] 대한민국의 현행법령은 인터넷을 통해 정부에서 운영하는 각종 공식 홈페이지(법제처, 국회, 대법원 등)에서 손쉽게 찾아 볼 수 있다.

중이 커지게 되었다.

명령은 이를 발하는 주체에 따라 대통령령·총리령·각부령으로 구별되며, 법률을 집행하기 위한 세부적인 내용을 정하는 「집행명령」과 법률의 위임을 받아 제정된 「위임명령」이 있다.

한편 행정부와 동일한 지위에 있는 국회(헌법 제64조 1항 참조)나 대법원(헌법 제108조 참조)이 제정한 규칙 등도 명령과 동일한 효력이 있다.

4. 자치법규(조례 · 규칙)

자치법규(自治法規)란 지방자치단체가 법률과 명령의 범위 안에서 제정하는 자치에 관한 법규를 말한다(헌법 제117조). 지방자치단체는 법령에 의한 자치권의 범위 내에서 그 조직이나 사무 기타 주민의 권리의무에 관한 법규를 제정할 권한이 있다. 자치법규에는 조례와 규칙의 2가지가 있는데, 조례는 지방의회가 제정하는 것이며 규칙은 지방자치단체의 장이 제정하는 법규이다. 자치법규는 국가법인 법률·명령과는 달리 그 지방자치단체 내에서만 효력이 있다.

5. 국제법규

우리 헌법은 조약과 일반적으로 승인된 국제법규에 국내법과 같은 효력을 인정하고 있다(헌법 제6조). 조약(條約)이란 국가간의 문서에 의한 합의를 말하며, 협약·협정·의정서 등으로도 불린다. 조약은 국회의 동의를 받아 대통령이 체결·비준함으로서 성립한다(헌법 제60조 1항, 제73조).

일반적으로 승인된 국제법규란 우리나라가 조약의 체약국은 아니지만, 국제사회에서 대다수의 국가들이 일반적으로 보편적인 규범으로 승인하고 있는 법규를 의미한다.

헌법은 제6조 제1항에서는 "헌법에 의하여 체결·공포된 조약과 일반적으로 승인된 국제법규는 국내법과 같은 효력을 가진다"고 규정하고 있으므로, 국제조약과 일반적으로 승인된 국제법규는 국내법과 동일한 효력을 가지게 된다. 종래 통설적 견해는 헌법 하위의 법률과 동일한 효력을 가진다고 한다. 다만, 헌법 제60조 제1항에 열거된 조약 이외의 '입법사항과 관계없는 조약과 국제법규'는 명령과 동위의 효력을 갖는다고 보는 것이 타당하다.

2 불문법

I. 의의

불문법(不文法)이란 성문법이 아닌 비제정법을 말하며 관습법·판례법·조리가 여기에 속한다. 법은 불문법에서 성문법으로 발전하여 왔으며, 특히 관습법은 법형성의 근원이라고도 할 수 있다. 근대법치주의국가의 제정법이 완비되기 전에는 불문법이 오랫동안 법생활을 지배하여 왔다. 지금도 영미법계에서는 중세이래의 국왕재판소의 판례에 기원을 둔 보통법(common law)을 1차적 법원으로 삼아 불문법(판례법)주의를 견지하고 있다.

그러나 최근에는 영미에서도 제정법(statutes)의 비중이 커지고 있으며 죄형법정주의를 기본으로 하는 형사법은 거의 성문화되어 있는 실정이다.

II. 관습법

관습법(慣習法)이란 일정한 관행이 계속적으로 반복하여 행하여짐으로써 법적 확신에 이르게 된 불문법을 말한다. 봉건적인 신분사회를 뒤엎고 평등한 시민국가를 성립시킨 초기의 성문법체제하에서는 구체제의 관습을 배척하고 실정법의 완전무결성(完全無缺性)을 의심치 않아 성문법 이외의 법원을 전혀 인정하지 않았으나, 제정법만능주의가 의심을 받게 된 19세기 말부터 발전한 법사회학의 영향으로 현대법학에서는 관습법의 가치를 다시 인정하게 되었다.[5]

관습법의 성립에 관한 학설로서는 「관행설」, 「법적 확신설」, 「국가승인설」 등이 있

---

5) 관습법 구별되는 것으로 법적 확신이 없이 사실로서 행해지는 '사실인 관습'이 있다. 관습이 아직 법질서의 구성부분이 되지 못하고 다만 사회생활 가운데 단순한 사실로만 행하여지고 있는 경우 관습법과 구별하여 「사실인 관습」이라고 하며, 사실인 관습은 법률행위의 해석상의 의미를 갖는 데 불과하다.

으나 「법적 확신설」이 일반적인 견해이다. 이러한 법적확신설에 의하면 관습법은 ① 오랜 기간 반복하여 이루어 진 관행이 존재하며, ② 이러한 관행에 법적 가치가 있다는 확신이 생기면 성립한다. 물론 위의 관습이 사회질서에 반하면 법규범으로 인정될 수는 없다. 관습법의 법원성과 관련하여 긍정설과 부정설이 대립하나, 관습법의 법원성은 긍정되고 있다.

관습법의 효력에 대하여는 보충적 효력설과 성문법 개폐설이 있으나, 제정법을 1차적 법원으로 하는 성문법주의 국가에서는 보충적 효력이 원칙이다. 즉 관습법은 성문법이 없는 경우에 보충적으로 적용되어 그 효력을 발휘하게 된다(민법 제1조 참조).[6]

관습법의 인정 범위와 관련하여 죄형법정주의(罪刑法定主義)가 지배하는 형법에서

6| 판례(대판) : 관습법이란 사회의 거듭된 관행으로 생성한 사회생활규범이 사회의 법적 확신과 인식에 의하여 법적 규범으로 승인·강행되기에 이른 것을 말하고, 그러한 관습법은 법원(법원)으로서 법령에 저촉되지 아니하는 한 법칙으로서의 효력이 있는 것이고, 또 사회의 거듭된 관행으로 생성한 어떤 사회생활규범이 법적 규범으로 승인되기에 이르렀다고 하기 위하여는 헌법을 최상위 규범으로 하는 전체 법질서에 반하지 아니하는 것으로서 정당성과 합리성이 있다고 인정될 수 있는 것이어야 하고, 그렇지 아니한 사회생활규범은 비록 그것이 사회의 거듭된 관행으로 생성된 것이라고 할지라도 이를 법적 규범으로 삼아 관습법으로서의 효력을 인정할 수 없다. 사회의 거듭된 관행으로 생성된 사회생활규범이 관습법으로 승인되었다고 하더라도 사회 구성원들이 그러한 관행의 법적 구속력에 대하여 확신을 갖지 않게 되었다거나, 사회를 지배하는 기본적 이념이나 사회질서의 변화로 인하여 그러한 관습법을 적용하여야 할 시점에 있어서의 전체 법질서에 부합하지 않게 되었다면 그러한 관습법은 법적 규범으로서의 효력이 부정될 수밖에 없다. 종원의 자격을 성년 남자로만 제한하고 여성에게는 종원의 자격을 부여하지 않는 종래 관습에 대하여 우리 사회 구성원들이 가지고 있던 법적 확신은 상당 부분 흔들리거나 약화되어 있고, 무엇보다도 헌법을 최상위 규범으로 하는 우리의 전체 법질서는 개인의 존엄과 양성의 평등을 기초로 한 가족생활을 보장하고, 가족 내의 실질적인 권리와 의무에 있어서 남녀의 차별을 두지 아니하며, 정치·경제·사회·문화 등 모든 영역에서 여성에 대한 차별을 철폐하고 남녀평등을 실현하는 방향으로 변화되어 왔으며, 앞으로도 이러한 남녀평등의 원칙은 더욱 강화될 것인바, 종중은 공동선조의 분묘수호와 봉제사 및 종원 상호간의 친목을 목적으로 형성되는 종족단체로서 공동선조의 사망과 동시에 그 후손에 의하여 자연발생적으로 성립하는 것임에도, 공동선조의 후손 중 성년 남자만을 종중의 구성원으로 하고 여성은 종중의 구성원이 될 수 없다는 종래의 관습은, 공동선조의 분묘수호와 봉제사 등 종중의 활동에 참여할 기회를 출생에서 비롯되는 성별만에 의하여 생래적으로 부여하거나 원천적으로 박탈하는 것으로서, 위와 같이 변화된 우리의 전체 법질서에 부합하지 아니하여 정당성과 합리성이 있다고 할 수 없으므로, 종중 구성원의 자격을 성년 남자만으로 제한하는 종래의 관습법은 이제 더 이상 법적 효력을 가질 수 없게 되었다. 종중이란 공동선조의 분묘수호와 제사 및 종원 상호간의 친목 등을 목적으로 하여 구성되는 자연발생적인 종족집단이므로, 종중의 이러한 목적과 본질에 비추어 볼 때 공동선조와 성과 본을 같이 하는 후손은 성별의 구별 없이 성년이 되면 당연히 그 구성원이 된다고 보는 것이 조리에 합당하다(대법원 2005.7.21, 2002다1178 전원합의체 판결).

는 관습법이 배척된다. 그러나 민법과 상법 등 사법분야에서는 관습법이 성문법의 보충적 역할을 하게 된다.[7]

Ⅲ. 판례법

판례법(判例法)이란 법원의 재판에 의하여 성립하는 법을 말한다. 영미법계에서는 선례구속성의 원칙에 따라 판례가 1차적인 법원(法源)으로 작용하고 있으나, 성문법주의를 취하는 나라에서도 판례를 법원으로 인정할 수 있느냐가 문제이다.

법관(法官)은 헌법과 법률에 의하여 그 양심에 따라 독립하여 심판하면 되며(헌법 제103조), 상급법원의 재판에 있어서의 판단은 당해사건에 한하여 하급심을 구속함에 그치므로(법원조직법 제8조), 판례의 구속성은 제도적으로 보장되어 있지는 않다. 그러나 실제로는 하급심에서 대법원에서 파기될 가능성이 있는 판결은 쉽게 하지 않는다. 또한 최고법원인 대법원이 종전의 판결을 변경할 필요가 있는 경우에는 대법관전원의 3분의 2 이상의 합의체에서 신중히 취급하도록 되어 있으므로(법원조직법 제7조 1항 3호), 사실상 상급법원판례의 구속성은 매우 강하다.

한편 1차적 법원인 성문법은 추상적으로 규정되어 있기 때문에 판례를 통해 그 구체적 내용이 해석되게 되므로 실제에 있어서 상급법원의 판례는 법원으로서 중요한 작용을 한다.

7| 민법 제1조는 '민사에 관하여 법률에 규정이 없으면 관습법에 의하고, 관습법이 없으면 조리에 의한다'고 규정하여 관습법에 성문법의 보충적 효력을 인정하고 있다. 상법 제1조는 '상사에 관하여 본법에 규정이 없으면 상관습법에 의하고, 상관습법이 없으면 민법의 규정에 의한다'고 규정하여 상법에 대하여는 보충적 효력을 인정하고, 민법에 대하여는 우선적 효력을 인정하고 있다. 민법 제185조는 '물권은 법률 또는 관습법에 의하는 외에는 임의로 창설하지 못한다'고 규정하여 물권에 관하여는 성문법과 대등한 효력을 인정하고 있다.

Ⅳ. 조리

조리(條理)란 일반적 상식으로 판단할 수 있는 사물의 본질적 법칙을 말하며, 사물의 도리·경험법칙·사회통념 등으로 표현되기도 한다. 현대의 사회생활은 복잡하고 끊임없이 변화하고 있기 때문에 아무리 자세한 성문법을 완비하고 사회현장의 관습법을 법원으로 인정한다 하더라도 모든 사회생활을 규율할 완전한 법체계를 구성할 수는 없다.

그런데 법원은 적용할 법이 없다는 이유로 재판을 거부할 수는 없다. 이러한 경우 법의 흠결을 보충하여 재판규범으로 작용하는 것이 다름 아닌 조리이다. 민법 제1조는 「민사에 관하여 법률에 규정이 없으면 관습법에 의하고 관습법이 없으면 조리에 의한다.」고 규정하여 조리의 법원성을 명문으로 인정하고 있다.

04 법의 분류체계

　사람은 실로 수많은 법규의 지배를 받으며 사회생활을 꾸려 간다. 이와 같이 인간의 사회활동을 규율하는 여러 법규범은 단편적으로 제각기 흩어져 있는 것이 아니라 서로 연관성을 가지고 통일성을 가진 법체계(legal system)를 이루고 있다. 다시 말해 법규범은 단순한 조문의 집합체가 아니라 법규범의 통일체인 것이다. 법학은 하나의 체계학문이며, 법률가는 하나의 법률문제를 해결하기 위해서도 수많은 법조문을 분석·종합하여야 하는데, 이를 위해서는 논리적이며 체계적인 사고 능력이 요구된다. 따라서 법률가를 일종의 체계병환자라고 할만한 이유도 있는 것이다.

　법은 물론 그 시대의 경제·정치·사회적 현실을 기초하여 제정되며 통일적 성격을 가지지만, 그 세부적인 내용을 보면 서로 모순·대립되는 듯한 내용이 들어가 있는 경우도 있다. 예컨대 기본법인 헌법에서도 한편으로는 사유재산을 보장하면서(헌법 제23조 1항 본문), 한편으로는 이를 제한하는 규정을 가지고 있다(헌법 제23조 1항 단서, 2항 참조). 이와 같이 피상적으로 보면 서로 충돌하는 것과 같은 법규도 결국은 서로 통일과 조화를 이루고 만다. 그렇지 않으면 법의 해석과 적용에 있어서 혼란을 초래함은 물론 법적 안정성은 유지될 수 없다.

　법의 체계는 접근방법에 따라 여러 가지로 설명할 수 있지만, 일반적으로 국내법과 국제법의 체계, 국내법에 있어서의 공법과 사법의 구별이 중요한 문제가 된다.

Section

1   자연법과 실정법

Ⅰ. 자연법

자연의 질서 또는 인간의 이성에 바탕을 둔 보편적이고 항구적인 법을 말한다. 즉, 인간의 본성에서 유래하여 시대와 민족, 국가와 사회, 즉 시간(時間)과 공간(空間)을 초월하여 보편타당하게 적용될 수 있는 객관적 질서를 말한다.

(2) 실정법

성문법과 불문법처럼 경험적·역사적 사실에 의하여 법적 타당성과 사회적 적합성을 가지고 현실적으로 시행·적용되는 법을 말한다. 한계 : 일정한 사실에 의거하여 현실적으로 제정되거나 형성되어 일정한 시대와 일정한 사회에서만 효력을 가진다(상대성).

(3) 자연법과 실정법의 관계

자연법의 정신은 실정법을 통해 구체적으로 실현된다. 자연법은 실정법의 정당성 판단기준, 실정법 제정 내지 개정 기준, 실정법의 가치나 이념의 근거(기준)가 된다. 실정법의 내용은 자연법에 근거해서 타당성을 인정받을 수 있다. 자연법에 위배되는 실정법은 악법(惡法)[8]이다.

---

[8] 악법(惡法)이란 규범적 타당성이 인정되지 않고 강제성만 띤 법을 의미한다. 자연법론자들은 정의의 원리에 반하는 법을 악법(惡法)으로 규정하고, 악법을 법으로 인정하지 않으므로 이를 준수할 필요가 없다고 한다. 반면, 법실증주의자들은 법적 안정성을 강조하여 정당한 절차를 거쳐 제정된 법이라면 악법이라도 이를 법으로 인정하고 지켜야 한다고 주장한다. 법실증주의자들은 실증적으로 파악할 수 있는 실정법만을 법이라고 하여 자연법의 효력을 부정하고 법을 형식적이고 논리적으로만 이해하려는 경향이 있다.

2   국내법과 국제법

법은 국가의 존립과 불가분의 관계에 있기 때문에 하나의 법체계는 우선 국가를 단위로 생각해 볼 수 있다. 이와 같이 개별적 국가를 단위로 구성되는 법체계를 국내법체계라 하며, 국가간의 관계를 규율하는 국제법체계와 구분된다. 국내법(國內法, municipal law)은 국가와 국민 또는 국민 상호간의 법률관계를 규율하는 법인데 대하여, 국제법(國際法, international Law)은 국제사회에 통용되는 국가 상호간의 권리·의무와 국제기구에 관한 법을 가리킨다.

국제법(國際法)은 주로 국가상호간의 관계를 규율하며 다수국가의 공동승인을 받는 것임에 반하여 국내법은 하나의 국가내에서만 효력을 가지며 당해 국가가 단독으로 제정한 것이다.

이러한 국제법과 국내법의 관계에 대하여는 두 법체계를 일원적으로 보느냐 아니면 이원적으로 보느냐, 일원적으로 파악하는 경우 국내법을 우위에 두는가 아니면 국제법을 우위에 두는가에 대하여 대립되는 학설이 있다. 이원론(二元論)은 국제법과 국내법은 적용되는 영역이 다를 뿐만 아니라 그 주체와 내용을 달리하는 별개의 법체계에 속한다고 한다. 이에 대해 일원론(一元論)은 국제법과 국내법 가운데 어느 하나를 우위에 두는 상하의 관계에 있다고 주장하는 학설인데, 국내법우위설과 국제법우위설이 있다. 전자는 모든 법은 국가의사에 기초를 두므로 국제법은 국내법의 연장이고 대외적인 국내법이라 주장하는데 반하여, 후자는 국제법이 국내법을 구속하며 국내법을 성립시키는 기본법이라고 주장하는 견해이다. 국제법우위설이 오늘날의 유력설로 되고 있다.

여기서 하나 주의해야 할 것은 국제사법은 국제법이 아니라 국내법이라는 것이다. 국제사법은 국가상호간의 법률관계를 규율하는 것이 아니라, 국제적 사법관계에 관하여 어느 나라의 법을 적용할 것인가를 결정하는 국내법이다. 이러한 국제사법과 구별하기 위해 국제법을 국제공법(國際公法)이라고 부르기도 한다.

3 공법과 사법, 사회법

Ⅰ. 법학의 발전과 공법·사법의 분화(分化)

　　로마법에서는 일찍부터 법을 공법(公法)과 사법(私法)으로 나누어 체계화하였다. 이러한 전통을 이어 받은 서양의 법학에서는 공법과 사법의 이분체계가 계속 고수되어 왔다.

　　원래 로마인들이 공·사법을 구별한 것은 소송을 합리적으로 수행하기 위한 방안이 었다고 한다. 공·사법의 구별이 크게 부각된 것은 자본주의가 생성된 19세기의 개인 주의·자유주의적 사회경제체제가 성립되고 나서부터였다. 이러한 사회체제에서는 인 간의 사적 자치가 최대한 인정되고 국가는 자유방임주의정책 하에서 최소한으로 개인 생활에 간섭을 해야하는 것으로 생각되었다. 이러한 상황속에서 법질서도 국가적 공법 질서 외에 그 성격을 달리하는 사인간의 법질서가 엄연히 존재하는 것으로 인식되게 되었다.

　　그러나 자본주의가 고도화되어 독점자본주의의 여러 병리현상이 속출하게 되면서 상 황은 바뀌게 된다. 근대시민법의 사적자치(私的自治)라는 미명아래 부익부 빈익빈의 부조리가 초래되면서 국가가 다시금 적극성을 띠고 경제적 강자는 누르고 약자는 떠받 치는 법적 조치를 취하지 않으면 안되었다. 20세기의 복지국가는 사적 자치를 제한하 였으므로 「사법의 공법화」의 경향을 보이게 되어 점차로 공법의 영역이 확대되었으며, 공·사법의 구별이 애매하게 되어 그 사이에 중간적인 법영역으로서 사회법이 등장하 였다. 이러한 공법·사법의 혼재 내지 융합의 현상을 중시하는 자는 공·사법의 구별 을 부정하는 방향으로 나아가기도 하였다.

　　그러나 공·사법 구별의 현실적 필요성은 아직도 사법제도에 의하여 요구되고 있다. 프랑스나 독일 등 이른바 대륙법계의 국가에서는 일반적인 민·형사사건을 다루는 사 법재판소와 계통을 달리하는 행정재판소가 설치되어 행정사건을 관할하였기 때문에 법 원들의 관할권을 배분하기 위해서도 공법과 사법의 구별이 필요하였다. 그러나 영국과 미국 같은 영미법계의 국가에서는 이러한 의미의 행정재판제도는 없으며 모든 법률상의 쟁송은 일반법원의 관할에 속하기 때문에 대륙법계 국가에서처럼 공·사법의 구별이 절실하지는 않다.

　우리나라의 법체계는 대체로 대륙법계에 속한다고 할 수 있지만 대륙법계와 같은 행정재판제도를 실시하고 있지는 않다. 행정소송법 제1조는 「공법상의 권리관계 또는 법적용」에 관한 소송은 행정소송사건에 속한다고 규정하고 있다. 이러한 규정은 공·사법의 구별을 전제로 하고 있는 것이라 하겠으며, 우리의 현행법제에서도 행정소송사건의 범위를 확정하기 위하여 공·사법의 구별은 필요하다고 하겠다.

Ⅱ. 공법·사법 구별의 학설

　이상에서 살펴본 바와 같이 공법·사법으로의 법의 분화는 각시대의 일정한 정치·경제·사회적인 배경하의 현실적인 필요성에서 발생한 것이라고 하겠다. 다시 말해 공·사법의 구별은 역사적·제도적인 소산이라고 할 수 있을 것이다.

　그렇지만 법학은 하나의 체계학문이며 수많은 법조문이 얽혀 있는 법규범을 모순없이 체계적으로 이해하기 위하여는 이론적인 측면에서도 법체계의 구분이 필요하다. 이러한 의미에서 라드부르흐는 공·사법의 구별을 선험적인 문제라고 지적하였다.

　그렇다면 과연 공·사법의 구별표준은 무엇으로 삼을 것인가? 이것이 바로 공·사법 구별의 학설문제이며 로마법이래 여러 가지의 견해가 주장되었으나 대표적인 것은 다음과 같다.

1. 이익설(利益說)

　로마의 유명한 법학자 울피아누스(Ulpianus, 170년경-228)는 「공법이란 로마국가의 조직, 즉 로마의 국가적 이익 내지 공법적 이익에 관한 것이며, 사법이란 개인적 이익에 관한 법」이라고 하여, 법이 추구하는 현실적 목적인 이익을 기준으로 공·사법을 구분하였다.

　그러나 실제의 법은 이익설이 주장하는 바와 같이 공익만을 위하거나 사익의 보호만을 위한 것은 거의 없다. 법은 원래 국가와 사회생활에 관한 규범이므로 공익의 실현과 함께 공익에 반하지 않는 범위에서 사익의 보호를 위한 규정이 있으며, 사익의 보호와 아울러 공익의 실현도 목적으로 하는 규정이 엄연히 존재한다. 예를 들면 대표적 공법이라 할 헌법이 보장하는 국민의 기본권은 국가적 이익과 불가분의 관계에 있는 반면 개인적 이익이 주된 내용이 된다. 그리고 민법의 등기제도나 가족법규정은 개인적 이익의 보호와 동시에 공익과도 깊은 관련이 있는 것이다.

2. 주체설(主體說)

법률관계의 주체를 표준으로 공법과 사법을 구별하려고 하는 설인데, 국가 기타의 공법인이 주체가 되는 법률관계를 규율하는 것이 공법이며, 사인상호간의 관계를 규율하는 법을 사법이라고 한다. 옐리네크(Jellinek)에 의해서 주장된 견해이다.

그러나 이 학설은 왜 국가 기타의 공법인에 대하여 사인상호간의 관계와 다른 취급을 하는가를 명확히 설명하지 않고 있다. 가령 국가 기타 공법인과 사인간에 매매·임대차 등의 사적 거래를 맺을 경우에는 사법인 민법에 의하여 규율된다. 물론 주체설을 취하는 학자들도 이런 경우는 국가를 사인에 준한다고 하여 사법관계가 된다고 한다. 그러나 이러한 설명은 이미 그 일관성을 결여하게 된다.

3. 법률관계설(法律關係說)

법률관계의 성질을 표준으로 하여 공법과 사법을 구별하려는 학설로서 성질설이라고도 한다. 전통적인 성질설에 의하면 공법은 국가와 국민간의 관계처럼 지배·복종의 관계 즉 상하불평등의 관계를 정하는 법이며, 사법은 국민 상호간의 관계처럼 평등자간의 관계를 정하는 법이라고 한다. 즉 공법은 종적·수직적인 관계를, 사법은 횡적·수평적인 관계를 규율한다고 한다. 이에 대하여 신성질설은 법이 규율하는 법률관계가 기속적 결정을 내용으로 하는가 아니면 당사자의 자유로운 결정을 내용으로 하는가에 따라 공·사법을 구별해야 한다고 한다.

4. 생활관계설(生活關係說)

인간의 생활관계를 국가생활과 사회생활의 측면으로 나누고, 전자를 규율하는 것이 공법이며 후자를 규율하는 것이 사법이라고 한다.

법은 민족정신의 발로라고 주장한 이른바 독일의 역사법학파(歷史法學派)의 시조인 사비니(Savigny)를 계승하여 역사법학을 완성했다고 평가받는 푸흐타(G. F. Puchta, 1789-1846)는 「인간이 국가의 성원의 자격에서 이용하는 법규범이 공법이고, 개인의 자격에서 이용하는 법규범이 사법이다」라고 말했다.

본래 공법으로부터 사법을 구별하게 된 것은 국가로부터 사회가 독립성을 갖추게 된 정치·사회적 발전에 대응하는 것이다. 따라서 인간의 생활을 국가생활과 사회생활로 구분하고 그것을 지배하는 법을 각각 공법·사법이라고 구별하는 생활관계설은 많은 지지를 받았다.

5. 구별부인설(區別否認說)

위와 같은 여러 표준에 의한 공·사법의 구별이 과연 실익이 있는 것인가에 대하여 의문이 제기되기도 하며, 공·사법의 구별자체를 부정하는 입장도 있다. 예컨대 프랑스의 공법학자 듀기(L. Duguit, 1859-1928)는 사회현상을 경험론적으로 취급하고 선험적인 것과 형이상학적인 것을 철저히 배척하는 입장에서, 전통적인 공법이론 특히 권력지향적인 독일이론과 개인주의적인 프랑스 이론을 날카롭게 비판하였다.

그는 권리·주권·인권 등의 개념은 경험에 입각하지 않은 형이상학적 개념이라 하여 과학의 세계에서 내몰았으며, 특히 권리부정은 그의 법이론의 기조를 이룬다. 따라서 권리의 내용, 이익의 성질 등을 기준으로 공·사법을 구별하는 것은 부당하다고 주장하면서 공·사법의 구별을 부인하였다. 특히 듀기는 국가의 인격성을 부정하기 때문에 법률관계에 있어서 국가의사와 국민대표성에 기초한 모든 구분을 부인하고 법률관계를 궁극적으로 사회연대성에 기초한 개인간의 관계로 본다.

한편 공·사법 구별을 인정하지 않는 법일원론은 영국의 보통법(common law)사상에서 유래된다. 이러한 법일원론(法一元論)을 근거로 하여, 다이시(Dicey)는 「법의 지배론」에서 대륙법계의 관료주의적인 행정법과 행정재판제도를 부인하는 입장에서 「법 앞의 평등」을 주장하였다. 여기서의 평등은 사인간의 평등이 아니라 바로 개인 대국가의 평등을 가리키는 것이었다. 이러한 절대적 평등관에 입각할 경우에는 지배권력을 전제로 한 공법이 부인될 수밖에 없는 것은 당연하다.

순수법학자 켈젠(Kelsen)은 법에 대한 정치 등의 이념의 영향을 극력 배척하여 실정법만을 순수하게 법학의 대상으로 삼으려 하였다. 따라서 그는 공·사법을 구별하고 정치적 관념을 내포한 공법의 개념을 인정하는 것은 근대 법학에 정치의 침입을 옹호하는 것으로서 법학의 순수성 또는 과학성을 해하는 폐단이 크다고 주장하였다. 결국 켈젠이 주장한 법일원론은 국가를 개인과 대등시하는 순수한 자유주의의 견해라고 말할 수 있다.

이와 같은 자유주의적인 공·사법부인론은 시사하는 바 크다고 하겠으나, 현대의 복잡한 법체계를 체계적으로 분석할 필요성은 부인할 수 없고, 법을 공·사법으로 나누어 고찰하는 것은 법체계를 이해하는 데에 많은 도움을 준다.

Ⅲ. 사회법

1. 사회법의 의의

사회법(社會法. social law)은 사법과 공법의 성격을 모두 가진 제3의 법영역으로 법의 사회화·법의 공법화 경향으로 표현된다. 여기에는 노동법, 경제법, 사회보장법, 사회복지법 등이 있다. 사회법은 사적인 생활관계를 국가가 규율하는 법을 말한다. 사회법은 자유방임적인 자본주의의 사회적 폐단을 시정하여 경제적 약자를 보호하기 위한 법으로(빈부 격차 등 자본주의의 문제점을 극복하기 위해서 정부가 개인 또는 집단 간의 생활관계에 적극 개입, 국민의 경제 활동과 노사 관계를 조정·규제), 사법적 생활영역에 공법적 제재 가미함으로써 성립한 법이다.

2. 사회법의 등장 배경 : 제3의 법역(개인주의법에서 사회법으로)

19세기의 법질서는 공법과 사법으로 양분되었으나, 자본주의의 발전이 고도화됨에 따라 19세기 말부터 20세기 초에 걸쳐 사회법이라는 제3의 법역이 새롭게 발전하게 되었다. 이러한 근대법에서 현대법으로의 발전을 라드부르흐는 「개인주의법에서 사회법으로」라는 표어로 설명한 바 있다.

근대국가는 야경국가(夜警國家)로서 국가의 질서유지만을 임무로 하며, 시민생활에는 간섭하지 않고 자유방임을 허용하여 사적자치의 원칙이 지배하도록 하였다. 이러한 자유방임정책의 법적 반영으로 근대시민법에서는 인격의 자유와 평등, 소유권의 절대적 보장, 계약자유, 과실책임 등의 원칙이 확립되었다. 근대자유국가는 자유경쟁과 개인의 이윤추구를 통해 아담 스미드(A. Smith, 1723-1790)가 설파한 이른바 「보이지 않는 손」(invisible hand)의 예정조화로 국가경제는 균형 있게 발전할 것으로 낙관하였다. 그러나 자본주의가 고도화 된 독점자본주의로 전화되어 자유경쟁을 통한 시장원리가 발현될 수 없게 되자 커다란 사회적 병폐를 낳게 되었다.

그러나 자본주의 사회는 공산주의자들이 예언하였듯이 붕괴된 것이 아니라, 「황금알을 낳는 거위」로서 자체적으로 모순을 극복하고 수정원리를 창출해 가면서 계속 변화 발전하였다. 즉 국가는 종전의 자유방임의 태도를 바꾸어 개인본위의 법원리를 수정하고 사회본위의 법원리를 도입하였다.

이러한 20세기의 국가는 「복지국가」(福祉國家)를 지향하여 독점기업의 횡포를 억제하며 기업과 근로자의 이해를 조절하고 부자와 빈자간의 「소유와 이용의 조화」를 꾀하는 등 사회·경제생활의 전면에 걸쳐서 국가적 통제를 강화해 나아갔다. 이러한 국가통제책의 강화로 19세기의 사법체계의 대폭적 수정이 요구되었으나, 「새 술은 새 부대에」라는 속담과 마찬가지로 새로운 법분야가 출현되었으니 이것이 바로 「사회법」이다.

사회법(社會法)은 처음에는 근로자의 지위를 강화하기 위해 고용계약법을 수정한 「노동법」에서 발전을 보게 되었으며, 급격히 변천하는 경제관계를 통제하여 독점규제와 공정한 거래를 보장하기 위한 「경제법」과 경제적 약자에게 「인간다운 생활」을 보장하기 위한 「사회보장법」이 포함되게 되었다. 이중 경제법에 대하여는 사회법과 그 원리가 다른 독립된 영역의 법이라는 주장도 없지 않으나, 넓은 의미의 사회법에는 경제법도 포함시키는 것이 보통이다.

4 실체법과 절차법

실체법과 절차법의 구별은 법의 규내용을 표준으로 하는 것이다. 실체법은 절차법에 의하여 비로소 그 내용의 실현이 보장되는 것이다. 즉, 절차법은 실체법을 구체화시킨다.

Ⅰ. 실체법

실체법(實體法)은 권리·의무의 실체, 즉 권리나 의무의 발생·변경·소멸·성질·내용 및 범위 등을 규율하는 법이다(헌법·민법·형법·상법 등).

Ⅱ. 절차법

절차법(節次法)은 실체법을 실현시키는 절차, 즉 실체법상의 권리를 실행하거나 또는 의무를 실행시키기 위한 절차에 관한 법이다(민사소송법·형사소송법·행정소송법등)에 관하여 규정하는 법이다.

5 기타 법의 분류

I. 일반법(一般法)과 특별법(特別法)

1. 의의

법은 그 효력이 미치는 범위를 기준으로 하여 일반법과 특별법으로 나눌 수 있다. 일반법은 모든 사람·장소·시간·사항에 제한 없이 보편적으로 적용되는 법을 말하며 (헌법·민법·형법 등), 특별법은 특별한 사람·장소·시간·사항에만 제한적으로 적용되는 법을 말한다(상법·군형법·소년법·교육공무원법·선원법·조례·규칙 등).

2. 구별 실익

일반법과 특별법을 구별하는 실익은 법의 효력 및 적용의 순서를 명확히 정하는 데 있다. 일반적인 원칙으로서 특별법은 일반법에 우선하여 적용되고, 특별법에 규정이 없는 경우에 그 보충으로서 일반법이 적용된다는 것이다. 이를 "특별법은 일반법에 우선한다"는 특별법우선의 원칙이라고 한다.

3. 구분의 상대성

상법은 민법의 특별법이지만, 보험업법이나 어음법·수표법은 상법의 특별법이다. 동일한 법규범의 규정 상호간에도 일반법과 특별법의 관계가 존재한다(형법 제250조제2항 존속살해죄의 규정은 동조 제1항 살인죄의 특별규정이다).

II. 강행법과 임의법

법이 그 적용에 있어서 절대적인가 아닌가를 표준으로 하여 강행법(强行法)과 임의법(任意法)으로 구별된다.

1. 강행법

강행법은 당사자의 의사여부에 관계없이 적용이 강제되는 법이다. 헌법·행정법·형법·소송법 등 공법의 법규는 대체로 강행법이다.

2. 임의법

임의법은 당사자의 의사로 그 법규적용을 배제할 수 있는 법이다. 민법·상법 등 사법에는 임의법 규정이 많다. 특히, 채권법에는 임의규정이 많다.

3. 강행법과 임의법의 관계

공법 중에도 임의법규가 포함되어 있는 경우도 있고, 사법 중에도 강행법규가 포함되어 있는 경우도 있으므로, 공·사법의 구별에 반드시 일치하는 것은 아니다.

이상에서 살펴 본 법의 체계를 도표로 표시하면 다음과 같다.

법의 체계에 관한 도표(圖表)

05   법의 효력

법은 사실이 아닌 당위를 명하는 규범체계에 불과하며, 이러한 법이 현실사회에서 실현될 때 즉 사회구성원이 법규범에 따라 행동하고 이를 지킬 때 법은 그 효력을 갖게 된다. 이러한 법의 효력은 두가지 측면으로 나누어 볼 수 있다. 하나는 법규범이 사실상 지켜져야 한다는 실현성의 문제로서 이를 법의 「실질적 효력」이라고 한다. 다른 하나는 실정법은 시간적, 공간적, 인적으로 일정한 범위 안에서만 효력을 발휘하게 되는데 이를 법의 「형식적 효력」이라고 한다.

Section 1   법의 실질적 효력

I. 법의 타당성(妥當性)과 실효성(實效性)

당위의 법칙인 법이 국민들에 의하여 잘 지켜지고 현실화되기 위하여는, 국민이 자발적으로 법을 따르도록 하는 정당성과, 법을 위반하지 못하도록 하는 강제력이 뒷받침되어야 한다. 다시 말해 법의 실질적 효력은 규범적 타당성과 사실적 실효성에 의하여 뒷받침된다.

이처럼 법이 효력을 제대로 발휘하기 위해서는 두 요소가 모두 필요하나, 설령 법규가 사실상 적용되지 못하고 실효성이 발휘되지 못한다 하더라도 법규로서의 규범적 타당성을 유지하고 있으면 법의 생명은 소멸되지 않는다 할 것이다.

Ⅱ. 법의 효력근거에 관한 학설

법은 현실에서 실현되기를 요구하는 것이며, 이처럼 법이 현실사회에서 효력을 발휘하는 근거는 과연 무엇인가? 법의 효력근거에 관하여는 오래 전부터 여러 가지 견해가 제시되고 있으며 대표적인 학설을 소개하면 다음과 같다.

1. 사실의 규범력설(規範力說)

이 학설은 법의 효력의 근거를 힘에서 찾으려는 것이다. 「사실의 규범력」이란 사실 속에 규범으로 바뀔 힘이 내재하고 있다는 사상에 근거하고 있는데, 이를 강조한 것은 옐리네크(G. Jellinek, 1851-1911)이다.

그는 관행이라는 사실로부터 관습, 더 나아가서 관습법이라는 규범이 생기는 것, 또 혁명이라는 사실에 의하여 종래의 규범체계가 부정되고 새로이 창설된 규범체계가 효력을 가지게 되는 것 등을 「사실의 규범력」으로 설명한다. 법과 사실의 연관성에 관하여 시사하여 주는 것이 없는 것은 아니나, 법존립의 기초를 오직 사실의 힘에서만 구한다면 후술하는 법실력설과 통하게 된다.

2. 실력설(實力說)

법을 만들고 움직이고 법에 효력을 부여하는 것은 강자의 실력이라는 학설인데, 그 기원은 그리이스의 궤변학파(Sophist)에서 찾아 볼 수 있다. 극단적인 실력설은 법은 실력 자체라고 하며, 「강자의 이익에 합치하는 것이 정의요, 법을 규정하는 것은 결국 힘이다」라고 주장한다. 이러한 실력설은 왜 지배자가 실력을 가지느냐의 이유를 밝히지 못한다. 이러한 실력설은 법의 타당성을 전혀 도외시한 주장이며, 법은 지배자의 명령이기 때문에 지켜지는 것이 아니라 오히려 아래에서부터의 자발적 승인에 의하여 지지된다고 할 것이다.

3. 여론설(輿論說)

영국의 다이시(A. V. Dicey, 1835-1922)는 여론(public opinion)이야말로 법의 효력의 근거이자, 법창설의 연원이라고 주장했다. 그렇다면 여론은 어떻게 파악할 수 있을 것인가? 다이시는 「여론이란 일정한 법을 유익하다고 인정하고, 다른 법을 해롭다고 인정하는 사회에 널리 통용되는 신념이다」라고 말했다. 이러한 승인설은 영국의 *의회민주주의*의 원리를 법효력의 근거에 적용한 것이라 하겠다.

4. 승인설(承認說)

승인설은 법이 효력을 발휘하는 것은 다수인이 법규범을 준수할 행동의 준칙으로 「승인」하고 이를 지키기 때문이라고 주장한다. 이 학설의 대표자는 독일의 법학자 비얼링(R. Bierling, 1841-1919)이다. 「법의 효력근거가 사회에서 생활하는 일반인의 법에 대하여 인정하는 정신적 지지에 있다」고 지적한 것은 일리가 있으나, 근거에 관한 충분한 설명은 되지 못한다. 즉 무정부주의자는 현존의 실정법을 승인하지 않지만 법은 이런 자들에게도 효력을 미친다. 또한 승인설은 기존의 법의 효력을 설명할 수는 있으나, 새로운 법이 성립하는 근거는 설명할 수 없다.

5. 법단계설(法段階說)

순수법학자(純粹法學者) 켈젠(H. Kelsen, 1881-1973)은 국가의 모든 법규는 평면적으로 병존하는 것이 아니라, 입체적으로 상하의 계단구조를 이루면서 커다란 전체법질서를 구성하고 있으며, 하위법규의 타당성은 상위법규에서 구할 수 있다고 한다. 즉 법률이 효력을 가지는 것은 상위법인 헌법에 근거가 있기 때문이며, 헌법의 타당성은 「근본규범」(Grundnorm)에서 찾을 수 있다. 즉 실정법질서는 「근본규범 → 헌법 → 법률 → 명령 → 판결」의 순서로 상하의 단계를 이루고 있다고 한다.

법의 효력을 합법성으로만 파악한다면 이러한 설명은 완벽하다고도 할 수 있다. 그러나 이러한 법적 효력론은 최상위 수권규범(授權規範)인 헌법의 효력근거를 설명하기 위하여 근본규범이라는 개념을 창안하지 않으면 안되었다. 결국 켈젠은 실정법의 존재기반과 그 타당성의 근거는 근본규범에 있다고 하였으나, 이는 하나의 가설에 불과하며 켈젠에 의하면 실정법질서는 이미 주어진 것이며 근본규범도 단지 효력의 기초로서 창안해 낸 용어에 불과하다는 논리적 비판을 면할 수는 없다. 그러나 법적인 판단은 정치적인 이해관계나 인간관계의 친소가 아닌 법의 규범체계 내에서 해결해야 한다는 법단계설의 실천적 의미는 결코 과소평가할 수 없다.

Ⅲ. 악법(惡法)의 문제(타당성 없는 실효성)

위에서 살펴본 바와 같이 사실의 규범력설이나 실력설은 주로 실효성을 강조한 것이고, 여론설과 승인설은 타당성에 중점을 둔 입장이다. 그러나 법의 실질적 효력은 두 요소가 모두 갖추어 졌을 때 충분히 발휘되는 것이며 어느 한 쪽에 치우치는 것은 문제가 있다. 그런데 타당성은 없이 실효성만을 갖은 법이 있을 수 있는데 이것이 바로 악법의 문제이다. 즉 정당성 없는 법인 악법도 법이라 할 수 있는가 또한 이러한 악법도 법인이상 지켜야 하는가 하는 문제이다.

법적 안정성을 강조하는 법실증주의자들은 악법도 정당한 절차만 밟아 제정되었으면 법이며 준수되어야 한다고 주장한다. 이에 반해 자연법론자들은 정의의 원리에 반하는 법은 법이 아니라고 한다. 악법에 대해서는 이를 따르지 말고 저항해야 하는가? 이것이 이른바 저항권(抵抗權)의 문제이다.

독일에서는 나치스시대(1933-1945)에 악법이 민주주의를 말살하고 국민의 인권을 짓밟았던 것을 반성하여 악법에 관한 여러 가지 규제방안을 규정하고 있다. ① 헌법재판소에 의한 위헌법률심사제가 있으며, ② 저항권(抵抗權)이 헌법상 명문으로 인정되고 있다. 즉 「헌법(Grundgesetz)에 규정된 기본권이 현저하게 침해될 때에는 국민은 저항할 권리가 있다」(독일헌법 제23조 3항).

우리의 헌법도 위헌심사제는 인정하고 있으나(헌법 제107조), 저항권에 대해서는 이를 명문으로 인정하고 있지 않다. 물론 저항권의 인정은 실정법에 의한 법질서의 부정이며, 이의 남용으로 인한 혼란과 무질서로 헌정질서 자체가 파괴될 염려가 있기 때문에 저항권을 명문으로 규정하고 있는 나라는 많지 않다. 「정의론」으로 유명한 롤스(J. Rawls)는 저항권행사에 관하여 ① 저항권은 법적인 구제수단을 다하여도 시정이 안 될 경우 최후수단으로 행사하는 것으로, ② 성공가능성이 있을 때, ③ 그 수단은 어떠한 경우에도 비폭력적·평화적이어야 한다고 주장하였다. 요컨대 국민의 저항을 초래할 악법은 원천적으로 만들어져서는 안되며, 만약 악법(惡法)이 존재한다면 우선은 법적인 절차에 따라 시정하도록 노력하고, 이것이 불가능할 경우 최후의 수단으로서 그것도 평화적인 방법으로 저항권은 행사되어야 한다.

Section

2 법의 형식적 효력

실정법은 일정한 범위 내에서 효력을 갖는다. 즉, 법이 적용되기 위하여는 사실이 언제 발생하였는가, 어디에서 발생하였는가, 또한 어느 사람에 의하여 발생되었는가가 문제된다. 이것이 법의 형식적 효력이며, 시간적·장소적·인적 효력범위가 문제된다.

I. 법의 시간적 효력

1. 법의 시행

법의 효력은 시행일로부터 폐지일까지 계속된다. 이 기간을 법의「시행기간」또는「유효기간」이라 한다. 법은 시행기간내에 발생한 사항에 대해서만 적용되는 것이 원칙이다. 법은 시행에 앞서「공포」하며, 이는 그 성립과 내용을 국민에게 알리기 위한 것이다. 특별한 규정이 없는 한 법은 공포한 날로부터 20일을 경과함으로써 효력이 발생한다(헌법 제53조 7항). 공포일로부터 시행일까지의 기간을 법의「주지기간(周知期間)」이라고 한다.

2. 법의 폐지

법의 효력을 없애는 것을 폐지라 한다. 법의 폐지에는 법규의 명문규정으로 인한「

명시적 폐지」와 신법과의 저촉에 의한 「묵시적 폐지」가 있다.

법령에 시행기간이 정해진 경우에는 그 기간의 종료로 폐지되며, 이러한 법을 「한시법」(限時法)이라고 한다. 법령이 특정목적으로 제정된 때에는 목적사항이 달성되거나 소멸하면 당연히 폐지된다. 또한 신법에서 명시규정으로 구법의 일부 또는 전부를 폐지한다고 규정한 때에는 당연히 폐지된다.

동일한 사항에 대하여 신법과 구법이 모순·저촉되는 경우에는 「신법우선의 원칙」에 의하여 구법은 폐지되며, 이것이 묵시적 폐지이다.

3. 법률불소급(法律不遡及)의 원칙

새로 제정된 법률은 그 이전에 발생한 사실에 소급하여 적용되지 못한다. 이것이 법률불소급의 원칙이다. 이 원칙은 법률생활의 안정과 기득권존중의 요구로 인정되는 것이며, 죄형법정주의를 기본으로 하는 형사법에서는 법률의 소급효는 엄격히 금지된다.

그러나 법률불소급의 원칙은 절대적인 것은 아니다. 사회의 실정이나 국민의 정의형평의 요구가 있는 때에는 소급효를 인정하는 예외가 있다. 민법부칙 제2조나 상법부칙 제2조 등에서 신법의 소급효를 인정하고 있으며, 형법에 있어서도 신법이 구법보다 피고인에게 유리한 경우에는 예외적으로 신법이 소급하여 적용된다(형법 제2조 1항).

4. 경과규정

법령의 개정이나 개폐가 있었을 경우에 구법(舊法) 시행시의 사항에는 구법을 그대로 적용하고 신법(新法) 시행후의 사항에 대하여는 신법이 적용된다는 것이 원칙이다. 다만 구법시행시에 발생한 사항으로서 신법시행 후에도 계속 진행되고 있는 사항에 대해서는 구법과 신법 중 어느 것을 적용하느냐가 문제된다.

이를 해결하기 위하여 규정하는 것이 경과규정(經過規定)이며, 법령을 개폐할 때 법의 변경으로 인한 혼란을 막기 위하여 경과규정을 두는 경우가 종종 있다. 이러한 경과규정은 보통 본법이 아닌 부칙에서 규정하나(민법부칙 제5조 참조), 상법시행법과 같이 별도로 규정하는 경우도 있다.

5. 한시법

한시법(限時法)이란, 일시적인 특정사정을 위하여 일정한 유효기간을 정하여 제정되는 법령을 말한다. 법령에 시행기간이 정해진 경우 그 기간의 종료로 폐지되는 법률을 말한다. 한시법은 그 유효기간의 만료에 의하여 효력을 잃은 후에도 그 유효기간 중에행하여진 법의 위반행위에 대하여 그대로 적용된다.

Ⅱ. 법의 장소적 효력

법은 현실적으로 국가별로 성립하므로 법은 그 국가의 전영역에 적용되는 것이 원칙이다. 다시 말해 법은 그 나라의 영역에서 발생하는 모든 사건에 적용되며, 국가의 영역은 주권이 미치는 범위로서 영토·영해·영공을 포함한다. 그러나 다음과 같은 약간의 예외가 있다.

① 지방자치단체가 제정한 조례와 규칙은 그 지방에 한하여 적용된다. 또한 사회경제적인 목적에 의하여 일정한 지역에 한하여 시행되는 법이 있다. 즉 도시계획법은 도시에 한하여 적용되며, 농지개혁법은 농지에 한하여 적용된다.

② 외국에 의한 점령지역이나 조차지 또는 관리지역은 법적용에 일정한 제한을 받는다(예: 과거의 홍콩).

③ 선박·항공기는 자국영역의 연장으로 보기 때문에 공해상에 있을 때는 물론 타국의 영역 내에 있을 때에도 자국법의 적용을 받는다.

Ⅲ. 법의 인적(人的) 효력

1. 속지주의(屬地主義)의 원칙

법은 그 나라의 영역을 전면적으로 지배하므로 자국내에 있는 자국민에 대하여 적용됨은 당연하다. 그러나 자국내에 거주하는 외국인에게도 예외없이 적용되는가 또는 외국에 거주하는 자국민에 대하여도 그 효력이 미치는가가 문제된다.

이에 관하여는 「속지주의(屬地主義)」와 「속인주의(屬人主義)」가 대립한다. 국가의 영역을 기준으로 그 영역내에 있는 사람은 내국인이나 외국인을 불문하고 모두 그 나라의 법을 적용하는 것이 속지주의이다. 즉 로마에 가면 로마법을 따르라는 원칙이다. 이에 대하여 사람의 국적을 기준으로 자국민은 외국에 있더라도 자국법이 적용된다는 것이 속인주의이다. 오늘날 국제사회에서는 상호간 영토를 존중하게 되어 있으므로 속지주의가 원칙으로 인정되고 있다.

한편 헌법상의 참정권·청원권·병역의무 등의 권리·의무는 그 나라의 국민에게만 귀속되는 것이기 때문에 외국인에게는 적용되지 않는다. 또한 국제적 사법관계에서는 자국법우선주의를 지양하고, 한국인과 미국인이 혼인하는 바와 같은 국제적 사건에 대하여는 국내법·외국법을 불문하고 그와 가장 밀접한 관련이 있는 국가의 법을 준거법으로 적용하는 것이 원칙이다. 이러한 국제적 사법관계를 규율하기 위한 준거법을 지정하는 법이 바로 「국제사법」이다.

2. 속지주의(屬地主義)의 예외

국가의 법이 영토내의 모든 사람에게 효력이 미친다는 속지주의의 원칙에는 다음과 같은 예외가 있다.

(1) 국내법상의 예외

대통령은 내란 또는 외환의 죄를 범한 경우가 아니고는 재직 중 형사상의 소추를 받지 아니한다(헌법 제84조). 국회의원은 불체포의 특권이 있고(동법 제44조), 또 국회에서 직무상 행한 발언과 표결에 대하여 외부에서 책임을 지지 아니한다(동법 제45조). 이것은 대통령이나 국회의원이 임기중 안심하고 직무를 수행할 수 있도록 하기 위한 것이다. 법은 모든 국민에게 평등하게 제한없이 적용되어야 하나, 특별법은 일정한 범위의 사람에게만 적용되는 경우가 있다. 예를 들어 「공무원법」은 국가공무원에게만, 「근로기준법」은 사용자 및 근로자에게만 적용되며, 「청소년보호법」은 미성년자 및 그 친권자에게만 적용된다.

(2) 국제법상의 예외

치외법권(治外法權)을 누리는 자는 국제법상 현재 체류하는 나라의 과세권·경찰권에 복종하지 않는 특권이 있다. 이러한 특권자로는 외국원수, 대통령, 국왕, 외교사절(대사·공사 등) 및 그 가족과 수행원, 외국에 거주하는 군대, 외국 영해상의 군함의 승무원 등이 있다. 이 경우에는 속지법주의가 배척되고 속인법주의가 적용된다.

Chapter

06   법의 해석과 적용

Ⅰ. 법해석의 필요성

법의 해석(解釋)이란 법의 의미를 밝혀내는 것을 말한다. 다시 말해 법의 구체적 적용을 위해 법규의 의미를 체계적으로 이해하고 법의 목적에 따라서 규범의 의미를 명확히 하는 이론적이며 기술적 조작이 법의 해석이 되는 것이다. 실정법의 법문을 보면, 사회에서 발생할 수 있는 모든 사건에 대하여 해결의 기준을 간단·명료하게 마련하기 위한 입법기술상의 이유에서 매우 일반적이고 추상적으로 표현되어 있다. 따라서 법규를 구체적 사실에 적용하려면, 먼저 법규의 내용을 구체적으로 이해할 필요가 있다. 법해석이 필요한 이유는 바로 여기에 있다.

법문은 입법자의 의사가 언어로 표현된 것이기 때문에 이의 해석을 위해서는 입법자의 의도와 법규정의 문리적이고 논리적인 의미의 검토는 필수적인 것이나, 법의 해석은 여기에만 그치는 것은 아니다. 법의 해석과 적용을 통해 법에 내재되어 있는 법의 이념과 정신이 현실적으로 구현될 수 있기 때문에 단순한 형식론적 방법을 넘어서 이념적이고 목적론적인 해석이 바람직하다고 하겠다.

Ⅱ. 법해석의 방법

법해석(法解釋)을 위하여는 먼저 법문의 언어가 가지고 있는 일반적 의미를 밝혀내는 것이 필수적이다. 이러한 해석이 바로 문리해석이다. 그러나 법은 수많은 규범으로 이루어진 통일적 체계를 가지고 있기 때문에 하나의 법조문을 정확하게 파악하기 위하여는 다른 법규와 대조하고 그 관련성을 체계적으로 고찰하여야 한다. 이러한 해석방법이 바로 논리적·체계적 해석이 되며, 법이론적 기술이 요구되는 분야가 바로 이 부분이다.

한편 이와 같은 이론적인 학리해석에 대하여 국가기관에 의하여 일정한 법적 구속력을 갖는 해석을 유권해석(有權解釋)이라고 하며, 이러한 유권해석에 대조하여 학리적 해석방법을 무권해석(無權解釋)이라고도 한다.

1. 문리해석

문리해석(文理解釋)이란 법문의 언어적 의미를 파악하는 것으로, 법규의 하나하나의 단어 및 문장의 의미를 먼저 살펴보고 다시 조문전체의 구조를 검토하여 그 의미내용을 명확히 하는 해석방법이다. 이러한 문리해석은 하나하나의 법문과 조문의 순서에 의한 해석이기 때문에 축자해석(逐字解釋) 또는 축조해석(逐條解釋)이라고도 한다.

예컨대 민법 제108조 제2항은 「통정허위의 의사표시의 무효는 선의의 제3자에게 대항하지 못한다」고 규정하고 있는데, 여기서 선의의 제3자는 무엇을 의미하는가를 고찰하는 것이 문리해석이다. 이것은 주로 조문의 국어학적 해석 또는 문법적 해석을 꾀하는 것인데, 법해석을 위한 기초적 작업이며 제1단계의 해석이다. 그러나 조문의 문자에만 사로잡혀 법에 내재하는 목적이념을 살피지 않는다면 그런 법해석은 무의미한 것이 되고 말 것이다.

2. 논리해석(論理解釋)

(1) 반대해석과 유추해석

법규는 법률요건과 법률효과로 구성되어 있는 바, 어떤 법조문의 법률요건에 해당하지 않는 사실에 대하여는 그 조문의 법률효과를 인정하지 않는다는 해석방법이 반대해석이다. 예를 들어 민법 제832조는 「부부의 일방이 일상의 가사에 관하여 부담한 채무에 관하여 다른 일방은 연대책임을 진다」고 규정하고 있는데, 처가 아닌 딸이 일상의 가사에 관하여 부담한 채무에 대하여는 아버지는 책임을 질 필요가 없다고 해석하는 것이 반대해석(反對解釋)인 것이다. 또한, '자동차 통행금지'라는 푯말이 있을 때, 사람은 통행할 수 있다고 해석 하는 것으로 해석하는 경우이다.

유추해석(類推解釋)은 그 조문의 법률요건에 해당하지는 않으나 유사한 사안인 경우 이를 유추하여 동일한 법률효과를 부여하는 해석방법이다. 유추해석은 어떤 사안에 적용할 직접적인 법조문이 없는 경우에 사용되는 해석방법이며, 그 실질적 근거는 비슷한 사항에는 동일한 법원리가 적용되어야 한다는 점에 있다. 예컨대 법인이 아닌 사단에도 민법의 사단법인에 관한 규정을 그대로 적용하는 경우가 유추해석이다. 또한 예컨대, '애완견 입장금지'의 경우 애완견뿐만 아니라 다른 애완동물도 입장할 수 없는 것으로 해석하는 경우이다. 유추해석은 주로 사법(私法) 분야에서 널리 이루어진다. 형법에서는 죄형법정주의(罪刑法定主義)의 원칙에 따라 유추해석이 금지된다. 유추해석을 허용할 경우 형법전에 규정하고 있지 않은 행위에 대하여서도 처벌할 수 있기 때문이다. 다만, 피고인에게 유리한 경우에는 유추해석이 가능하다.

법규에 대한 원칙적인 해석방법은 조문을 엄격히 적용하는 반대해석이라고 하겠다. 다시 말해 개개의 법조문은 그 법률요건에 해당하는 사안에 대하여만 적용되고 법률요건에 일치하지 않는 사안에 대하여는 그 법규를 적용하지 않는 것이 원칙이며, 유추해석은 적용할 법률이 없는 경우에 부득이하게 인정되는 예외적인 해석방법이다. 특히 형법에 있어서는 죄형법정주의의 원칙에 의하여 유추해석이 철저히 금지되어 있다.

(2) 축소해석과 확장해석

축소해석(縮小解釋)이란 법조문의 일반적인 의미보다 더 좁게 해석하는 방법이다. 이것은 법조문의 언어적 표현을 제한하는 해석이므로 제한해석이라고도 한다. 예컨대 형법 제329조의 절도죄의 객체인 재물에는 부동산은 포함되지 않는 것으로 제한하여 해석하는 경우이다. 또한 사업자에게는 이익이 되고 고객에게는 부담이 되는 약관의 조항은 그 범위를 좁게 해석해야 한다는 원칙이다. 사업자에게 이익이 되고 고객에게 부담이 되는 약관의 규정이란 구체적으로 "~한 경우에는 사업자에게 책임이 없다"라든지, "~한 경우에는 고객은 사업자에게 손해배상을 청구할 수 없다" 등의 약관조항을 말한다. 이러한 ~한 경우는 가급적 그 범위를 좁게 해석해야 공평할 것이기 때문이다.

확장해석(擴張解釋)은 법규의 문장의 의미를 확장하여 널리 적용하는 법해석이다. 문리해석에 의한 법문의 단순한 해석으로는 그 적용범위가 너무 좁아서 법규의 진정한 의도를 실현할 수 없을 때, 논리해석에 의한 법문의 의미를 확장하여 넓게 해석하는 방법이다. 가령 형법 제257조의 상해에 있어서 법문의 의미로만 본다면 생리적 손상에만 상해가 인정될 수 있겠으나, 여성의 두발을 절단함으로써 외관의 손상을 초래한 경우에도 상해죄를 적용하도록 상해의 의미를 넓게 이해하는 것이 확장해석이다.

(3) 변경해석

법문의 자구가 명백히 잘못되었거나 표현이 부정확한 경우 그 자구를 바로 잡거나 변경하는 것이 변경해석(變更解釋)이며, 이를 보정해석(補正解釋)이라고도 한다. 예를 들어 민법 제7조는 「법정대리인은 미성년자가 아직 법률행위를 하기 전에는 전2조의 동의와 승낙을 취소할 수 있다」라고 규정하고 있으나 여기의 취소는 소급효가 없는 철회로 변경하여 해석하는 것이 바로 변경해석이다.

변경해석(變更解釋)을 인정할 것인가에 관하여는 학설의 대립이 있다. 입법자가 문장의 표현을 잘못하였는가의 여부는 일반적으로 확실하지 않을 뿐만 아니라, 만약 자의적인 변경을 인정한다면 법의 안정성을 해치게 된다는 이유에서 이런 해석을 부인하는 견해도 있다. 이에 대하여 자유법운동이나 목적법학의 입장처럼 법관의 법해석에 많은 자유재량을 허용하려는 학자들은 변경해석을 인정하려 한다.

그러나 변경해석을 인정한다 하여도 법의 안정성을 해치지 않는 범위 안에서 이루어져야 한다는 일정한 한계는 있어야 한다. 즉 법문의 표현이 명백히 잘못되었을 때 또는 법문이 사회적 현실과 명백히 배치되는 경우에만 제한적으로 허용되어야 할 것이다.

(4) 물론해석

법조문이 일정한 사례를 규정하고 있을 경우에 다른 사례에 관하여도 사물의 성질상 당연히 그 규정이 포함되는 것으로 판단하는 것이 물론해석(勿論解釋)이다. 예컨대 자전거의 통행을 금지하는 게시판이 세워 있는 경우에는 오토바이는 당연히 통행하지 못한다고 해석하는 것이다.

민법 제396조는 「채무불이행에 관하여 채무자에게 과실이 있는 때에는 법원은 손해배상의 책임 및 그 금액을 정함에 이를 참작하여야 한다」라고 하여 과실상계(過失相計)에 관한 규정을 두고 있는데, 이 규정 속에는 과실보다 더 중한 귀책사유인 고의는 물론 포함되는 것으로 해석할 수 있다. 이러한 물론해석은 법조문의 자구 속에 다른 사례가 당연히 포함되는 것으로 해석하는 경우임에 대하여, 전술한 확장해석은 법조문의 자구의 의미를 확장하여 해석하는 것으로 물론해석과는 차이가 있다.

3. 유권해석(有權解釋)

(1) 입법해석

입법기관이 법을 제정하는 권한에 의하여 동일한 법령이나 부속법규에서 해석규정을 두어 법문의 의미를 밝히는 것을 말한다. 예를 들어 민법 제98조는 「본법에서 물건이라 함은 유체물 및 전기 기타 관리할 수 있는 자연력을 말한다」고 규정하고 있으며, 수표법부칙 제66조에는 「본법에서 휴일이라 함은 국경일, 공휴일, 일요일 기타의 일반휴일을 이른다」고 규정하고 있는데, 이것이 입법해석(立法解釋)이며 이러한 규정을 정의규정이라고도 한다.

(2) 행정해석

행정해석(行政解釋)이란, 행정관청에서 법을 집행할 때, 또는 상급관청이 하급관청에 대한 회답·훈령·지령 등을 발할 때에 법을 해석하는 것을 말한다. 물론 행정관청은 최종적 권위가 있는 해석은 하지 못하며 잘못된 법집행에 대하여는 법원에서 시비를 가릴 수 있다. 그러나 상급관청의 회답 등은 하급관청에 대하여 사실상 구속력을 가지므로 역시 행정해석도 유권해석이 된다.

(3) 사법해석

사법기관인 법원이 구체적 소송사건의 해결을 위해 내리는 해석이며, 보통 판결의 형식으로 표현된다. 물론 개별적인 판결은 당해사건에 관한 한 최종적인 법적 구속력을 가지므로 법해석으로는 중요한 의의가 있다. 그러나 법원에는 심급(審級)이 있고 하급심의 판결이 상급심에서 취소 또는 파기되는 수도 있으며, 최고심의 판결에도 법원성(法源性)이 인정되어 있지 않기 때문에 법원의 판결에서 나타나는 법해석이 절대적인 것은 아니지만, 실제에 있어서 대법원의 법해석은 법규의 구체적 의미를 밝히는 길잡이가 된다. 이러한 사법해석은 법원의 재판을 통해 이루어지므로 재판해석(裁判解釋)이라고도 한다.

Section

2 법의 적용

 법은 입법부에서 만들어 지며, 행정부에서 이를 집행하고, 법적 분쟁이 발생하면 사법부에서 법을 적용하여 이를 해결한다. 따라서 법규범이 적용되는 과정은 재판절차에서 잘 나타난다.

 재판과정을 살펴보면, 적용될 추상적 법규를 대전제로 하고 현실적으로 발생한 구체적 사건을 소전제로 하여 여기에 구체적 법률효과를 부여하는 판결이라는 결론을 이끌어 내는 삼단논법(三段論法)의 형식을 취한다.

 그런데 법이 적용되는 논리형식은 삼단논법 중 반가언적(半假言的) 삼단논법이다. 즉 대전제는 조건명제와 귀결명제로 이루어 지는 가언판단(假言判斷)의 형식을 취하며, 소전제와 결론은 정언판단이 된다. 대전제로서의 법규는 조건명제인 법률요건과 귀결명제인 법률효과로 이루어지는 바, 해당법규가 적용될 법률관계의 사실적 내용을 정하는 것이 법률요건(法律要件)이며 이러한 법률관계에서 발생하는 법적 결과인 권리·의무의 내용을 규정하는 부분이 법률효과(法律效果)가 된다.

 예를 들어「사람을 살해한 자는(법률요건) 사형·무기 또는 5년 이상의 징역에 처한다(법률효과)」(형법 제250조 1항)는 법규를 대전제로 하고「A가 사람을 살해했다」는 구체적 사실을 소전제로 하여, 판결로서「A를 10년의 징역에 처한다」는 결론을 내리는 것이 살인죄에 관한 형법 제250조를 적용하는 과정이다.

Ⅰ. 사실의 확정

법규를 적용하려면 먼저 소전제가 되는 사실을 확정하여야 한다. 즉, 살인을 했다는 사실을 확정하지 못하면 법규를 적용하여 형벌을 과할 수가 없는 것이다. 실제의 재판 과정에서 주로 문제가 되는 것은 바로 사실문제의 확정이며, 법적인 판단은 논리적인 법률적용을 통해 일사천리로 이루어지는 것이 보통이다. 법관이나 당사자가 재판과정 에서 대부분의 시간과 노력을 기울이는 부분은 바로 사실문제이다.

사실판단은 자유심증주의(自由心證主義)의 원칙에 의하여 재판관인 판사가 하는 것 이나, 판사라고 하여 사실판단을 자기 멋대로 하는 것이 아니라 객관적인 자료인 증거 를 바탕으로 하여야 하는데, 이것이 곧 입증(立證)문제이다. 한편 입증이 곤란한 특별 한 경우에는 간접적인 사실에 의한 추정 또는 간주에 의하여 사실관계를 판단하기도 한다.

1. 입증(立證)

사실의 확정은 객관적인 자료에 의하여야 한다. 재판에 있어서 사실의 존부에 대한 확신을 얻게 하는 객관적인 자료가 증거이며, 재판관의 사실인정의 객관성을 담보하는 것이 바로 증거이다. 증거는 일정한 사실을 주장하는 자가 제출하여야 하며, 이를 입증 책임(立證責任) 또는 거증책임(擧證責任)이라고도 한다. 형사소송에 있어서는 법원 이 직권으로 사실을 판단하나, 민사소송에 있어서는 당사자인 원고·피고가 주장·입 증책임을 부담한다.

2. 사실의 추정(推定)

직접적인 증거에 의하여 확정하지 못한 사실을 간접적인 사실에 의한 추측으로 판단 하는 것이 사실의 추정(推定)이다. 예컨대 민법 제844조 1항은 「처(妻)가 혼인 중 포 태한 자는 부(夫)의 자로 추정한다」고 규정한다. 이는 아이의 어머니가 누구인가는 객 관적으로 밝힐 수 있으나, 아버지가 누구인가를 객관적인 사실로 입증하는 것은 어려 움이 있기 때문이다. 따라서 남편이 있는 여자가 아이를 임신했다면 특별한 사정이 없 는 한 그 아이의 아버지는 남편으로 추측하는 것이다.[9]

그런데 추정에 의한 사실판단은 절대적인 것은 아니다. 만약 아내의 불륜행위(不倫行爲)로 인한 타인의 자식임이 밝혀지면 추정은 번복된다. 이와 같이 반증(反證)에 의하여 그 효과가 뒤집힐 수 있는 것이 추정임에 반하여, 사실의 의제인 간주(看做)는 반증으로도 뒤집히지 않는다.

3. 사실의 의제(擬制)

민법 제115조는 「대리인이 본인을 위한 것임을 표시하지 아니한 때에는 그 의사표시는 자기를 위한 것으로 본다」고 규정하고 있는데, 이것이 간주(看做)이다. 즉 타인의 법률행위를 대신하고 있는 자는 상대방에게 그러한 사실을 명백하게 밝혀야 하는데, 그렇지 않은 경우 상대방은 대리인이 본인의 행위를 대리하는 것이 아니라 자기의 법률행위를 하고 있는 것으로 믿을 수밖에 없다. 이러한 경우 설령 사실이 타인을 위한 대리행위이었고 이것이 입증(반증)되었다 하더라도 본인을 위한 것임을 표시하지 않은 대리인에게 그 책임을 지우기 위한 것이 본조의 취지이다. 이러한 간주는 법문상 「……로 본다」고 표현되어 있다.[10]

간주(看做)는 어떠한 사실이 진실한 내용과 관계없이 처음부터 법률생활의 안정이나 공익을 위하여 법 정책적으로 '절대적 법률효과'를 확정하는 것이므로, 사실의 추정과 달리 반증만으로는 그 효력을 깨트리지 못하고 취소(取消) 절차를 거쳐야 한다.

Ⅱ. 법의 발견(發見)

법적으로 문제된 구체적 사실이 확정되면, 다음에는 여기에 적용할 법규를 발견하여야 한다. 그런데 구체적 사안에 적용할 법을 정확하게 발견해 낸다는 것은 그리 쉬운

9| 민법 제30조(동시사망)는 "2인 이상이 동일한 위난으로 사망한 경우에는 동시에 사망한 것으로 추정한다."고 규정하고 있다. 또한 민법 제83조(특유재산과 귀속불명 재산) 제2항은 "부부의 누구에게 속한 것인지 분명하지 아니한 경우에는 부부의 共有로 추정한다."고 규정하고 있다.

10| 민법 제28조는 "실종선고를 받은 자는 실종기간이 만료한 때에 사망한 것으로 본다."고 규정하고 있다. 실종선고제도는 가정법원의 실종선고에 의하여 일정기간(5년, 1년) 경과로 사망한 것으로 보는 제도로, 일정한 자의 청구에 따라 법원의 취소에 의하여 사망간주의 효과는 번복된다.

일이 아니다. 물론 사건이 간단·명료하고 여기에 적용할 법규도 하나밖에 없다면 문제될 것이 없으나, 하나의 실정법도 수많은 조문으로 구성되며, 또한 다른 법규와도 관련성을 가지고 있는 경우가 많다. 예컨대 사람을 폭행한 경우 우선 형법상 폭행에 대한 조문이 적용되나 폭행의 결과 상처를 입혔다면 폭행치상에 관한 조문도 관련성을 가지며, 또한 피해자의 구제를 위해 민법상으로는 불법행위조문이 적용된다.

이와 같이 법질서는 수많은 개별법이 관련성을 가지고 하나의 체계를 이루고 있는 것이기 때문에 구체적 사안에 적용할 정확한 법을 발견하고 이를 적용하기 위해서는 먼저 법의 의미내용을 분명히 밝혀야 하는데, 이것이 바로 법의 해석문제이다.

이와 같이 법관은 한편에서 사실을 확정한 다음에, 한편으로는 여기에 적용될 법을 발견하여 해석하여야 한다. 그러므로 사실의 확정과 법의 해석은 법의 적용을 통하여 연결되는 일련의 과정이다.

Ⅲ. 법 적용의 원칙

법 상호간에 효력이 충돌할 때 어떤 법을 적용할 것인지에 대한 일반 원칙이다.

1. 상위법 우선의 원칙

법은 헌법-법률-명령-조례-규칙의 순으로 서열성을 가지고 있으며 실정법상 상위(上位)의 법규는 하위(下位)의 법규에 우선한다. 상위의 법규에 위배되는 하위법규는 정상적인 효력을 발생하지 않으며, 상위법과 하위법이 충돌할 경우에는 상위법이 우선하여 적용된다.

2. 특별법 우선의 원칙

일반법과 특별법이 충돌할 경우에는 특별법이 일반법에 비해 우선적으로 적용된다(상법=> 민법, 군형법=> 형법, 교육공무원법=> 공무원법). 그 이유는 특별법은 그 적용 범위가 좁아 보다 전문적인 법으로 볼 수 있기 때문이다.

3. 신법 우선의 원칙

새로운 법이 제정 또는 개정되어 법령의 내용이 충돌할 경우에는 구법(舊法)보다는 신법(新法)이 우선적으로 적용된다("신법이 구법을 개폐한다"). 이 원칙은 동등한 효력을 가진 법 상호간에 적용되고, 구법(舊法)이 상위법이거나 특별법인 경우에는 신법 우선의 원칙이 적용되지 않는다.

4. 법률불소급의 원칙(기득권 보호, 법적 안정성 강조)

새롭게 제정 또는 개정된 법은 효력 발생 이전에 발생한 사실에 대해서는 과거로 거슬러 올라가 적용할 수 없다는 원칙이다(법은 지킬 사람이 알아야 지킬 수 있는 것인데 미래에 만들어질 법을 미리 예상하여 지킬 수는 없기 때문이다). 특히 형법(刑法)에서 강조된다. 헌법은 제13조에 "모든 국민은 행위시의 법률에 의하여 범죄를 구성하지 아니하는 행위로 소추되지 아니하며" 라고 규정하고 있는데, 이를 '형벌불소급의 원칙'이라고 한다.

행위시에 동일 순위의 신·구법이 공존(예, 아동복지법과 청소년보호법)하면 신법 우선의 원칙이 적용되고, 법의 개정으로 행위시와 재판시의 법이 다르게 되었을 때는 법률 불소급의 원칙이 우선 적용되지만, 신법이 국민에게 유리한 경우(예: 갑의 행위가 행위 당시에는 징역 1년 이상에 해당하였으나 사회 변화로 '갑'의 재판 진행 중에 벌금형에만 처하도록 법이 개정된 경우) 예외적으로 신법을 적용한다.

Chapter

07 권리와 의무

Ⅰ. 법률관계

　인간의 사회생활은 정치관계, 사회관계, 경제관계, 가족관계 등 여러 가지가 있을 수 있으나, 이중에 법의 규율을 받는 것이 법률관계가 된다. 여기서 법의 규율을 받는다는 구체적 의미는 법의 내용이 사법기관인 법원의 재판을 통해 국가의 강제력으로 실현되는 것을 의미한다. 따라서 법률관계란 재판을 통해 해결할 수 있는 사회생활관계라고도 할 수 있다. 고도로 분업화된 현대의 사회생활관계가 복잡하고 다양하듯이 이에 대한 법적 규율도 여러 가지가 있을 수 있다.

　이러한 법률관계를 전술한 법의 체계를 기준으로 구분해 보면 다음과 같다. 우선 법률관계는 국가생활관계를 규율하는 공법관계와 일반 사회생활관계를 규율하는 사법관계로 크게 나누어지며, 이중 사법관계에는 경제생활관계를 규율하는 재산법과 가족생활관계를 규율하는 가족법이 있으며, 재산법관계는 다시 물건을 지배하는 물권관계와 사람에게 일정한 행위를 청구할 수 있는 채권관계로 세분화된다.

　이와 같이 법률관계의 구체적 내용은 다양한 모습으로 구현될 수 있으나, 법률학에서는 이를 양분하여 권리와 의무로 나눈다. 즉 모든 법률관계에 있어서 법에 의하여 일정한 이익을 누릴 수 있게 보호를 받는 상태가 권리이며, 어떤 불이익이나 구속을 받는 상태가 의무이다.

Ⅱ. 법률관계의 주체

법률관계는 사람과 사람간의 관계를 규율하는 것이다. 따라서 사람이 바로 법률관계의 주체가 된다. 이와 같이 법률관계의 주체가 되어 권리와 의무를 누릴 수 있는 지위·자격을 법인격 또는 권리능력이라고 하며, 그러한 존재를 인격자 또는 권리능력자라고 한다.

그런데 자연인인 사람이외에도 법인격의 지위를 가지고 있는 것이 있는데 그것이 바로 법인이다. 법인에는 사람의 단체로 이루어진 사단법인(社團法人)과 일정한 목적을 가진 재산의 집단인 재단법인(財團法人)이 있으며, 국가와 지방자치단체와 같은 공법인(公法人)과 주식회사와 같은 사법인(私法人)도 있다. 법은 사람과 법인 이외에는 어떠한 존재물에도 법인격을 부여하지 않으며, 신과 같은 초인격적 존재도 법에서는 관심의 대상이 아니다.

Ⅲ. 권리와 의무

법률관계(法律關係)는 그 주체인 사람의 입장에서 보면, 일정한 권리를 누리거나 일정한 의무를 부담하는 관계로 나타난다. 다시 말해 권리·의무관계가 곧 법률관계이며, 법률관계의 내용이 곧 권리·의무가 된다.

권리(權利)란 자신의 이익(利益)을 향유하기 위하여 법으로 보장받은 있는 힘(權)을 의미한다. 권리와 구별되는 개념으로는 권원(權原)과 권능(權能)이 있다. 권원이라 함은 일정한 법률상 또는 사실상의 행위를 하는 것을 정당화하는 법률상의 원인을 말한다. 권능은 권리의 내용을 이루는 개개의 법률상의 작용을 말한다.

의무(義務)란 본인의 의사와 관계없이 일정한 행위를 요구하거나 금지시키는 법률상의 구속을 말한다. 내용에 따라 작위(作爲) 의무와 부작위(不作爲) 의무로 구분된다.

그런데 권리와 의무는 하나의 법률관계의 표리를 이루는 것이니, 법률관계도 권리의 면에 중점을 두는 방법과 의무의 면에 중점을 두는 방법이 있을 수 있다. 전자를 권리본위의 구성, 후자를 의무본위의 구성이라고 하겠다.

연혁적으로 보면 법은 의무본위로부터 출발하여 권리본위로 발달해 왔다고 볼 수 있다. 즉 원초적인 법의 내용은 「……하지 말라」, 「……하여야 한다」라는 금지 또는 명령의 규범으로 이루어 졌으나, 국민의 권리를 보장하기 위한 근대법치주의가 확립되고 난 오늘날에는 「……할 수 있다」라는 식으로 권리본위로 표현되고 있다.

톨스토이는(L. Tolstoi)는 「인간과 인간의 관계가 사랑 없이 권리의무관계로 규정될 수 있다고 믿는 것이 법률가의 죄악이다」라고 하였고, 라드부르흐는 「법률가는 미묘한 빛깔의 영롱한 세계상을 오직 무지개의 일곱가지 색으로만 바라본 것을 후회할날이 올 것이다」라고 하였다. 이러한 말은 법률가들이 음미해 볼만한 것이기는 하나, 법은 그저 인간을 즐겁게 하기 위한 하나의 문학이나 예술이 아니다. 어디까지나 법은 인간생활의 투쟁을 합리적이고 평화적으로 해결하기 위한 「정의와 형평의 기술」이며, 사회병리학의 임무를 다하기 위해서도 엄격하고 합리적이며 체계적인 정의의 잣대를 놓아 버릴 수는 없는 노릇이다.

Section 2 권리학설(權利學說)과 종류

「권리」란 법학에서 가장 기초적인 체계개념의 하나이다. 따라서 이를 어떻게 파악할 것인가가 문제되며, 이것이 권리의 본질에 관한 학설문제이다. 이에 대하여는 여러 가지의 견해가 제시되어 있는데 그 내용은 다음과 같다.

Ⅰ. 권리에 관한 여러 견해

1. 의사설

의사설(意思說)에 의하면 권리는 법에 의하여 인정되는 의사의 자유 또는 의사의 지배라고 하여 권리의 본질을 의사에서 구한다. 이런 견해의 연혁은 칸트(Kant)나 헤겔(Hegel)의 관념철학에서 찾아볼 수 있으며, 이 학설의 대표자는 19세기 후반의 독일의 민법학자인 빈트샤이트(B. Windscheid, 1817-1892)로 알려져 있다. 헤겔은 「법의 기저

(基底)에는 정신적인 것이 있으며, 법의 출발점은 의사에 있다」고 하였다. 근대초기의 법학은 개인의사의 자유를 법의 근본적 요소로 삼았기 때문에 권리의 본질을 의사에서 찾으려고 하였다.

의사설은 근대법의 토대가 개인의 의사에서 출발하였음을 잘 보여주고 있으나, 다음과 같은 문제점이 있다.

① 이 학설은 지나치게 권리의 행사면에 편중하여 권리의 본질면을 파헤치지 못하였다. 헤겔은 「소유권은 소유자의 의사가 외부에 미치는 범위」라고 하였는데, 이것도 소유권의 행사면을 중시하는 입장이라고 할 것이다. ② 의사설에 의하면 의사를 정상적으로 갖고 있는 사람만이 법률상 권리를 누리며 의사가 없는 태아나 의사가 부족한 유아 내지 정신병자 등은 권리를 가질 수 없게 된다.

2. 이익설

예링(R. Jhering, 1818-1892)은 의사설을 비판하고 자신의 목적법학 내지는 이익법학의 견지에서 이익설(利益說)을 주장하였다. 그는 「인간행동에 목적이 있듯이 인간행동을 지배하기 위해 인간이 만든 법도 역시 목적이 있다. 법은 목적의 소산이며 법의 해석도 목적에 비추어서 해야 한다(목적법학). 인간이 목적적인 존재인 이상 인간의 의사로서 목적이 없는 의사는 없다. 인간의 의사가 어떤 목적을 지향할 때 거기에는 반드시 어떠한 이익이 결부되어 있다. 법은 사회에 있어서 모든 이익의 소산이므로 법의 해석은 이러한 이익의 조화와 평가에 중점을 두어야 한다(이익법학). 그러므로 권리란 법에 의하여 보호되는 이익이다」라고 주장하였다.

그러나 이익설은 권리의 목적과 권리의 본질을 혼동하고 있다. 이익은 권리의 목적이며 권리는 분명히 이익을 위해서 존재하는 것이지만 이익은 권리자체는 아니고 법률에 의하여 이익을 실현토록 해주는 힘이 권리이다. 즉 이익은 권리실현의 객체이며 권리는 그 주체이다. 양자가 관련을 갖는 것은 사실이지만 양자가 동일한 것이 아닌 것도 사실이다.

3. 법력설

법력설(法力說)은 이익설의 단점을 보완하여 다시 발전시킨 것이며, 메르켈(A.

Merkel, 1836-1896), 레겔스베르거(F. Regelsberger, 1831-1910) 등에 의하여 주장되었다. 이 설에 의하면 「권리란 일정한 이익의 향수를 위하여 법에 의해 부여된 힘 또는 가능성이다」라고 한다. 이익이 바로 그대로 권리라고 할 수는 없다. 권리는 권리자에게 이익을 누리도록 하는 수단에 불과하다. 그 수단(권리)은 법에 의하여 객관적으로 인정되는 힘 또는 가능성이다. 가능성이란 권리자가 이익을 향수하기 위해서는 현실상의 행위를 해야 한다는 뜻이다. 가령 소유권자는 물건을 사용함으로써 소유권의 실효를 거둘 수 있고, 사용하지 않으면 이익을 누릴 수 없다. 그리고 여기서의 힘은 법적 힘이며 사실상의 실력(주먹의 힘)과는 다르다.

이 학설은 의사설과 이익설을 모두 극복하였다. 즉 권리를 가리켜 의사력이라 하지 않고 법력(法力)이라고 주장하므로 이 학설은 의사설에서 벗어났으며, 이익이 바로 권리라고 하지 않고 이익향수의 가능성이 권리라고 주장한 것은 이익설의 모순에서 벗어난 것이다. 이와 같이 권리의 본질을 객관적인 제도적 측면에서 파악한 법력설이 타당한 견해라 하겠으며, 오늘날 일반적인 견해로 인정되고 있다.

Ⅱ. 권리의 종류

권리(權利)란 자신의 이익(利益)을 향유하기 위하여 법으로 보장받은 있는 힘(權)을 의미한다. 권리는 여러 기준으로 나눌 수 있으나, 가장 기본적인 분류는 공·사법 구별에 대응하는 공법상의 권리 즉 공권(公權)과 사법상의 권리 즉 사권(私權)으로 나누는 것이다. 한편 공·사법의 중간영역인 사회법에서 인정되는 권리는 사회권(社會權)이라고 한다.

1. 공권

공권(公權)이란 공법관계에서 발생하는 당사자 일방이 가지는 권리를 말한다. 여기에는 국가 및 공공단체가 지배권자로서 국민에 대하여 가지는 국가공권과 국민이 국가 및 공공단체에 대하여 국민공권이 있다. 그리고 국제법상의 국가가 가지는 권리도 공권으로 본다.

국가가 가지는 공권은 바로 통치권이며, 국가 이외의 공공단체가 가지는 공권은 국가의 통치권으로부터 분화되어 발생한 것이다. 국가공권(國家公權)에는 입법권·행정권·사법권 등이 있다. 한편 국민공권에는 자유권·평등권·참정권·청구권·생존권 등이 존재한다. 그리고 국제법상의 국가의 공권으로서는 독립권·평등권·자위권·교통권 등이 있다.

2. 사권

사권(私權)은 사법관계에서 발생하는 권리이다. 사권은 그 내용에 따라 지배권·청구권·형성권·항변권, 재산권·신분권 혹은 채권·물권 등으로 구별된다. 이중 민법상 권리는 물권, 채권, 친족권, 상속권으로 구분된다.

(1) 내용에 의한 분류

사권은 그 내용에 따라 우선 권리주체의 지위에서 누리는 인격권과 사법체계를 기준으로 재산권과 가족권 등으로 나누어 볼 수 있다.

1) 인격권(人格權)

인격권이란 권리자인 인격자와 분리할 수 없는 그 자신을 객체로 하는 권리를 말한다. 이러한 인격권은 권리주체로서의 절대적 지위를 보장하기 위하여 인정되고 거래의 대상이 될 수 없다. 인격권을 침해하면 범죄로서 처벌되며, 불법행위가 성립하여 그 손해배상을 하여야 한다. 인격권은 그 구체적 내용에 의하여 생명권·신체권·성명권·신용권·정조권 등으로 나누인다.

2) 사원권(社員權)

사원권이란 법인중의 사단법인의 사원이 법인에 대하여 가지는 권리를 말하며, 주식회사의 주주권이 그 예이다.

사원권의 내용은 공익권과 자익권으로 나누어 볼 수 있다. 공익권이란 법인의 목적을 달성하기 위해 사원이 법인의 운영에 참여하는 권리로서 의결권·소수사원권 등이 이에 속하며, 비영리법인에는 이것이 중요하다. 자익권이란 사원이 법인으로부터 경제적 이익을 받는 권리이며, 영리법인인 상사회사에서의 이익배당청구권, 비영리법인에서의 시설이용권이 여기에 속한다.

3) 재산권(財産權)

재산권이란 경제적 이익을 내용으로 하는 권리이며, 물권(物權)·채권(債權)·무체재산권(無體財産權) 등이 여기에 속한다.

물권이란 그 객체인 물건을 직접 지배하여 이익을 얻는 권리이고, 채권은 특정인(채권자)이 특정인(채무자)에 대하여 일정한 급부를 요구할 수 있는 권리이다. 한편 무체재산권은 발명·저작·특허 등의 지능적 창작물에 대한 권리이다.

4) 신분권(가족권)

신분권(身分權)이란 가족법상의 특정한 지위에 기하여 주어지는 권리이며, 부부간의 권리, 친권, 후견권 등의 친족권(親族權)이 여기에 속한다. 신분권은 재산권과는 달리 타인에게 양도 상속할 수 없는 일신전속권(一身專屬權)이다.

상속권은 상속이 보통 일정한 친족관계에 있는 자 사이에 이루어진다는 점에서 신분권으로 볼 수도 있으나, 그 내용은 피상속인의 재산적 권리·의무를 승계하는 것이기 때문에 재산권으로 볼 수도 있다.

(2) 작용에 의한 분류

사권은 다시 그 효력작용에 따라 지배권과 청구권으로 나눌 수 있으며, 한편 특별한 사정에 의하여 특수한 효력이 인정되는 형성권과 항변권이 있다.

1) 지배권(支配權)

지배권이란 권리의 객체를 직접 지배하는 권리를 말한다. 청구권처럼 권리의 목적인 이익을 향수하기 위하여 타인행위의 개입이 필요 없는 권리이며, 그 지배의 대상에 따라 여러 가지로 구분된다. 물건을 지배하는 물권, 지적 창작물을 지배하는 무체재산권이 대표적인 지배권이다. 이러한 지배권은 일차적으로 그 객체를 독점적으로 지배하는 권리이나, 이것이 타인에 의해 침해될 때에는 이를 배척할 수 있는 배타적 효력이 나타난다. 한편 가족법상의 친권이나 후견권도 당사자의 관계가 평등한 것이 아니라는 의미에서 일종의 지배권으로 보는 것이 보통이다.

2) 청구권(請求權)

청구권이란 타인의 일정한 행위를 요구할 수 있는 권리로서, 채권이 그 전형적인 것이다. 그러나 물권이나 가족권에서도 청구권이 발생하며, 물권적 청구권·인지(認知)청구권·부양(扶養)청구권 등이 그 예이다. 이러한 청구권은 지배권과는 달리 타인의 행위를 통해 그 이익을 향수하는 권리이다.

3) 형성권(形成權)

형성권이란 권리자의 일방적 의사표시로 일정한 권리의 발생·변경·소멸시킬 수 있는 권리로서, 취소권·추인권·해제권 등이 여기에 속한다.

타인과의 법률관계는 타인의 승낙 즉 당사자의 합의가 있어야 성립하는 것이 원칙이며, 타방의 의사와 무관하게 일방적인 의사에 따라 형성될 수는 없기 때문에 형성권은 특별한 경우에만 인정된다. 형성권의 행사는 보통 의사표시만으로 이루어지나, 신분관계나 제3자에게도 영향을 미치는 중요한 법률관계는 법원의 재판(형성판결)을 통해서만 가능하다. 예를 들어 채권자취소권(민법 제406조), 친생부인권(민법 제846조)은 재판을 통해 행사할 수 있는 형성권이다.

4) 항변권(抗辯權)

항변권이란 타인의 청구권행사를 거절할 수 있는 권리를 말한다. 이러한 항변권은 상대방의 청구권자체를 부인하는 것은 아니며, 오히려 그것을 전제로 하여 그 행사만을 배척하는 권리이다. 이러한 항변권은 다시 청구를 일시적으로만 저지할 수 있는 연기적 항변권과 언제까지나 청구를 거절할 수 있는 영구적 항변권으로 나누어진다. 보증인의 최고·검색의 항변권(민법 제437조)·동시이행의 항변권(민법 제536조)이 전자의 예이며, 한정상속인의 항변권(민법 제1028조)이 후자의 예이다.

(3) 기타의 분류

1) 절대권(絶對權)과 상대권(相對權)

의무자의 범위를 기준으로 한 구분으로, 절대권은 누구에게나 주장할 수 있는 권리

(對世權)이고, 상대권은 특정인에게만 주장할 수 있는 권리(對人權)이다. 절대권은 배타성이 있는 권리로서 인격권·물권이 여기에 속하며, 상대권은 배타성이 없는 권리로서 채권이 여기에 속한다.

2) 일신전속권(一身專屬權)과 비전속권(非專屬權)

권리의 이전성을 기준으로 구별하는 것이며, 인격주체와 밀접한 관련이 있어 타인에게 양도·상속할 수 없는 권리가 일신전속권이며, 반대로 양도·상속을 통해 이전이 가능한 권리가 비전속권이다. 인격권·가족권은 거의 전자에 속하며, 물권·채권 등의 재산권은 대체로 후자에 속한다.

3) 주(主)된 권리와 종(從)된 권리

이는 권리의 독립성에 의한 분류이다. 다른 권리를 전제로 이에 종속하는 권리를 종된 권리라 하며, 그 전제가 되는 기본적 권리를 주된 권리라 한다. 주채권에 대한 담보물권·보증채권, 원본채권에 대한 이자채권 등이 종된 권리이다. 이러한 종된 권리는 주된 권리와 운명을 같이하는 종속성(부종성)을 갖는다.

3. 사회권

제3의 법역인 사회권에서 인정되는 권리가 사회권(社會權)이다. 이러한 사회권은 국민생활의 경제적 보장이 국가의 책임으로 인식된 사회복지주의국가의 원리에서 도출되는 권리이다. 사회권에는 근로자의 단결권·단체교섭권·단체행동권(헌법 제33조)과 인간다운 생활을 할 권리(헌법 제34조 1항) 등이 있다.

사회권은 국민이 국가에 대하여 적극적으로 일정한 행위를 요구할 수 있는 권리라는 점에서 자유권·평등권과 같은 소극적인 전통적 기본권과 성격을 달리한다. 또한, 사회권은 개개인의 사적이익을 대상으로 하는 것이 아니라 인간의 보편적인 사회생활의 이익을 보호하는 권리라는 점에서 일반 사권과도 차이점이 있다.

I. 의무의 의의

의무(義務)란 자기의 의사와는 상관없이 일정한 행위를 하여야 하거나(작위의무), 하여서는 아니되는(부작위의 의무) 법률상의 구속을 말한다.

권리와 의무는 마치 하나의 물건의 양면처럼 서로 대응하는 것이 보통이다. 즉 일정한 법률관계에서의 이익과 보호를 받는 적극적인 면이 권리이고 그 상대적인 구속이 의무가 되는 것이다. 예컨대 국민은 국가로부터 일정한 보호를 받는 대신에 세금납부의 의무를 진다. 또한 매매의 경우 물건을 판 사람(매도인)은 대금청구권을 가지는 반면에 매매목적물의 권리를 이전시킬 의무를 수반하며, 물건을 산 사람(매수인)은 물건을 넘겨받는 대신에 대금지급의 의무를 진다. 이와 같이 권리에는 의무가 따르며, 의무에는 이에 상응하는 권리가 존재하기 마련이다.

권리의 행사여부는 권리자의 자유이나, 의무는 이를 이행하지 않는 경우 법절차에 따른 강제적 실현과 제제가 따르게 된다. 강제규범으로서의 법이 현실적으로 구체화되는 경우가 바로 법적 의무를 따르지 않는 경우이다. 그런데 법적 요구를 따르지 않는 경우 일정한 불이익이 따르기는 하나, 직접적인 강제집행이나 손해배상의 책임이 생기지 않는 경우가 있는데 이를 간접의무라 한다. 예를 들어 계약성립을 위한 승낙의 통지가 특별한 사정으로 연착한 경우 청약자는 연착통지의 의무를 지는데 청약자가 이를 승낙자에게 통지하지 않으면 승낙통지가 연착되지 않은 것으로 취급될 뿐 연착통지자체를 법적으로 강제하지는 않는다(민법 제528조 참조). 이러한 경우의 의무를 직접의무와 구분하여 간접의무라 한다.

Ⅱ. 의무의 종류

의무도 여러 가지로 나누어 볼 수 있으나, 그 기본적인 것은 권리와 마찬가지로 법체계에 따른 공법상의 의무와 사법상의 의무로 구분하는 것이다.

공권에 대응하는 것이 공의무(公義務)이며, 공법관계에서 받는 법률상의 구속을 말한다. 이것은 다시 국내법상의 공의무와 국제법상의 공의무로 구분해 볼 수 있다.

국민의 공의무로서는 납세·국방·교육·근로 등의 적극적 의무와 법이 보호하는 가치인 법익을 침해하여서는 안되는 의무, 즉 범죄를 저지르지 말아야 할 소극적 의무가 기본적인 것이다.

한편 사의무(私義務)에는 채무와 같은 재산법상의 의무와 부부간의 동거의무와 같은 가족법상의 의무가 있으며, 앞에서 설명한 사권의 종류에 상응하는 각종의 의무가 있다.

각 론

Chapter

01   헌 법

1   총 론

Ⅰ. 헌법의 개념과 특성

헌법은 국가의 근본법으로서 국가의 통치조직과 통치작용의 원리를 정하고 국민의 기본권을 보장하는 최고법이다. 헌법은 처음에는 단순히 국가의 구조나 조직, 체제의 의미로 사용되었으나, 프랑스혁명 당시에 이루어진 「인간 및 시민의 권리선언」에서 '권리의 보장이 확보되지 아니하고 권력분립이 규정되어 있지 아니한 사회는 헌법을 가졌다고 할 수 없다'고 한 이후 헌법에서 기본권보장과 권력분립규정이 중요한 위치를 차지하게 되었다. 따라서 오늘날의 헌법은 권력남용을 방지하고 권력을 견제하는 수단으로서, 그리고 국민의 권리보장의 수단으로서 기능하고 있다.

1. 헌법의 개념

(1) 헌법개념의 이중성

헌법은 역사적으로 생성·발전한 것이므로 국가의 조직과 구조면에서는 사실로서의 국가의 통치형태를 의미하나(사회학적 개념), 다른 면에서는 현실을 규제하고 정치생활·국민생활에서 꼭 있어야 할 모습을 실현하기 위한 법규범을 의미한다(법학적 개념).

(2) 역사적 발전과정에서 본 헌법개념

헌법은 그 역사적 발전과정에서 보아 국가의 근본조직법을 의미하는 고유의미의 헌법과 자유민주주의의 이념을 구체화한 근대적·입헌주의적 헌법, 그리고 현대적·복지국가적 헌법으로 나눌 수 있다. 현대적·복지국가적 헌법이란 자본주의의 구조적 모순이 심화되면서 국가의 성격이 종래의 야경국가에서 복지국가로 전환된 것에 부응하여 권력분립주의가 재조정되고 국제평화주의를 표방하는 등 진보적인 성격을 지니게 된 헌법이다.

(3) 실질적 의미의 헌법과 형식적 의미의 헌법

헌법을 그 존재형식에 따라 실질적 의미의 헌법과 형식적 의미의 헌법으로 나눌 수 있다. 실질적 의미의 헌법이란 형식에 관계없이 국가최고 기관의 형성과 조직 및 그 작용과 권한, 그리고 국가와 군민의 관계를 다룬 법규를 총칭하는 개념이다. 이에 반하여 형식적 의미의 헌법이란 성문화된 헌법전을 말하는 것으로, 일반법률보다 개정절차가 까다롭고 효력이 우월하다. 오늘날 대부분의 국가는 성문헌법을 가지고 있다.

2. 헌법의 분류

(1) 전통적 분류

① 헌법은 그 존재형식에 따라 성문헌법과 불문헌법으로 나눌 수 있다.
② 헌법개정의 난이도에 따라 경성헌법과 연성헌법으로 나눌 수 있다.
③ 헌법을 만다는 제정주체에 따라 흠정헌법, 민정헌법, 협약헌법, 국약헌법 등으로 나눌 수 있다. 흠정헌법이란 군주가 제정한 헌법을 말하는 것이고, 민정헌법이란 국민이 국민투표 등을 통하여 직접 제정하거나 국민의 대표로 구성된 제헌의회가 제정한 헌법을 말한다. 협약헌법은 군주와 국민이 합의하여 제정한 헌법이며, 국약헌법은 둘 이상의 국가가 국가연합을 구성하는 경우에 국가간의 합의에 의하여 제정된 헌법이다.

(2) 뢰벤슈타인(Löwenstein)의 존재론적 분류

뢰벤슈타인은 헌법의 특질이나 내용의 분석에 따라 헌법을 분류하지 아니하고, 헌법규범과 정치적 현실의 일치여하에 따라 각 국의 헌법을 규범적 헌법, 명목적 헌법, 장식적 헌법으로 분류하였다.

규범적 헌법이란 개인의 자유와 권리의 보장을 최고이념으로 할 뿐만 아니라 현실적으로 최고규범으로서의 실효성을 발휘하고 있는 헌법을 말하며, 명목적 헌법이란 헌법이 존재하기는 하나 그 내용을 구현하는데 필요한 전제조건이 성립되어 있지 못한 관계로 현실적으로 규범의 기능을 다하지 못하는 헌법을 말한다. 장식적 헌법은 개인의 자유와 권리를 보장하기 위한 헌법이 아니라 권력을 장악하고 있는 개인 또는 집단의 지배를 안정시키고 영구화하는 데 이용되는 수단 내지 도구에 지나지 아니하는 헌법이다.

3. 헌법의 특성

헌법은 그 기능적인 관점에서 볼 때 ① 국가권력을 조직하는 수권규범이며, ② 국가기관을 분립시키고 상호 견제하는 권력제한규범이고, ③ 한 나라의 법체계 중에서 최고의 단계에 위치하며 가장 강한 효력을 갖는 최고규범이며, ④ 관념의 세계에만 존재하는 규범이 아니라 생활 속에 존재하는 생활규범이다.

반면에 그 성격적인 관점에서 볼 때에는 ① 단계구조상 최고규범이며, ② 일반법률에 비하여 추상적·일반적인 특징을 가지고, ③ 직접적인 강제를 하기보다는 계몽적인 성격을 가지며, ④ 고도의 정치적인 성격을 지니고, 다섯째, 그 성립과정상 역사성을 지니며 이념적(이데올로기적)일 수밖에 없다.

Ⅱ. 헌법제정과 헌법개정

1. 헌법제정

(1) 헌법제정의 이미

사회적 공동체는 헌법을 제정함으로써 비로소 정치적 통일체인 국가로 태어난다. 헌법제정의 의미는 크게 실질적인 의미와 형식적인 의미로 나누어 생각해 볼 수 있다. 실질적 의미의 헌법제정이란 정치적 공동체의 형태와 기본적 가치질서에 관한 국민적 합의를 법규범체계로 정립하는 것을 말하며, 형식적 의미의 헌법제정이란 헌법사항을 성문의 헌법으로 법전화하는 것을 말한다.

(2) 헌법제정권력

헌법제정권력이란 헌법을 시원적으로 창조하는 힘을 말한다. 이러한 헌법제정권력은 정치적 통일체에 있어서 국민적 합의를 규범체계화하는 정치적 권력인 동시에, 헌법에 정당성을 부여하는 권위라고 하는 이중성을 가진다. 헌법제정권력론은 원래 헌법이론이나 국가이론으로서 주장된 것이 아니라 이데올로기적 요청에 따라 생성된 것으로, 프랑스혁명기에 시에예스(E. J. Siéyès)에 의하여 체계화된 것이다. 시에예스에 따르면 헌법의 제정주체는 국민 곧 제3신분이고, 국민이 보유하는 헌법제정권력은 단일불가분이며, 절차적인 면에서 일체의 법적 제한을 받지 아니한다고 하였다.

이러한 헌법제정권력론은 19세기에서 20세기초까지 법실증주의자들에 의하여 부인되다가 칼 슈미트(C. Schmit)에 의하여 다시 부활되어 오늘에 이르고 있다.

(3) 우리 헌법과 헌법제정권력

건국헌법이 헌법제정권력에 의하여 만들어진 것임에는 틀림없지만 제정이래 이루어진 9번의 개정을 어떻게 볼 것인가의 문제는 결코 용이하지 아니하다. 특히, 5·16군사쿠데타 이후에 제정된 1962년 헌법과 10월 유신에 의한 1972년 헌법, 그리고 12·12사태이후 만들어진 1980년 헌법을 헌법제정으로 볼 것이냐, 개정으로 볼 것이냐의 문제가 논의의 대상으로 떠오른다.

칼 슈미트의 견해에 따르면 이들 헌법의 경우에는 헌법의 제정도 개정도 아니라고 보아야 하겠지만, 전면개정은 곧 헌법제정이라고 보는 보이메(v. Beyme)의 견해에 따르면 헌법제정이 되는 것이다. 생각건대, 이들 헌법은 헌법제정권력은 변함이 없이 집권세력간의 변동만 있었고, 국가형태와 국가의 기본적 가치질서에 변함이 없었다는 점에서 헌법의 폐지 또는 헌법전의 교체라고 보아야 할 것이다.

2. 헌법개정

(1) 헌법개정의 의미

헌법개정이란 헌법에 규정된 개정절차에 따라(형식적 요건) 기존의 헌법과 기본적 동일성을 유지하면서(실질적 요건) 헌법의 특정조항을 의식적으로 수정 또는 삭제하거나 새로운 조항을 추가함으로써 헌법의 형식이나 내용에 변경을 가하는 행위를 말한다.

(2) 구별해야 할 인접개념

1) 헌법파기(폐기)

헌법의 파기란 기존의 헌법전을 소멸시킬 뿐만 아니라 그 헌법의 토대가 되는 헌법제정권력까지도 배제하는 것이다. 주로 혁명에 의한 경우가 많다.

2) 헌법폐지

헌법의 폐지란 기존의 헌법전을 배제하지만 헌법제정권력의 주체는 바뀌지 아니하는 것을 말한다. 주로 정변이나 쿠데타 등에 의한 정권담당자의 교체를 말한다.

3) 헌법침해

헌법의 침해란 위헌임을 알면서도 의식적으로 특정한 헌법조항에 위배되는 명령을 발포하거나 공권력을 행사하는 것이다.

4) 헌법정지

헌법의 정지란 특정한 헌법조항의 효력을 일시적으로 중단하는 것을 말한다. 헌법정지에는 헌법의 규정에 따라 이루어지는 합헌적 헌법정지[11]와 헌법에 규정이 없이 이루어지는 위헌적 헌법정지[12]가 있다.

---

[11] 합헌적 헌법정지는 전쟁·내란 또는 경제위기와 같이 국가에 비상사태가 발생하였을 때 대통령이 헌법상 가지는 국가긴급권을 발동할 때 나타난다. 국가긴급권이란 국가원수가 헌법에 규정된 통상적인 절차와 제한을 무시하고 국가의 존립과 안전을 확보하기 위하여 필요한 긴급적 조치를 강구할 수 있는 비상적 권한을 말한다. 예컨대 현행헌법 제76조상의 긴급명령·경제처분·명령권과 제77조상의 계엄선포권이 이에 속한다.

[12] 위헌적 헌법정지의 예로는 5·16이후의 국가비상조치에 의한 헌법정지와 1972년의 10·27비상조

5) 헌법변천

헌법의 변천이란 헌법의 특정조항이 헌법에 규정된 개정절차에 따라 정식으로 변경되는 것이 아니라 그 조항은 그대로 존속하면서 의미와 내용만 실질적으로 변하는 것을 말한다. 헌법개정이 의식적인 데에 비하여 헌법변천은 암묵적·묵시적이라는 점에서 다르다.

(3) 헌법개정방법

헌법은 그 개정의 난이도에 따라 경성헌법과 연성헌법으로 나누어지며, 그 개정방식도 헌법전을 완전히 바꾸는 전면개정과 일부만 삭제·개서·추가·자구수정을 통해 개정하는 일부개정, 그리고 기존의 헌법전에 손을 대지 아니하고 그 뒤에 새로운 조항을 첨가하는 증보의 방법이 있다. 미국헌법은 증보의 방법을 택하고 있다.

헌법개정이 일반법률보다 어렵게 되어 있는 경성헌법의 경우에는 헌법개정방법으로서 의회만이 개정권한을 가지는 경우도 있고(독일), 국민투표를 필수요건으로 하는 경우(한국, 일본), 선택적으로 요구하는 경우(프랑스), 연방국가에서 지방의 동의를 요건으로 하는 경우(미국, 스위스), 헌법개정의회의 승인을 요구하는 경우(미국의 주헌법) 등 그 방법은 실로 다양하다.

(4) 우리헌법의 개정

1) 개정경과

1948년 7월17일에 공포되고 시행된 우리헌법은 제헌이후 9번의 개정을 거쳐 오늘에 이르고 있다. 그러나 제1차 헌법개정(1952년, 발췌개헌)은 공고절차위반으로, 제2차 개헌(1954년, 4사5입 개헌)은 의결정족수미달로 위헌적인 개정이었으며, 제5차(1962년), 제7차(1972년), 제8차(1980년) 개헌은 위에서 밝힌 바와 같이 단순히 개정이라고 보기에는 어려운 면이 있다.

치, 그리고 1980년의 국가보위비상대책위원회의 5·17조치에 의한 헌법정지가 이에 속한다.

2) 현행 헌법상 개정절차

① **제안** : 대통령이 국무회의의 심의를 거쳐 제안하거나(제89조 제3호, 제128조 제1항), 국회 의원 재적과반수의 발의로서 헌법개정을 제안(제128조 제1항) 할 수 있다.

② **공고** : 제안된 헌법개정안은 대통령이 20일 이상의 기간 동안 공고하여야 한다(제129조)

③ **국회의 의결** : 국회는 헌법개정안이 공고된 날로부터 60일 이내에 의결하여야 하는데, 의결에 필요한 정족수는 재적의원 2/3 이상의 찬성이다(제130조 제1항).

④ **국민투표** : 국회의결후 30일 이내에 국민투표를 하여 국회의원선거권자 과반수의 투표와 투표자 과반수의 찬성을 얻으면 확정된다(제130조 제1항, 제2항).

국민투표의 효력에 관하여 이의가 있는 투표인은 투표인 10만명 이상의 찬성을 얻어 투표일로부터 20일 이내에 대법원에 제소할 수 있다(국민투표법 제97조).

⑤ **공포** : 헌법개정안이 확정되면 대통령은 즉시 이를 공고하여야 한다(제130조 제3항).

⑥ **개정효력배제** : 현행 헌법 제128조 제2항은 '대통령의 임기 연장 또는 중임변경을 위한 헌법개정은 그 헌법개정제안 당시의 대통령에 대하여는 효력이 없다'고 하여 헌법개정제안 당시의 대통령에 대하여는 개정의 효력을 배제하고 있다. 이는 우리의 헌법개정이 주로 대통령의 임기연장이나 권력강화를 위하여 이루어져 왔음을 반영하는 역사적 산물이라고 할 수 있다.

〈헌법제정과 개헌약사〉

구분	주요내용	원 인	제안, 표결, 공포일자	처리과정	비 고
제헌	대통령중심제 대통령 국회간선 4년중임 국회단원제 4년	대한민국정부 수립에 의한 헌법제정	48.6.23, 48.7.12, 48.7.17	국회재적 160명 만장일치 가결	내각책임제헌법안 이승만 반대로 절충제로 바뀜
1	대통령 직선제 국회양원제(민의원 4년, 참의원 6년)	이승만 재집권	52.7.4. 52.7.4, 52.7.4	기립표결 국회재적 185명 중 재석 166명, 찬성 163 명	발췌개헌 계엄령, 국회의원 감금(정치파동)

구분	주요내용	원 인	제안, 표결, 공포일자	처리과정	비 고
2	대통령 연임제한 예외인정	이승만 3선	54.9.8, 54.11.27, 54.11.29	국회제적 203명 중 135명 찬성	11.27. 부결발표후 11.29. 수정발표 (4捨 5入 개헌)
3	의원내각제 대통령 국회선출 5년중임 가능	4.19 혁명	60.6.11, 60.6.15, 60.6.15	국회재적 218명 중 재석 211명, 찬성 208명	민주당정권 출범
4	반민주행위자처벌 부정축재자처벌	4.19 혁명완수 여론수용	60.11.5, 60.11.28, 60.11.29	민의원 200명 투표 191명 찬성, 참의원 52명 투표 44명 찬성	소급입법
5	대통령중심제 비례대표제 국회단원제 4년	5.16 쿠테타 (국회해산, 국민투표)	62.11.5, 62.12.17, 62.12.17	유권자 12,412,798명 투표자 10,585,998명 찬 성 8,339,333명	공화당정권수립 소급입법(정치활동 정화법)
6	대통령 3선 허용	박정희 3선	69.8.7, 69.9.14, 69.10.27	의원 122명 참석 찬성 122명	제3별관 변칙처리 3선개헌
7	영도적 대통령제 간선6년 유정회의원 대통령임면 (지역구 6년 유정회 3년) 긴급조치권	박정희종신집권 (유신헌법 국회해산)	72.10.27, 72.11.21, 72.12.17	유권자 16,768,839명 투표자 13,414,245명 찬 성 9,800,206명	비상계엄
8	대통령 7년단임 선거인단간선 비례대표제 4년	10.26 사태이후 제5공화국 출범	80.9.29, 80.10.22, 80.10.27	유권자 20,373,869명 투표자 19,453,926명 찬 성 17,829,354명	12.12 사태 5.17 비상계엄 (제주제외)
9	대통령 직선제 대통령 5년단임 국정감사권부활	6월 국민항쟁 6.29 선언	87.9.18, 87.10.12, 87.10.29	유권자 25,619,648명 투표자 20,028,672명 찬 성 18,640,625명	최초의 여야합의 16년만의 대통령 직선

Ⅲ. 현행헌법의 기본원리

헌법의 기본원리라 함은 헌법의 이념적 기초인 동시에 헌법을 총체적으로 지배하는 지도원리를 말한다. 일반적으로 헌법의 기본원리는 ① 헌법의 각 조항을 비롯한 모든 법령의 해석기준이 되고, ② 입법권의 범위와 한계 그리고 국가정책결정의 방향을 제시하는 것이며, ③ 국가기관과 국민이 존중하고 준수하여야 할 최고의 가치규범이 되고 ④ 헌법개정에 있어서 개정금지대상이 된다. 현행헌법의 기본원리로는 국민주권의 원리, 자유민주주의, 사회국가의 원리(복지국가의 원리), 문화국가의 원리, 법치국가의 원리, 평화국가의 원리 등을 들 수 있다.

1. 국민주권의 원리

국민주권의 원리라 함은 국가의 최고의사를 결정할 수 있는 원동력인 주권을 국민이 가진다는 것과 모든 국가권력의 정당성의 근거가 국민에게 있다는 것을 말한다. 이를 구현하기 위한 제도로서 기본권보장, 대표민주제, 국민투표제, 복수정당제, 지방자치제 등이 있다.

2. 자유민주주의

자유민주주의는 자유주의와 민주주의가 결합된 정치원리이다.

자유주의라 함은 자신의 인격을 독자적·자율적으로 발전시켜 나가려는 인간정신의 근원적 욕구에 바탕을 둔 이념 또는 원리로서 국가권력의 간섭을 배제하고 개인의 자유와 자율을 옹호하고 존중할 것을 요구하는 사상적 입장을 말한다. 이에 대하여 민주주의는 국민에 의한 지배 또는 국가권력이 국민에게 귀속되는 것을 특징으로 하는 정치원리이다.

자유민주주의의 내용은 인권보장, 국민주권의 원리, 권력분립의 원리, 책임정치의 원리, 행정의 합법률성, 사법권의 독립, 복수정당제, 정당활동의 자유 등을 들 수 있다.

3. 사회국가의 원리(복지국가의 원리)

사회국가라 함은 모든 국민에게 그 생활의 기본적 수요를 충족시킴으로써 건강하고 문화적인 생활을 영위할 수 있도록 하는 것이 국가의 책임이면서 그것에 대한 요구가 국민의 권리로서 인정되어 있는 국가를 말한다. 따라서 개념적으로는 복지국가보다 넓은 의미가 된다.

사회국가의 원리를 실현하기 위하여 현행 헌법은 인간다운 생활권(생존권)을 비롯한 일련의 사회적 기본권을 보장하고,[13] 재산권의 사회적 기능을 강조하며(제23조), 기회균등의 보장과 소득의 적정한 분배 등 경제민주화의 실현을 유도하고, 사회보장제를 명문화하고, 경제질서에 대한 규제와 조정[14]을 가능하게 하였다. 그러나 사회국가의 원리는 사회주의국가와는 엄격히 구별되는 개념이므로, 기본권제한상의 한계가 있고, 법치국가적 요청에서 오는 절차적 제반요건을 겸비하여야 하는 한계가 있다.

4. 문화국가의 원리

문화국가라 함은 국가로부터 문화의 자유가 보장되고 국가에 의해 문화가 보호·지원·공급되는 국가를 말한다.

현행 헌법은 전문에서 '문화의 ... 영역에서 각인의 기회를 균등히 할 것'을 선언하고 있으며, 총강에서는 전통문화의 계승·발전과 민족문화의 창달을 위한 국가적 노력을 강조하고 있고(제9조), 민족문화의 창달에 노력할 대통령의 책무(제69조)와 평생교육을 진흥할 국가적 의무를 규정하고 있다(제31조 제5항).

13] 현행법상 각종 사회적 기본권의 내용은 인간다운 생활권, 생활무능력자의 국가적 보호의무, 근로자의 고용증진과 적정임금의 보장 및 최저임금제의 실시, 근로3권의 보장, 여자와 연소자의 근로특별보호, 환경권, 교육을 받을 권리, 보건을 위한 국가적 보호 등을 들 수 있다.

14] 현행 헌법상 경제질서에 대한 규제와 조정 내용으로는 공정거래와 독과점의 배제, 재화의 공정배분을 비롯하여, 경제집단의 자조조직의 운영(제123조), 시장지배와 경제력 남용의 방지(제119조), 소비자 보호(제124조), 대외무역의 육성과 규제, 조정(제125조) 등을 들 수 있다.

5. 법치국가의 원리

법치국가의 원리는 국가가 국민의 자유와 권리를 제한하거나 국민에게 새로운 의무를 부과할 때에는 반드시 의회가 제정한 법률에 의하거나 그에 근거가 있어야 한다는 원리이다.

법치국가원리의 내용으로는 성문헌법주의, 기본권보장과 적법절차의 보장, 사법적 구제제도의 완비, 권력분립, 위헌법률심사제의 채택, 포괄적 위임입법금지, 행정의 합법성과 그에 대한 사법적 통제, 공권력행사에 대한 예측가능성의 보장과 신뢰보호의 원칙 등을 들 수 있다.

6. 평화국가의 원리

평화국가의 원리라 함은 국제적 차원에서 평화공존, 국제분쟁의 평화적 해결, 각 민족국가의 자결권존중, 국내문제불간섭 등을 그 내용으로 하는 원리를 말한다.

현행 헌법은 전문에서 '밖으로는 항구적인 세계평화와 인류공영에 이바지함으로써'라고 하고 제5조 제1항에서는 '대한민국은 국제평화의 유지에 노력하고 침략적 전쟁을 부인한다'라고 하여 평화주의를 표방하고 있다. 그밖에 조국의 분단문제를 해결함에 있어서도 평화적 방법에 의할 것임을 명시하고 있다(전문과 제69조).

Ⅳ. 국가론

1. 국가의 개념과 구성요소

(1) 국가의 개념

일반적으로 국가란 일정한 지역을 존립의 기초로 하여 존립하는 지역 사회의 조직화된 정치적 단체라고 할 수 있다. 국가의 발생과 본질에 관하여 학자들의 견해는 여러 갈래로 나뉘고 있다. 먼저 국가의 발생에 관하여는 신의설, 실력설, 재산설, 가족설, 단계국가설, 계약설 등으로 나뉘고 있으며, 국가의 본질에 대하여는 유기체설, 착취설, 도덕설, 법인설, 법질서설, 부분사회설 등이 주장되고 있다.

(2) 국가의 구성요소

1) 국가권력

국가권력은 다시 주권과 통치권으로 나누어 생각 할 수 있는바, 주권이란 국가의사를 결정하는 최고의 원동력으로서 대내적으로는 최고이고 대외적으로는 독립된 권력을 말한다. 이에 비하여 통치권이란 국가적 조직을 유지하고 국가적 목적을 구체적으로 실현하기 위한 현실적인 권력으로서의 지배권을 말한다. 현행 헌법상 국가권력의 근거를 찾아보면 제1조 제2항 전단의 '대한민국의 주권은 국민에게 있고' 할 때의 주권은 최고의 독립된 주권을 의미하며, 후단의 '모든 권력은 국민으로부터 나온다'고 할 때의 권력은 주권이 위임한 현실적인 국가권력인 통치권을 의미한다.

2) 영역

국가의 영역은 그 국가의 주권이 미치는 공간적 범위, 즉 영토, 영해, 영공을 의미한다.
대한민국의 영토는 한반도와 그 부속도서로 되어 있으나(제3조), 현실적으로 국가권력은 휴전선남방지역에만 미친다. 영토조항과 관련하여 휴전선이북지역인 조선민주주의인민공화국의 지배체제를 찬양하거나 지지하는 사람은 국가보안법의 적용을 받게 된다.
대한민국의 영해는 한반도와 그 부속도서의 육지에 접한 12해리까지이며(영해및접속수역법 제1조), 지배 가능한 상공에 한정되는 영공은 영토와 영해의 수직상공을 말한다.

3) 국민

국민이란 국가의 인적요소 내지 영속적 소속원으로서 국가권력의 대상이 되는 개개인의 집합을 의미한다. 국민이 되는 자격을 국적이라고 하는 바, 그 요건은 법률로 정하도록 되어 있으며(제2조 제1항), 재외국민도 국민이므로 당연히 국가의 보호를 받는다(동조 제2항), 국적에 관한 법률인 국적법은 국적취득요건과 귀화요건, 국적상실요건 등을 규정하고 있다. 그러나 근래 들어 북한주민의 탈출과 귀순이 늘면서, 중국 연변의 조선족 문제 등과 맞물려 이들의 국적을 어떻게 해결해 줄 것이냐의 문제가 새롭게 제기되고 있다. 특히 통일을 앞두고 북한주민의 법적 지위에 관한 문제도 학문적으로 선결되어야 할 난제로 남아있다.

(3) 국민의 헌법상 지위

국민의 헌법상 지위에 관하여 19세기 독일 법학자 옐리네크(Jellinek)는 국가에 대하여 국민이 갖는 지위를 ⅰ) 적극적 지위(수익권), ⅱ) 소극적 지위(자유권), ⅲ) 능동적 지위(참정권), ⅳ) 수동적 지위(국민의 의무)의 4가지로 나누어 설명하고 있으나 이는 주권자로서의 국민을 인정하지 않는 입장이다. 우리나라에서도 국민의 지위를 위와 같이 설명하려는 학자가 있으나(소수설), 이는 국가주권설에 입각한 것이기 때문에 국민주권설을 규정하고 있는 우리 헌법에서는 타당하지 않으며, 국민주권설의 입장에서는 ⅰ) 주권자로서의 국민, ⅱ) 국가기관으로서의 국민, ⅲ) 기본권향유자로서의 국민, ⅳ) 의무주체로서의 국민으로 분류한다(다수설).

2. 국가형태

(1) 국가형태의 분류

국가형태라 함은 국가의 통치형태를 표준으로 한 국가유형을 말하는데, 국가형태는 시대에 따라 그 분류방법이 다르다.

1) 고전적 분류

국가형태는 고대에 플라톤이 국가의 윤리적 특성에 따라 군주국과 민주국으로 나눈 이후 아리스토텔레스는 지배자의 수와 지배의 윤리적 성격에 따라 군주국, 귀족국, 민주국으로 나누었고, 중세말의 마키아벨리는 권력보유자의 수에 따라 국가를 군주제와 공화제로 구별하였다.

2) 현대적 분류

① **군주국과 공화국 :** 오늘날에는 군주제도의 존부에 따라 군주국과 공화국으로 나뉜다. 군주국은 다시 권력행사의 제한여부에 따라 전제군주국과 제한군주국으로 나눌 수 있으며, 헌법의 규정에 따라 입헌군주국과 의회주의적 군주국으로 나눌 수 있다. 그러나 오늘날 전제군주국은 거의 존재하지 아니하며, 서구군주국의 군주는 대부분 명복상의 군주에 불과하고 국가의 실체는 군민주권이나 의회주권에 입각한 민주국가, 즉 상징적인 군주국으로서 '왕관을 쓴 공화국(the crowned republic)'의 형

태를 보이고 있다.

공화국이란 군주제를 부정하는 국가형태를 말하는바, 공화국도 자유주의적·입헌적 민주공화국과 전체주의적·독재적 전제공화국으로 구분된다.

② **민주공화국과 전제공화국** : 민주공화국이란 국민주권의 원리, 자유민주주의, 권력분립 등을 표방하는 국가를 말한다. 민주공화국도 통치권의 집중 또는 분산 여하에 따라 단일공화국과 연방공화국으로 구분되고, 권력분립의 정도에 따라 대통령제, 의원내각제, 의회정보제의 공화국 등으로 구별된다. 전제공화국은 민주공화국과 대립되는 국가형태로서 전제주의, 군국주의, 전체주의를 정책이념으로 하는 국가를 말한다.

③ **단일국가, 연방국가 및 국가연합** : 단일국가란 통치권을 중앙에 집중·통일시키는 집권주의에 입각한 국가를 말하며, 연방국가란 통치권을 각 지방(주)에 분산시키는 분권주의에 입각한 국가를 말한다. 이에 비하여 국가연합이란 조약에 의하여 성립하는 주권국가들의 잠정적인 정치적 결합체를 의미한다. 국가연합의 예로는 아랍국가연합, 영연방공동체, 독립국가연합 등을 들 수 있다.

(2) 대한민국의 국가형태

헌법 제1조 제1항에서 '대한민국은 민주공화국이다'라고 규정하고 있으므로 우리나라의 국호는 대한민국이고 국가형태는 민주공화국이다. 여기서 '민주'는 공화국의 정치적 내용이 민주주의적으로 형성될 것을 요구하는 공화국의 내용에 관한 규정이라고 볼 수 있다.

현행 헌법상 우리나라는 민주공화국 중에서도 대표제민주정치, 즉 간접민주정을 채택하고 있으면서도 예외적으로 국민투표를 인정하여 직접민주적 요소를 가미하고 있다. 또 민주적 기본질서에 반하는 정당의 해산을 규정함로써 방어적 민주주의를 채택하고 있으며, 복수정당제를 보장하는 정당제민주주의를 표방하고 있다. 그밖에 사회복지국가적 요소도 가미하고 있다.

2   기본권론

I. 기본권 총론

1. 기본권의 역사

인권 또는 기본권이라 함은 인간이 인간으로서 당연히 누리는 권리를 말한다. 학자에 따라서는 기본권은 국민이 누리는 권리이고, 인권은 인간으로서의 권리라고 하여 구별하기도 하는바, 엄격한 의미에서는 구별할 수도 있겠지만, 기본권이라고 할 때에는 기본적 인권으로 이해하여 동일시하여도 무방하다. 인권선언은 영국에서 1215년 국민이 왕과 타협하여 얻어낸 마그나 카르타(Magna Carta, 대헌장)가 효시지만, 보다 본격적인 근대적 의미의 인권보장은 1628년의 권리청원, 1689년의 권리장전이 그 기반이 외었다. 그 후 미국의 버지니아 권리장전(1776)과 독립선언(1776), 프랑스의 '인간 및 시민의 권리선언'(1789)을 거치면서 기본권이 비로소 헌법전에 등장하게 되었으며, 1919년 독일의 바이마르헌법이 처음으로 사회적 기본권인 생존권을 규정한 이래 오늘에 이르고 있다.

2. 기본권의 특질

기본적 인권의 일반적인 특질은 ① 모든 인간이 보편적으로 누리는 권리이고, ② 태어날 때부터 가지는 생래적인 권리이며, ③ 생존기간 동안 영구적으로 누릴 수 있는 권리로서 ④ 불가침의 권리라는 것이다.

3. 기본권의 분류와 체계

(1) 기본권의 분류

기본권은 그 권리를 누리는 향유주체에 따라 인간의 권리와 국민의 권리, 자연인의 권리와 법인의 권리로 나눌 수 있으며, 기본권의 성질을 기준으로 하여 초국가적 기본권과 실정법상의 기본권, 절대적 기본권과 상대적 기본권, 진정한 기본권과 부진정한 기본권[15]으로 나눌 수 있다.

또 그 내용을 기준으로 해서는 행복추구권, 평등권, 자유권적 기본권, 경제적 기본권, 정치적 기본권, 청구권적 기본권, 사회적 기본권 등으로 분류할 수 있으며, 그 효력을 기준으로 할 때에는 구체적·현실적 기본권과 추상적 기본권,[16] 대국가적 기본권과 제3자적 기본권[17]으로 나눌 수 있다.

(2) 기본권의 체계

헌법은 제2장에서 일련의 기본권을 보장하고 있는바, 이를 체계적으로 살펴보면, 제10조 제1문 전단에 규정되어 있는 인간의 존엄권은 포괄적인 주기본권으로서 제11조부터 제37조 제1항까지의 모든 기본권은 인간의 존엄권을 실현하기 위한 수단으로서 존재한다고 볼 수 있다. 이 때에 제10조 제1문 후단에 규정되어있는 행복추구권을 어떻게 볼 것인가의 문제가 제기되는 바, 행복추구권은 제11조부터 제37조 제1항까지 규정되어 있는 모든 기본권의 총합이라고 할 것이므로 행복추구권 역시 인간의 존엄권보장을 위한 수단이라고 이해할 수 있다.

이를 체계적으로 유형화하여 보면 다음과 같다.

① **포괄적 기본권:** 인간으로서의 존엄과 가치(기본권보장의 이념과 목적), 행복추구권
② **평등권:** 일반적인 평등의 원칙, 법앞의 평등
③ **자유권적 기본권**
　　가. 인신의 자유: 생명권, 신체를 훼손당하지 아니할 권리, 신체의 자유

15| 진정한 기본권이란 개인을 위한 현실적이고도 실질적인 권리를 말하며, 부지정한 기본권이란 헌법이 규정한 일정한 제도와 질서로 인하여 반사적으로 얻게 되는 권리를 말한다. 후자의 예로는 문화시설이용권, 교육시설이용권, 독과점거부권, 자유경쟁권 등을 들 수 있다.

16| 추상적 기본권이란 입법에 의하여 비로소 구체적·현실적 권리가 되는 기본권으로서, 입법자에 대하여 입법의 의무만을 부과하는 것일 뿐, 집행권과 사법권에 대하여는 직접적 구속력이 없는 기본권을 말한다. 다수설은 사회적 기본권(생존권)을 추상적 기본권으로 보고 있으나, 그럴 경우 사회적 기본권은 실효성이 떨어지게 되어 명목상의 권리가 되고 만다.

17| 제3자적 기본권이란 기본권의 대사인적 효력이라고도 하는바, 대국가적 구속력은 물론 제3자에 대하여도 구속력을 갖는 기본권을 말한다. 제3자적 기본권의 예로는 평등권, 사생활의 자유와 비밀, 언론·출판의 자유, 근로3권, 환경권 등을 들 수 있다.

    나. 사생활자유권: 사생활의 비밀과 자유, 자기정보관리통제권, 주거의 자유, 거주·
      이전의 자유, 통신의 자유

    다. 정신적 자유권: 양심의 자유, 종교의 자유, 언론·출판의 자유, 집회·결사의
      자유, 학문과 예술의 자유

    라. 경제적 자유권: 재산권, 직업선택의 자유, 소비자의 권리

  ④ **정치적 기본권(참정권):** 정치적 자유, 참정권, 정치적 활동권

  ⑤ **청구권적 기본권:** 청원권, 재판청구권, 국가배상청구권, 국가보상청구권(손실보상
    청구권, 형사보상청구권), 범죄피해자구조청구권

  ⑥ **사회적 기본권:** 인간다운 생활권(생존권), 근로의 권리, 노동3권, 교육을 받을 권
    리, 환경권, 쾌적한 주거생활권, 건강권

4. 기본권의 한계와 제한

  현행헌법 제10조에 '국가는 개인이 가지는 불가침의 기본적 인권을 확인하고 이를
보장할 의무를 진다'고 규정되어 있으나, 이들 기본권도 아무런 제한 없이 절대적으로
보장되는 것이 아니라, 헌법 제37조 제2항에 따라 '국가안전보장·질서유지 또는 공공
복리를 위하여 필요한 경우에 한하여 법률로써 제한'할 수 있다. 따라서 기본권을 제한
하는 방법은 의회가 제정한 법률에 의하여야 하나 예외적으로 대통령의 긴급권발동에
따라 긴급명령·긴급재정경제명령이나 계엄령에 의해서도 제한될 수 있다.

  기본권을 제한하는 유형은 크게 명시적인 경우와 묵시적인 경우로 나누어 생각할 수
있는 바, 명시적인 제한에도 헌법에 직접 그 제한을 규정하는 헌법유보와 법률에 위임
하는 법률유보로 나누어 볼 수 있다. 예컨대 '언론·출판은 타인의 명예나 권리 또는
공중도덕이나 사회윤리를 침해하여서는 아니 된다'고 하여 그 제한과 한계를 헌법에
명문으로 직접 규정하는 것을 헌법유보라 하고, 제37조 제2항과 같이 그 제한을 법률
에 위임하는 것을 법률유보라 한다. 또 제약에 관한 명문의 규정이 없이도 각 기본권은
일정한 불문율에 따라 묵시적으로 제약을 받는바, 이를 기본권의 내재적 한계라 한다.
즉, 개인의 권리행사는 타인의 권리를 침해하여서는 아니 되며, 도덕률과 헌법질서에
따라 성실히 행사되어야 하는 것이다.

  그러나 기본권을 제한하는 경우에도 '자유와 권리의 본질적인 내용은 침해할 수 없

다'(제37조 제2항 후문).

5. 기본권의 침해와 구제

기본권이 아무리 헌법에 잘 규정되어 있다고 하더라도 현실적으로 보장되지 아니하면 아무런 의미가 없다. 따라서 완전한 의미에서 기본권보장이 실효를 거두려면 현실적으로 기본권이 침해된 경우에 그 침해의 배제와 구제절차가 완비되어야 한다.

기본권에 대한 침해와 구제의 유형은 침해의 주체에 따라 입법·사법·행정의 각 기관에 의한 경우와 사인에 의한 경우로 나누어 볼 수 있다.

(1) 입법기관에 의한 기본권의 침해와 구제

입법기관에 의한 침해와 구제는 입법부가 기본권을 제한하는 적극적인 법률을 제정한 경우에는 헌법재판소에 법률의 위헌심판을 청구하는 방법과 헌법소원을 제기하는 방법이 있다. 또 정치적 기본권이나 청구권적 기본권, 사회적 기본권 등 국가의 적극적인 입법이 요구됨에도 불구하고 입법부가 입법의무를 다하지 아니할 때 역시 헌법재판소에 입법부작위에 대한 헌법소원을 제기할 수 있다.

(2) 집행기관에 의한 기본권의 침해와 구제

기본권의 침해는 대부분 집행기관인 행정기관이 법을 집행하는 과정, 특히 헌법에 위배되는 내용의 법령을 집행하거나, 법령의 해석이나 적용을 잘못하는 경우 또는 위법한 체포·구속·수색의 경우에 일어난다.

이렇게 행정기관에 의하여 기본권이 침해되었을 경우에는 먼저 행정기관에 의한 구제가 가능하다. 예컨대, 헌법 제26조에 따라 당해 행정처분의 취소·무효확인 또는 관계공무원의 해임 등 청원권을 행사할 수 있으며, 행정심판을 청구할 수도 있고, 불법으로 체포 또는 구속을 당한 형사피의자가 불기소처분을 받거나 형사피고인으로 구금되었던 자가 무죄판결을 받은 경우에는 형사보상청구권을 행사할 수도 있으며(제28조), 공무원의 직무상 불법행위로 인하여 손해를 입은 경우에는 국가나 공공단체를 상대로 손해배상청구를 할 수 있다(제29조 제1항).

그밖에 법원에 행정소송을 제기할 수도 있고 명령·규칙위헌심사를 청구할 수도 있으며, 헌법재판소에 헌법소원을 제기할 수도 있다.

(3) 사법기관에 의한 기본권 침해와 구제

사법기관이 오판이나 재판지연 등으로 인하여 국민의 재판 받을 권리를 침해한 경우에는 상소나 재심, 비상상고 등을 통하여 권리구제를 받을 수 있으며, 형사피해자는 재판절차진술권을 행사할 수 있다.

Ⅱ. 포괄적 기본권

1. 인간의 존엄과 가치

(1) 연혁과 의의

헌법은 제10조에서 "모든 국민은 인간으로서의 존엄과 가치를 가지며"라고 하여 기본권보장의 일반원칙으로서 인간으로서의 존엄과 가치를 선언하고 있다. 이는 독일기본법의 영향을 받은 것으로 처음 1962년 제5차 개정헌법(제3공화국헌법)에서 규정된 이래 현행헌법에서도 규정되어 있다. 이것은 인간존엄성의 논리적 가치와 자연법원리의 헌법화를 의미하고 모든 기본권의 이념적 기초인 동시에 헌법해석의 중요한 가치기준이 되고 있다. 제2차 세계대전중의 독일·이탈리아·일본 등 전체주의·군국주의체제하에서 대량학살·강제노동·고문·테러·인간실험·국외추방 등 비인간적인 만행에 대한 반성으로 대전 이후 국제연합헌장을 비롯한 세계인권선언·유럽인권협약·국제인권규약·고문폐지를 위한 국제앰네스티선언·집단학살금지협정 등 여러 국제헌장과 조약에서 인간의 존엄성존중을 선언하였다. 그리고 세계 각국의 헌법들도(독일, 일본 등) 인간의 존엄에 관하여 규정하였다.

인간의 존엄과 가치가 무엇을 의미하는가는 여러 견해가 있으나 인간의 존엄은 「인격성」 내지 「인격주체성」을 의미하고, 이것은 추상적이고 잠재적인 것으로 족하다. 인간의 가치란 이러한 인간에 대한 총체적인 평가를 의미한다. 생각건대, 인간의 존엄과 가치는 「인간의 인격과 평가」라고 보는 것이 타당할 것이다. 그러므로 명예훼손, 노예

제도, 인신매매, 고문, 강제노동, 집단학살, 인간실험, 국외추방, 인종차별 등은 인간의 존엄과 가치를 침해한다.

(2) 인간의 존엄·가치와 그 밖의 기본권과의 관계

1) 인간의 존엄·가치와 헌법에 열거된 기본권과의 관계

헌법 제11조 내지 제36조에 걸쳐 열거된 개별적 기본권은 모든 기본권보장의 궁극적 목적인 인간의 존엄과 가치를 유지하고 구현하기 위한 수단이다. 즉, 인간의 존엄과 가치는 제11조부터 제36조에 걸쳐 열거된 개별적 기본권의 보장에 의하여 실현된다(권). 우리 헌법재판소도 인간의 존엄·가치와 헌법에 열거된 개별적 기본권과의 관계를 목적과 수단이라는 유기적 관계로 보고 있다(헌재 1992.4.14. 90헌마82 결정).

2) 헌법 제37조 제1항과의 관계

헌법 제37조 제1항에 「국민의 자유와 권리는 헌법에 열거되지 아니한 이유로 경시되지 아니한다」고 규정하였다. 이 조항은 결국 제10조와 상호보완관계에 있는 포괄적 근본규범이라 할 것이다. 따라서 오늘날 문제가 되고 있는 생명권, 일반적인 행동의 자유, 평화적 생존권, 저항권, 휴식권 등도 그것이 '인간으로서의 존엄과 가치'를 누리기 위해서 필요한 것이며, 제37조 제1항에서 말하는 자유와 권리에 해당되고 또한 헌법상 보장된다고 볼 수 있다. 즉 제37조 제1항도 인간의 존엄과 가치를 실현시키기 위한 수단이라고 하겠다.

3) 헌법 제37조 제2항과의 관계

헌법 제37조 제2항은 국민의 모든 자유와 권리는 국가안전보장 등을 위하여 필요한 경우에 법률로써 제한할 수 있다고 하는데, 이 경우의 자유와 권리의 제한도 인간으로서의 존엄과 가치를 침해하는 것이어서는 안된다. 즉, 인간의 존엄과 가치는 제37조에 의한 제한의 한계(최후적 한계 : 기본권의 본질적 내용)를 의미한다.

(3) 인간의 존엄과 가치의 내용

인간의 존엄과 가치는 모든 기본권보장의 원칙적인 가치지표를 제시함으로써 포괄적인 성질을 띠고 있으므로 그 내용을 일일이 열거하기란 어렵지만 대표적인 것으로는 생명권, 일반적 인격권, 자기결정권, 등이 있다.

2. 행복추구권

(1) 연혁과 의의

현행 헌법은 제10조에 「모든 국민은 … 행복을 추구할 권리를 가진다」고 하여 행복추구권을 인정하고 있다. 이는 1980년 헌법(제5공화국 헌법)에서 신설된 것이다. 입법례로는 1776년 Virginia권리장전, 1776년 미국독립선언, 1946년 일본헌법 등이 있다.

행복추구권은 매우 다의적이고 주관적인 개념인데, 「고통이 없는 상태·만족감을 느낄 수 있는 상태를 실현하는 권리」로 설명된다. 따라서 행복추구권이라 함은 문자 그대로 행복한 상태를 실현할 수 있는 권리라고 말할 수 있다.

(2) 행복추구권과 타기본권과의 관계

「인간의 존엄과 가치와 행복추구권」과는 목적과 수단의 관계에 있다. 즉, 행복추구권은 인간으로서의 존엄과 가치의 존중이라는 목적을 실현하기 위한 수단을 의미하고, 그 내용에는 헌법에 규정된 개별적 기본권의 총화에다 인간으로서의 존엄과 가치를 유지하는데 필요한 것임에도 헌법에 열거되지 아니한 자유와 권리까지도 포함되는 포괄적 기본권이다(다수설, 헌재). 구체적인 기본권 보장이 문제된 경우 문제된 당해 기본권 조항이 먼저 적용되고 이러한 규정이 없는 경우에 행복추구권이 적용된다고 본다(보충적 보장설). 그런데 구체적인 경우에 기본권을 최대한 보장할 수 있는 방향으로 해결하여야 할 것이다.

(3) 행복추구권의 내용

행복이란 정신이나 물질의 어느 한쪽에 편중되지 않으면서 심신의 욕구가 충족되어 조금도 부족감이 없는 상태, 즉 고통없는 상태의 개인의 주관적인 정신·물질의 만족상태를 말하고 그 내용은 개인에 따라 다를 수 있다. 행복추구권은 발전적으로 형성되어 가고 있는데 포괄성을 가진다고 해석되므로 헌법에서 열거하고 있는 개별적 기본권에다 헌법상 열거되지 아니한 자유·권리를 보충적으로 포섭하게 된다고 하겠다. 따라서 행복추구권의 주요내용으로는 생명권, 신체불훼손권, 일반적 행동자유권과 개성의 자유로운 발현권, 평화적 생존권(평화상태를 향유할 수 있는 권리), 휴식권, 수면권, 일조권, 스포츠권 등을 들 수 있다.

3. 평등권

(1) 헌법규정

헌법은 제11조 제1항에서 국민의 법 앞에서의 평등원칙을 선언함과 함께, 평등에 관한 특별규정으로 ① 사회적 특수계급의 부인(제11조 2항), ② 영전에 따른 특권 금지(제11조 3항), ③ 선거에 있어서의 평등(제41조 1항, 제67조 1항, 제116조 1항), ④ 교육의 기회균등(제31조 1항), ⑤ 혼인과 가족생활에 있어서 양성의 평등(제36조 1항), ⑥ 지역간의 균형있는 발전(제123조 2항)을 규정하고 있으며, 헌법전문을 비롯하여 경제조항(제119조 2항 등)에서 실질적 평등의 구현을 위한 적극적인 규정을 두고 있다.

(2) 연혁과 의의

중세에서의 「신앞의 평등」이 근세의 자연법사상의 영향을 받아 「법앞의 평등」으로 발전하였다. 근대의 평등은 자유의 평등과 형식적 평등에 중점을 두었다면(미국 독립선언, 프랑스 인권선언), 현대의 평등사상은 배분적 정의의 이념에 근거하는 '생존의 평등', '실질적 평등'을 의미한다. 실질적 평등사상은 바이마르헌법에 의하여 확립되었다. 이는 과거의 추상적·형식적 평등의 수정을 의미하며, 복지국가 헌법과 밀접한 관련이 있다. 따라서 현대적인 평등의 개념은 경제적·사회적 평등에 더 중점을 두고 있다.

평등권이란 국가에 의해 평등하게 취급되고, 또한 국가에 대하여 평등한 취급을 요구할 수 있는 권리를 말한다. 평등권은 기본권실현의 방법적 기초이면서 기본권실현의 방향을 제시해 주는 것으로, 모든 국민에게 여러 생활영역에서 균등한 기회를 보장해 주는 것을 내용으로 한다. 그리고 어떠한 자의적인 공권력의 발동도 용납되지 않는다. 따라서 평등권은 모든 기본권, 즉 자유권·사회권·청구권·참정권과 같은 모든 영역에 적용되고 보장된다.

Ⅲ. 자유권적 기본권

1. 자유권적 기본권의 개념과 구조 및 분류

자유권적 기본권이란, 타인의 자유와 권리를 침해하지 않는 한, 개인이 그의 자유로운 영역에 관하여 헌법(또는 법률)에 의하지 않고는 국가권력의 간섭을 받지 않을 소극적·방어적 권리를 말한다. 따라서 자유권은 국가의 부작위를 요청할 수 있는 권리일 뿐, 적극적으로 국가의 작위를 요청할 수 있는 권리는 아니다.

자유권을 일반적·포괄적 자유권(주자유권)과 개별적·구체적 자유권(파생적 자유권)으로 유형화 한다면, 전자는 일반적 행동자유권을 의미하며 후자는 헌법에 규정된 일련의 개별적 자유권을 지칭한다.

자유권적 기본권은 여러 가지 기준에 따라 분류되어질 수 있으나, 본서는 내용에 따라 편의상 ① 신체(인신)의 자유, ② 사회적·경제적 자유(거주·이전의 자유, 직업선택의 자유, 주거의 자유, 사생활의 비밀과 자유, 통신의 자유, 재산권의 보장), ③ 정신적 자유(양심의 자유, 종교의 자유, 언론·출판의 자유, 집회·결사의 자유, 학문·예술의 자유)로 나누어 설명한다.

2. 신체의 자유

(1) 헌법규정과 연혁

우리 헌법은 제12조 제1항에서 「모든 국민은 신체의 자유를 가진다」고 규정한 것 외에, 신체의 자유가 침해되지 않도록 이하에서 자세한 규정을 두고 있다. 즉, 죄형법정주의와 적법절차조항(동조 1항 2문), 고문금지·불리한 진술의 거부(2항), 영장주의(3항), 변호인의 조력을 받을 권리·국선변호인제도(4항), 구속이유고지제도(5항), 구속적부심사제(6항), 자백의 증거능력제한(7항), 형벌불소급의 원칙(제13조 1항), 재판청구권(제27조), 형사보상청구권(제28조) 등이 그것이다. 이 중 적법절차보장, 구속이유고지제도, 형사피의자의 형사보상청구권 등은 현행헌법에서 신설된 조항이다.

신체의 자유는 모든 사회적·경제적·정신적 자유의 근간 또는 전제가 되는 기본권으로 연혁상으로도 다른 기본권에 앞서 취급되었다. 신체의 자유의 보장은 1215년 대헌장을 비롯하여 1628년 권리청원을 거쳐 1679년 Habeas Corpus Act(인신보호법), 1689년 권리장전, 1776년 Virginia 권리장전, 1789년 프랑스 인권선언 등에 의하여 완성된 후 세계 각국의 헌법이 규정하고 있는 기본권이다.

(2) 신체의 자유의 의의

신체의 자유란 법률이나 적법절차에 의하지 아니하고는 신체의 안전성과 활동의 자율성(임의성)을 제한 또는 침해당하지 아니하는 자유를 말하며, 이를 인신의 자유라고도 한다. 이는 천부적·초국가적 자연권으로서 상대적 자연권이며 소극적·방어적 공권이다. 인간의 권리이므로 외국인도 주체가 될 수 있다. 생명권과 신체의 불훼손권을 신체의 자유에서 그 근거를 구하는 견해와 제10조의 인간의 존엄, 행복추구권 등에서 근거를 구하는 견해의 대립이 있다.

(3) 신체의 자유의 내용

인신의 자유가 보장되기 위하여 기본적으로 요청되는 것은 헌법 제12조 제1항에 규정된 바와 같이 ① 불법한 체포·구속으로부터의 자유, ② 불법한 압수·수색으로부터의 자유, ③ 불법한 심문으로부터의 자유, ④ 불법한 처벌로부터의 자유, ⑤ 불법한 보안처분으로부터의 자유, ⑥ 불법한 강제노역의 금지 등이다.

3. 사회적·경제적 자유권

(1) 거주·이전의 자유

1) 연혁과 의의

헌법 제14조는 거주·이전의 자유를 보장하고 있는데, 이는 1919년 바이마르헌법이 그 효시를 이루고 있다. 오늘날 자본주의경제의 발전에 따라 각국의 헌법에서는 직업선택의 자유, 영업의 자유 외에 별도로 거주·이전의 자유에 관한 규정을 두고 있다.

거주·이전의 자유란 국민이 자기가 원하는 곳에 주소나 거소(체류지나 거주지)를 설정하고 또 그것을 이전할 자유 및 일단 정한 주소·거소를 그의 의사에 반하여 옮기지 아니할 자유를 말한다.

2) 거주·이전의 자유의 내용

거주·이전의 자유의 내용으로는 국내거주·이전의 자유, 국외거주·이전의 자유, 국적이탈(변경)의 자유 등이 있다.

(2) 직업선택의 자유

1) 연혁과 의의

헌법 제15조는 직업선택의 자유를 보장하고 있다. 직업선택의 자유는 1919년 바이마르헌법에 최초로 규정되었다. 중세봉건시대에는 신분제와 세습제 등으로 말미암아 직업선택의 자유가 광범하게 제한을 받았으나, 근대시민혁명 이후의 자본주의적 경제질서가 국가와 개인의 관계에 있어서 국가적 간섭과 제한의 배제라는 성격을 띠게 되자, 그 논리적 귀결로서 사경제적 활동의 자유로서 직업선택의 자유 내지 영업의 자유가 널리 인정되게 되었다.

직업이란 생활의 기본적 수요를 충족하기 위한 계속적 활동, 즉 총체적이며 경제적 성질을 가지는 모든 소득 활동을 의미하며, 이러한 내용을 가진 활동인 한 그 종류나 성질을 불문한다. 직업선택의 자유는 그와 같은 사경제적 소득활동을 자기가 원하는 바에 따라 자유로이 선택한 직업에 종사하여 이를 영위할 수 있는 자유를 말한다. 또한 직업의 개념적 요소로는 ① 생활수단성, ② 계속성, ③ 공공무해성을 들 수 있다.

2) 직업선택의 자유의 내용

직업선택의 자유에는 자신이 종사하고자 하는 직종을 자유로이 선택할 수 있는 직종결정(직업결정)의 자유, 그 직종을 버리고 다른 직종으로 전환할 수 있는 전직의 자유, 원하는 적당한 직종이 발견되지 않을 경우 직업을 가지지 아니할 무직업의 자유, 겸직의 자유, 경쟁의 자유 그리고 영업의 자유 등이 포함된다.

(3) 주거의 자유

1) 연 혁

헌법 제16조는 주거의 불가침과 법관의 영장에 의한 보호를 규정하고 있다. 이러한 주거의 평온과 불가침은 고대 로마의 주거의 신성사상과 영국의 Common Law상의 주거존중사상 이래 인간의 존엄과 더불어 개인의 자유권으로 요구되었다.

2) 의 의

주거는 현재 거주 여하를 막론하고 사람이 거주하는 설비로서 사생활의 중심이 되는 장소이다. 주거의 안전이 보장되지 아니하고는 사생활의 안전을 기대할 수 없다(사생활공간의 보호; 공간적 영역에서의 사생활보호). 주거의 자유는 불법적인 체포·구금으로부터의 자유와 더불어 인간에게 있어 최소한의 자유이며 모든 자유의 근원이 된다. 따라서 주거의 자유란 자기의 주거를 공권력이나 제3자로부터 침해당하지 않는 것을 내용으로 하는 자유로서 사생활의 비밀·자유를 지키기 위한 불가결의 기초가 된다. 주거의 자유는 사생활의 비밀·자유와 중복되는 것이지만, 후자가 더 넓은 개념이라고 볼 것이다. 주거의 자유는 사람이 거주하는 설비와 관련을 갖는 것인 데 대하여, 사생활의 비밀과 자유는 그것과 반드시 관련을 갖는 것이 아니기 때문이다.

(4) 사생활의 비밀과 자유

1) 연혁과 의의

헌법 제17조는 사생활의 비밀에 관한 Privacy권리를 명문화하고 있다(제8차 개정헌법에서 처음 명문화). 과거에는 사생활의 비밀과 자유는 당연한 것으로 인정되었기에 이에 대한 보호요구가 적었으나 현대의 정보화사회에 있어서는 개인의 사생활이 공개되는 경향이 많아지면서 사생활의 비밀보장이 요구되었다.

연혁적으로 Privacy권리는 Common law상에서 명예훼손, 불법행위 등 민사상 문제로 다루어 왔으나 1890년 Warren & Brandeis의 논문이래로 독립된 권리로 다루어졌으며 미국 판례법상 인정되었다. 독일에서는 일반적 인격권 속에서 Privacy의 권리가 포함되어 있다고 보며, 일본에서는 인간의 존엄과 가치·행복추구권의 한 내용으로서 주장되었다. 최근에는 개별 입법도(미국의 Privacy Act, 독일) 제정되었다. 우리나라에서도 공공기관의개인정보보호에관한법률이 공포되어 1995년부터 시행되고 있다.

사생활의 비밀과 자유란 사생활의 내용을 부당히 공개당하지 아니할 권리(사생활의 부당한 공개로부터의 자유), 사생활의 자유로운 형성과 전개를 방해받지 않을 권리(개인의 사적 생활의 영위의 자유), 그리고 자신에 관한 정보를 스스로 관리·통제할 수 있는 권리 등을 내용으로 하는 복합적 권리이다. 즉, 사람은 누구나 자신의 삶을 영위해 가면서 사생활의 내용에 대한 외부적 간섭을 원하지 않을 뿐더러, '나만의 영역'을 혼자 소중히 간직하기를 원한다고 하겠다(사생활영역의 내용적 보호).

2) 인접개념과의 관계

① **프라이버시권과의 관계** : 프라이버시권에 관하여 ⅰ) 협의설은 "사생활의 평온을 침해받지 아니하고 사생활의 비밀을 함부로 공개당하지 아니할 권리"로 이해하며, ⅱ) 광의설은 소극적으로는 "사생활을 함부로 공개당하지 아니하고 사생활의 평온과 비밀을 요구할 수 있는 법적 보장"으로 이해하고, 적극적으로는 자신에 관한 정보를 관리·통제할 수 있는 법적 능력으로 이해하며, ⅲ) 최광의설은 프라이버시권을 사생활의 비밀과 자유 및 주거의 불가침·통신의 불가침 등도 포괄하는 개념으로 파악한다. 따라서 프라이버시권을 광의설의 입장에서 이해할 경우에는 헌법 제17조의 사생활의 비밀과 자유는 프라이버시권을 의미한다고 하겠다.

② **인격권과의 관계** : 인격권이란 권리주체와 분리될 수 없는 인격적 이익, 즉 생명·신체·건강·명예·정조·성명·초상·사생활의 비밀과 자유 등을 포괄하는 권리를 말하므로 사생활의 비밀과 자유도 인격권의 범주에 속하는 권리라고 볼 수 있다(인격권〉프라이버시권≧사생활의 비밀과 자유).

3) 사생활의 비밀과 자유의 내용

사생활의 비밀과 자유의 내용으로는 사생활의 비밀의 불가침, 사생활의 자유의 불가침, 자기정보관리통제권(개인정보자기결정권) 등이 있다.

(5) 통신의 자유

1) 연혁

헌법 제18조는 「모든 국민은 통신의 자유를 침해받지 아니한다」고 규정하여 통신의 비밀의 불가침을 의미하는 통신의 자유를 보장하고 있다. 통신의 비밀을 보장하고 있는 것은 개인의 사생활의 비밀을 보장하며 개인의 인격을 보호하는 것이다. 통신의 자유는 통신의 발달에 즈음하여 그 내용이 확장되어 있다.

1831년 벨기에헌법, 1850년 프로이센헌법, 1919년 Weimar헌법에서 그 규정을 두었으며, 제2차 대전 이후에는 각국 헌법이 통신비밀의 불가침을 규정하고 있다.

2) 의의

통신의 자유, 즉 통신의 비밀의 불가침이란 통신·전화·전신 등의 통신수단에 의하여 개인이 그들의 의사나 정보를 자유롭게 전달·교환하는 경우에 그 내용이 본인의 의사에 반하여 공권력에 의하여 침해당하지 아니하는 자유를 말한다. 통신의 비밀의 보장은 ① 사생활보호의 수단적 기능을 갖고(주거의 자유와 더불어 사생활의 비밀을 보호하기 위한 불가결의 수단), 개인간에 자유로운 의사형성을 가능하게 하여 사생활의 영역을 넓혀주며, ② 사회구성원 상호간에 커뮤니케이션이 원활히 이루어질 수 있도록 촉진하는 기능을 하므로 표현의 자유의 성격과도 깊은 관계가 있다.

(6) 재산권의 보장

1) 연 혁

헌법 제23조는 재산권(유체재산권)의 보장과 사회적 제약성을 규정하고, 제13조 2항은 소급입법에 의한 재산권 박탈금지를 규정하고, 제22조 2항은 무체재산권을 보장하고 있으며, 헌법 제9장의 경제조항(제119조~제127조)은 특수재산권을 보장하고 있다.

근대 초기의 서구사회는 개인주의 내지 자유방임주의 사상을 배경으로 발전하면서 재산권은 신성불가침적 권리로 인정되었다(프랑스 인권선언 제17조). 이러한 재산권의 절대시는 계약자유의 원칙과 결합되어 근대법의 기본원리로 형성되었다. 근대 시민적 법치국가에 있어서 재산의 보장은 재산권의 사회적 기능을 완전히 무시하면서 자유의 보장과 함께 국가의 가장 중요한 임무로 간주되었다.

그러나 20세기에 들어와서 자본주의의 발전과정에서 야기된 부익부·빈익빈의 사회적 모순은 심각한 사회문제로 대두되어 이를 해결하기 위해서는 재산권의 절대불가침의 원리와 계약자유의 원칙은 수정을 받지 않을 수 없게 되었다. 그리하여 바이마르헌법(제153조)에 최초로 재산권의 의무와 그 행사의 공공복리적합성을 규정하게 되었다. 그 결과 재산권은 그 성격이 자연권에서 실정권으로 격하되었고, 국가도 국민경제에 대하여 불간섭주의에서 간섭주의로 전환하게 되었다.

제2차 세계대전 후 각국헌법은 예외없이 재산권의 사회적 성격을 규정하고 있다. 여기에 현대헌법은 사유재산제를 원칙으로 인정하면서 사회전체의 복리를 위해 재산권의 사회적 제약성을 가하는 사회적 법치국가의 원리를 채택하고 있다.

2) 의 의

재산권이란 경제적 가치가 있는 모든 공·사법상의 권리를 뜻하고, 그 재산가액의 다과를 불문한다. 따라서 헌법상의 재산권은 민법상의 소유권보다 넓은 개념이다. 재산권의 보장은 사유재산에 대한 임의적 처분권 및 그 침해에 대한 방어권이라는 주관적 공권과 객관적 가치질서로서 사유재산제를 제도로서 보장하는 것이다.

(7) 소비자의 권리

1) 연혁과 의의

1962년 케네디대통령의 '소비자의 권리보호에 관한 특별교서'에서 소비자권리가 최초로 선언된 후 각국에서 추진되기 시작했다. 특히 스페인·멕시코 등은 헌법수준에서 소비자기본권 내지 소비자보호를 명문화 하였으며 우리나라에서는 제8차 개헌에서 최초로 소비자보호운동에 관한 규정을 두었으며 소비자보호법(1980년)도 제정되었다.

소비자의 권리(소비자기본권)란 소비자가 인간다운 생활을 영위하기 위하여 공정한 가격으로 양질의 상품 또는 용역을 적절한 유통구조를 통하여 적절한 시기에 구입·사용할 수 있는 권리를 의미한다.

2) 소비자권리의 내용

소비자권리의 내용으로는 ① 소비자 안전의 권리, ② 소비자의 알권리, ③ 소비자의 자유로운 선택권, ④ 소비자의 의견반영권, ⑤ 소비자의 피해보상청구권, ⑥ 소비자의 교육을 받을 권리, ⑦ 소비자운동권(단결권 등), ⑧ 소비자단체의 국고보조금을 받을 권리 등이 있다.

4. 정신적 자유권

(1) 양심의 자유

1) 연혁과 의의

헌법 제19조는 「모든 국민은 양심의 자유를 가진다」라고 규정하며 양심의 자유를 보장하고 있다. 종래는 양심의 자유는 종교자유의 일부에 속하는 것으로 생각하여 왔다. 종래의 미국 또는 서구의 경우에는 신앙과 양심의 자유를 합하여 '종교의 자유'로 규정(프로이센헌법)하였지만, Weimar헌법에서는 양심의 자유를 독립적으로 규정하였다. 우리나라 제3공화국헌법 이전에는 양심의 자유를 종교의 자유와 함께 동일조문에 규정하였으나, 제3공화국헌법 이후에는 독자적인 조문에서 별도로 규정하고 있다.

양심의 자유는 각 개인의 판단이다. 가치관으로서의 확신을 외부에 표명하도록 강제되지 않고, 양심에 반하는 행위를 강요당하지 않을 자유를 말한다(다수설). 이 양심의 자유는 모든 자유의 근원이 되므로 이른바 최상급 기본권이라고 한다(모든 기본권의 초석). 이는 자연법상의 절대적 기본권이고 일신전속적 권리이다.

2) 양심의 자유의 내용

양심의 자유의 내용으로는 양심결정(양심형성)의 자유, 침묵의 자유(양심유지의 자유; 양심을 지키는 자유), 양심실현의 자유(양심결정표현의 자유) 등이 있다.

(2) 종교의 자유

1) 연혁과 의의

헌법 제20조는 종교의 자유와 정교분리의 원칙을 규정하고 있다. 종교의 자유는 근대국가성립초기에 있어서 교회의 권위와 결합된 국가권력에 대한 투쟁을 통하여 획득한 자유권적 기본권으로 모든 정신적 자유의 근원을 이루는 것이며 초국가적 성질을 가지는 자연권 개념의 성립에 원동력이 되었다. 이러한 종교의 자유는 영국의 1649년 국민협정 중에서 이미 언론의 자유와 함께 주장되었고, 1689년의 권리장전에서도 인정되었으며, 1791년 미국수정헌법(제1조)·1789년 프랑스 인권선언(제10조)·바이마르 헌법(제135조) 등을 비롯하여 각국헌법에서 채택되었다.

종교란 인간의 상념의 세계에서만 존재할 수 있는 신이나 절대자의 존재 등 초인적인 것을 신봉하고 그것에 귀의하는 것을 말하므로, 종교의 자유란 자기가 원하는 종교를 자기가 원하는 방법으로 신봉할 자유를 말한다. 기본권의 역사상 가장 오래된 기본권인 종교의 자유는 절대자에 대한 귀의 또는 신과 피안에 대한 내적인 확신의 자유를 말한다.

2) 종교의 자유의 내용

종교의 자유의 내용으로는 신앙의 자유, 종교적 행사의 자유, 종교적 집회결사의 자유, 선교와 종교교육의 자유 등이 있다.

(3) 언론·출판의 자유

1) 연혁과 의의

헌법 제21조는 언론·출판의 자유, 언론·출판의 허가·검열의 금지, 통신·방송의 시설기준 등의 법정주의, 언론·출판의 내재적인 한계 및 사후책임을 규정하고 있다.

정신적 자유의 하나인 언론·출판의 자유는 1649년 영국의 국민협정에서 최초로 규정되었으며, 1695년 검열법의 폐지에 의해 확립되었다. 그 후 1776년 버지니아 권리선언, 1789년 프랑스 인권선언(제11조), 1791년 미연방헌법(수정 제11조) 등에서 이 자유가 규정된 이래 오늘날 각국헌법에서 정도의 차이는 있으나 모두 자유권의 하나로 규정하고 있다.

언론이란 구두에 의한 표현을, 출판이란 인쇄물에 의한 표현을 말하지만, 고전적(일반적)으로 언론·출판의 자유란 자기의 사상·양심 및 지식·경험 등을 표현하는 모든 수단, 즉 언어·문자·도형·방송·그림·사진 등으로 불특정 다수인에게 발표하는 자유를 말한다. 이에 대하여 현대적 의미에서의 언론·출판의 자유란 사상이나 의견을 발표하는 자유 외에 알권리·액세스권·반론권·언론기관설립권, 언론기관의 취재의 자유와 편집·편성권 및 그 내부적 자유까지 포괄하는 의미로 사용된다.

2) 언론·출판의 자유의 내용

언론·출판의 자유의 내용으로는 사상·의견의 표명 및 전달의 자유, 알 권리(정보의 자유), Access권, 언론기관의 자유 등이 있다.

(4) 집회・결사의 자유

1) 연혁과 의의

헌법 제21조는 집회・결사의 자유를 보장하고 제3공화국헌법 당시의 허가제 금지규정을 부활하였다. 입법례로는 집회의 자유와 결사의 자유를 동일조항에서 규정하는 방식(미국, 일본)과 별개의 조항에서 규정하는 방식(서독, 이탈리아)이 있다. 현행헌법은 제21조에서 함께 규정하고 있다.

집회・결사의 자유라 함은 다수인이 공동의 목적을 가지고 회합하고 결합하는 자유를 의미한다. 이는 언론・출판의 자유와 같은 개인적 권리의 성질보다는 다른 사람과의 접촉을 통하여 집단적인 의사표명을 하며 집단적 형태로 공동의 이익을 추구함으로써 민주정치실현에 기여하는 집단적 권리의 성질을 띤 기본권이다. 따라서 집회・결사의 자유는 언론기관이 독과점되거나 국가권력의 제약에 의하여 재구실을 못할 때 언론・출판의 자유를 집단적 측면에서 보완하는 보충적 보장기능을 가지며 소수자의 이익・안전보호에도 중요하다.

2) 집회・결사의 자유의 내용

집회의 자유에는 적극적으로 ⓐ 집회를 주최(개최)하는 자유, ⓑ 집회를 사회 또는 진행하는 자유, ⓒ 집회에 참여하는 자유와, ⓓ 소극적으로 집회를 주최하지 않을 자유와 집회에 참여하지 않을 자유가 포함된다.

결사의 자유에는 적극적으로 ⅰ) 단체결성의 자유, ⅱ) 단체존속의 자유, ⅲ) 단체활동의 자유, ⅳ) 결사에의 가입・탈퇴・잔류의 자유가 포함된다. 소극적으로 ⅴ) 단체에 가입하지 않는 자유도 인정되는가에 대하여는 사법적 결사에는 인정되나 공법적 결사(의사회・상공회의소・변호사회 등)에는 공공복리를 위하여 자동가입 등이 인정된다는 것이 다수설과 판례이다.

(5) 학문과 예술의 자유

1) 연혁과 의의

헌법 제22조는 학문과 예술의 자유를 보장하고 지적재산권의 보호를 규정하고 있다. 학문과 예술은 각각 진리와 미를 탐구하는 행위로서 서로 밀접한 관련을 가지는 것이기 때문에, 독일기본법과 마찬가지로 양자를 동일조항에서 규정한 것이다. 그리고 제31조 4항은 「교육의 자주성·전문성·정치적 중립성 및 대학의 자율성은 법률이 정하는 바에 의하여 보장된다」고 규정하고 있으며, 나아가 제9조에서는 「국가는 전통문화의 계승·발전과 민족문화의 창달에 노력하여야 한다」라고 하고 있으므로 적어도 전통문화·민족문화와 관련된 학문분야와 예술분야는 종래보다 고도로 보장받게 되었다.

학문의 자유는 17세기 영국의 Bacon, Milton 등에 의하여 주창되었지만 헌법차원에서 최초로 명문화된 것은 1849년 독일 Frankfurt헌법(제15조)이다.

학문이란 자연과 사회의 변화·발전에 관한 법칙이나 진리를 탐구하고 인식하는 행위를 말하며, 학문의 자유란 그러한 학문적 활동에 관하여 간섭이나 방해를 받지 아니할 자유를 말한다. 학문의 자유는 연혁적으로 볼 때 독일의 대학의 자유에서 유래한다고 할 수 있으나, 오늘날 학문의 자유는 대학의 기본권일 뿐만 아니라 모든 국민의 기본권으로 발전하고 있다.

예술의 자유란 일반적으로 미를 추구할 자유를 의미한다. 예술은 자기목적적인 성질을 지니고 있는데 그 특색이 있고, 예술작품은 그 주안점이 표현에 있지 전달에 있지 않다는 점에서 전달에 주안점이 있는 표현의 자유와 구별된다.

2) 학문과 예술의 자유의 내용

학문의 자유는 협의로는 연구의 자유와 강학의 자유를 의미하며, 광의로는 연구와 강학의 자유 외에 연구결과 발표의 자유, 학문을 위한 집회·결사의 자유 등도 포함하며, 그리고 최광의 학문의 자유는 대학의 자유(자치)까지도 포함되므로 학문의 자유는 최광의로 이해하는 것이 타당하다. 예술의 자유에는 예술창작의 자유, 예술표현의 자유, 예술적 집회·결사의 자유를 포함한다.

IV. 생존권적 기본권

1. 생존권적 기본권의 연역과 의의

18·19세기의 각국 인권선언이나 헌법에 규정된 것은 거의가 자유권에 관한 규정이었다. 이 자유권의 보장은 민주주의의 발전과 자본주의 경제의 발전에 지대한 영향을

미쳤으나, 사회적인 모순, 즉 부의 편재(부익부현상), 빈곤의 확대(빈익빈현상), 실업 자의 범람 등을 초래하게 되었다. 따라서 생존 그 자체에 위협을 받는 대중에게는 자유 권은 공허화하게 되었다. 그래서 사회구성원의 실질적 평등을 실현하고 국민 각자에게 인간다운 최저한도의 생활을 영위케 하기 위한 경제적·사회적 기본권으로서 생존권적 기본권이 등장하게 되었다. 교육을 받을 권리·근로의 권리·생활무능력자의 국가보호 를 받을 권리 등 국민의 생존을 유지하거나 생활을 향상시키기 위하여 국가에 대해 적 극적 배려를 요구할 수 있는 권리를 생존권이라 하며 고전적 수익권과 구별하기 시작 하였다. 이와 같은 생존권 사상은 Fichte나 Anton Menger 등의 사상가들에 의하여 주장되었으며 1919년 Weimar헌법에 최초로 실정화되었다.

생존권적 기본권이란 국민이 인간다운 생활을 위한 필요한 제조건을 국가권력의 적 극적인 관여에 의하여 확보해 줄 것을 요청할 수 있는 권리를 말한다. 이는 학자에 따 라 생존권, 생활권·사회권(허), 생활권적 기본권, 사회적 기본권, 사회국가적 기본권, 수익권 등 명칭이 다양하다. 이 생존권은 국민의 자유를 확보하기 위하여 국가권력의 불간섭을 요청하는 자유권과 구별된다. 현대국가에서 생존권은 개인에게 최저한도의 생활보호를 목적으로 하는 것으로 국가권력의 적극적인 관여로 보장된다. 따라서 생존 권적 기본권을 보장하는 것은 국가권력의 의무인 동시에 국가권력의 내용이 되고 있다. 이 생존권은 주생존권인 「인간다운 생활을 할 권리」와 주생존권의 개별화된 파생적 권 리들(교육의 권리, 근로의 권리 등)로 구성되어 있으며, 이 파생적 권리들은 인간다운 생활의 목적실현을 위한 수단이라고 본다.

2. 인간다운 생활을 할 권리

(1) 연 혁

헌법 제34조는 인간다운 생활을 할 권리와 그의 보호를 위한 국가의 의무 등을 규정 하고 있다. 인간다운 생활을 할 권리가 헌법에 최초로 규정된 것은 1919년 바이마르 헌법 제151조 1항의 「경제생활의 질서는 모든 사람에게 인간다운 생활을 보장하기 위 하여 정의의 원칙에 합치하지 않으면 안된다」라고 하는 조항에서 유래한다. 그 후 세계 인권선언, 국제인권규약을 비롯한 각국 헌법 등에서 그에 관한 규정을 두고 있다. 우리 나라도 제5차 개정헌법(1962년)에서 최초로 규정하기 시작하여 현재에 이르고 있다.

(2) 의 의

인간다운 생활을 할 권리란 물질적인 최저생활의 보장만을 의미하는 것이 아니라 인간의 존엄성에 상응하는 최저한도의 건강하고 문화적인 생활을 할 권리를 말한다(다수설). 인간다운 생활을 할 권리는 생존권 중에서도 그 근간이 되는 권리이다. 이는 헌법 제31조 이하의 일련의 생존권에 관한 총칙적 규정이라 하겠다. 그 밖의 생존권은 인간다운 생활을 할 권리를 실현하기 위한 구체적 수단이 되는 권리이다. 따라서 인간다운 생활을 할 권리는 제10조의 「인간으로서의 존엄과 가치」에 관한 규정과 더불어 헌법상 최고의 가치를 가진다고 하겠다.

3. 교육을 받을 권리

(1) 연혁과 의의

헌법 제31조는 교육을 받을 권리 및 교육을 받게 할 의무, 의무교육의 무상, 교육의 자주성·전문성·정치적 중립성·대학의 자율성보장, 국가의 평생교육진흥의무, 교육제도의 법률주의 등을 규정하고 있다.

교육을 받을 권리는 국민의 생활능력의 유지와 향상을 기할 목적으로 규정되게 된 바, 1848년 프랑스헌법이래 세계 각국의 헌법(이탈리아헌법, 독일기본법, 일본헌법)이 교육의 자유와 평등, 무상교육에 관하여 규정하고 있다.

교육할 권리(교육권, 授業權)에 대응하는 교육을 받을 권리(학습권, 修業權, 修學權)는 성별·종교·사회적 신분 등에 의하여 차별없이 능력과 자질에 따라 균등하게 교육을 받을 수 있도록 국가의 적극적인 배려를 요구할 수 있는 권리(생존권적 측면)를 의미한다. 또한 교육을 받을 권리에 교육받는 것을 국가로부터 방해받지 않을 권리(자유권적 측면)가 포함된다고 하겠다.

(2) 교육을 받을 권리의 내용

교육을 받을 권리의 내용으로는 능력에 따라 균등하게 교육을 받을 권리, 교육을 받게 할 의무, 의무교육의 무상 등이 있다.

4. 근로의 권리

(1) 연 혁

헌법 제32조는 근로의 권리, 의무 등에 관하여 규정하고 있다. 이 근로의 권리는 17·18세기에는 인간의 천부적 권리(근로의 자유)로서 파악되어 국가권력은 이를 침해할 수 없었으나(소극적 의미의 자유권), 자본주의의 발달에 따른 실업의 증가와 근로자의 빈곤 등이 심화된 19세기 말엽부터는 적극적 의미의 생존권적 기본권의 하나로 파악되었다. 근로의 권리는 1919년 바이마르헌법에 의해 최초로 헌법에 규정되었다.

(2) 의 의

근로의 권리는 근로자가 자신의 적성·능력·취미에 따라 일(근로)의 종류·장소 등을 선택하고 타인의 방해없이 일을 계속하는 권리를 말하는 동시에 가장 유리한 조건으로 노동력을 제공하여 얻는 대가로 생존을 유지하며, 근로의 기회를 얻지 못하면 국가에 대하여 이를 요구할 수 있는 권리를 말한다. 즉, 근로의 권리는 일할 능력의 임의적인 상품화보장과 생활수단적 경제활동보장을 의미한다.

5. 근로자의 노동3권

(1) 연혁과 의의

헌법 제33조는 근로자의 노동3권을 보장하고, 한계와 제한을 명백히 규정하고 있다.
근로자의 노동3권이 권리로 승인되고 국가에 의하여 적극적으로 보장받게 된 것은 대체로 20세기에 들어와서였다. 즉, 고용계약에 있어서의 자유는 사용자에게는 '부에의 자유'를 의미하였으나 근로자에게는 '빈곤에의 자유'를 의미하게 되어, 사용자의 우월한 지위를 가져왔다. 여기에서 근로자의 건강과 문화적인 최저한도의 인간다운 생활을 보호하기 위하여, 사용자와 근로자가 평등한 지위에서 인간다운 근로조건을 담은 고용계약이 체결되어 질 것이 요구되었던 바, 근로자들은 상호단결하여 단체행동에까지 이르게 되었다. 1919년 바이마르헌법은 헌법적 차원에서 근로3권을 규정한 최초의 헌법이며, 제2차 대전 이후에는 1946년 프랑스헌법전문, 이탈리아헌법, 일본헌법 등에서 그것이 규정되었다.

노동3권이란 근로조건의 향상을 위하여 근로자가 자유로이 단결하고(단결권), 단체 이름으로 교섭하며(단체교섭권), 교섭이 원만하게 타결되지 않을 경우 단체행동을 할 수 있는 권리(단체행동권)를 의미한다. 즉, 노동3권이란 단결권, 단체교섭권, 단체행동권을 말한다.

(2) 노동3권의 내용

1) 단결권

단결권이란 근로자들이 근로조건의 유지·개선을 목적으로 사용자와 대등한 교섭력을 가지기 위한 단체를 자주적으로 구성할 수 있는 권리를 말한다. 이러한 단체는 일시적인 단체를 포함하나 주로 계속적인 단체, 즉 노동조합을 의미한다. 일반결사는 구성원 각자가 할 수 있는 것을 단체의 형태로 행하는 것이지만 노동조합의 구성원 각자가 할 수 없는 것을 단체의 힘으로 행한다는 점에서 노동조합과 일반결사는 구별된다.

2) 단체교섭권

단체교섭권이란 근로조건의 향상(유지 또는 개선)을 위하여 근로자의 단체가 단결체의 이름으로 사용자(단체)와 자주적으로 교섭할 수 있는 권리를 말한다. 다시 말하면 경제적 약자인 근로자가 1대 1로 고용주와 교섭해서는 항상 불리한 근로조건에 굴복하게 되므로 단체(노동조합)를 배경으로 하여 단체의 대표자가 고용주와 교섭할 수 있는 권리이다.

3) 단체행동권

단체행동권이란 투쟁권으로서 노동쟁의가 발생한 경우에 쟁의행위를 할 수 있는 권리를 말한다. 노동쟁의란 「노동조합과 사용자 또는 사용자단체간 임금·근로시간·복지·해고 기타 대우 등 근로조건의 결정에 관한 주장의 불일치로 인하여 발생한 분쟁상태」를 말하고, 쟁의행위란 「파업·태업·직장폐쇄 기타 노동관계 당사자가 그 주장을 관철할 목적으로 행하는 행위와 이에 대항하는 행위로서 업무의 정상적인 운영을 저해하는 행위」를 말한다(노동조합및노동관계조정법 제2조). 이 단체행동권은 단체적 투쟁에 있어서 가장 본질적인 권리라고 말할 수 있다.

6. 환경권

(1) 연혁과 의의

헌법 제35조는 환경권을 보장함과 동시에 국가와 국민의 환경보전의무를 규정하고 있다. 20세기 후반에 이르러 대량생산·대량소비에서 야기되는 공해문제가 심각하게 대두되었다. 이러한 상황에서 환경권이 헌법상 생존권의 하나로서 규정하게 된 것은 우리 나라가 선구적이라 할 수 있다(제8차 개헌에 신설). 이에 관련된 법률로는 환경정책기본법, 대기환경보전법, 수질환경보전법, 소음·진동규제법, 유해화학물질관리법, 환경오염피해분쟁조정법 등이 있다. 또한 외국의 예는 환경권의 권리장전이라 할 수 있는 1969년 미국의 국가환경정책법을 비롯하여 1972년 독일기본법의 개정, 일본의 공해대책기본법과 자연환경보전법 등이 있다. 그리고 환경보호를 위한 국제적 노력으로는 1972년 스웨덴의 스톡홀롬에서 개최된 UN인간환경회의에서 유엔상설기구로 유엔환경계획(UNEP)을 설치하고, 1992년 브라질의 리우데자네이루에서 개최된 UN환경개발회의(UNCED)에서 리우선언과 국제환경법제의 기본원칙인 의제 21(Agenda 21)이 채택된 바 있다.

환경권은 오염되거나 불결한 환경으로부터 건강을 훼손당하지 아니할 권리와 더불어 깨끗한 환경에서 건강하고 쾌적한 생활을 누릴 수 있는 권리를 말한다(넓은 의미). 즉, 인간다운 환경 속에서 생존할 수 있는 권리를 말한다.

(2) 환경권의 내용

환경권의 구체적인 내용으로는 국가의 환경침해에 대한 방어권, 공해배제청구권, 생활환경조성청구권, 환경보전을 위한 국가와 국민의 의무 등이 있다.

7. 혼인·가족·모성·보건에 관한 권리

헌법 제36조는 혼인제도와 가족제도의 보장, 모성의 보호, 보건에 관한 권리 등을 규정하고 있다. 혼인제도와 가족제도의 보장에 대해서는 1919년 바이마르헌법에서 비로소 입법화된 현대적 생존권의 하나이다. 우리나라는 이에 대해서 건국헌법에서 규정되었던 것을 제3공화국 헌법에서 삭제하였고, 제5공화국헌법은 이를 다시 부활하였고,

현행헌법은 모성보호와 국가의무를 추가하였다.

V. 청구권적 기본권

1. 청구권적 기본권의 의의

청구권적 기본권이라 함은 국가에 대하여 일정한 행위를 적극적으로 청구할 수 있는 국민의 주관적 공권을 말하는데, 수익권, 권리보호청구권, 수익권적 기본권, 구제권적 기본권, 기본권보장을 위한 기본권 등으로 불리어지고 있다. 헌법에 규정된 손실보상청구권(제23조 3항), 청원권(제26조), 재판청구권(제27조), 형사보상청구권(제28조), 국가배상청구권(제29조)과, 범죄피해자구조청구권(제30조) 등이 이에 해당한다. Jellinek는 기본권을 자유권·참정권·수익권으로 나누는데, 청구권적 기본권은 전체 수익권 중 오늘날의 생존권적 기본권에 해당하는 것을 제외한 나머지의 것을 의미한다.

2. 청원권

(1) 연혁

헌법 제26조는 국민의 청원권을 규정하고 있으며, 헌법 제89조 제15호에서는 「정부에 제출 또는 회부된 정부의 정책에 관계되는 청원의 심사」는 반드시 국무회의의 심의를 거쳐야 한다」고 규정하고 있다. 일반법으로는 청원법에, 특별법으로는 국회법과 지방자치법에 청원에 관한 규정이 있다. 청원에 관한 최초규정은 영국의 1215년 Magna Carta(제61조)이고 국민의 권리로서 명문화한 문헌은 1628년의 권리청원과 1689년의 권리장전이다. 그 후 청원권은 미연방헌법, 스위스헌법, 바이마르헌법 등에 규정되었다.

(2) 의의

헌법상 보장된 청원권이란 공권력과의 관계에서 일어나는 여러 가지 이해관계, 의견, 희망 등에 관하여 적법한 청원을 한 모든 국민에게 국가기관이 청원을 수리할 뿐만 아니라 이를 심사하여 청원자에게 그 처리결과를 통지할 것을 요구할 수 있는 권리를 말한다(현재 1997.7.16. 93헌마239 결정).

오늘날 사법제도의 확립·의회제도의 발달·언론자유의 보장 등으로 청원권의 고전적인 효용은 소멸되어가고 있음을 부인할 수 없으나 아직도 국정에 대한 국민의 희망을 개진하는 수단으로서 그 중요성은 있다.

3. 재판청구권

(1) 연혁과 의의

재판을 받을 권리는 1215년 영국의 Magna Carta(배심제도) 이후 권리청원 등에서 그 始源을 찾아 볼 수 있지만, 헌법적 차원에서 이를 성문화한 것은 1791년 프랑스헌법이며 이후 미연방헌법(수정 제6조) 등 각국헌법에서 예외없이 채택하고 있다.

현행헌법 제27조는 재판청구권을 규정하고 있으며, 이 밖에도 제13조(형벌불소급의 원칙, 이중처벌의 금지, 소급입법의 금지), 제12조(불리한 진술의 강요금지 ; 변호인의 조력을 받을 권리 등) 등도 재판을 받을 권리와 깊은 관련성을 가지고 있다. 또한 사법권에 관한 법원, 위헌법률심판권·헌법소원 등에 관한 헌법재판소의 규정들은 재판청구권의 보장을 위한 전제가 되고 있다.

재판청구권이란 국민이 헌법과 법률에 정한 법관에 의하여 법률에 의한 재판을 국가에 청구하는 권리를 말한다. 즉, 독립된 법원에 의하여 정당한 재판을 받을 권리를 의미한다. 국민의 자유와 권리가 확실히 보장되도록 하기 위해서는 기본권이 침해되었을 때 사후 구제절차가 완비되어야 한다. 다시 말하면 기본권은 헌법에 선언된 실체적 보장과 더불어 절차적 보장이 이루어져야 한다. 따라서 재판청구권은 모든 국민에게 기본권 침해에 대한 사후 구제절차를 보장하는 하나의 수단으로서 국민의 자유와 권리를 보장하고 있다.

(2) 재판청구권의 내용

재판청구권은 국민이 헌법과 법률에 정한 법관에 의하여 법률에 의한 재판을 국가에 청구하는 권리이며(적극적인 면), 헌법과 법률에 정한 법관이 아닌 자의 재판 및 법률에 의하지 아니한 재판을 받지 아니할 권리(소극적 면)를 포함한다.

4. 형사보상청구권

(1) 연 혁

헌법 제28조는 형사보상청구권을 규정하고 있다. 또한 제4공화국헌법과는 달리 정당한 보상을 강조하고 있으며 제5공화국헌법과 달리 형사피의자에 대하여도 형사보상청구권을 보장하고 있다. 이에 관한 법률로는 형사보상법이 있다. 형사보상청구권에 대한 규정은 1848년 독일 Frankfurt헌법이 효시를 이루고 있다.

(2) 의 의

형사보상청구권이라 함은 형사피의자 또는 형사피고인으로 구금되었던 자가 불기소처분을 받거나 확정판결에 의한 무죄판결을 받은 경우에 그가 입은 정신적·물질적 손실의 보전을 국가에 대하여 청구할 수 있는 권리를 의미한다.

5. 국가배상청구권

(1) 연 혁

헌법 제29조는 국가배상청구권을 규정하고, 특정한 손해에 관하여 法定報償만을 인정하고 있다. 국가배상에 관한 법률로는 국가배상법이 있다.

영·미법계에서는 원래 공무원 개인의 책임만을 인정하고 국가는 책임을 지지 않는 것이 원칙이었다. 그러나 1940년대에 와서 공무원이 無資力의 경우 구제가 불가능하게 되자, 미국에서는 1946년 연방불법행위배상청구권법을 제정하였고, 영국에서는 1947년 국왕소추법을 제정함으로써 비로소 국가배상책임을 인정하게 되었다. 독·불법계에서는 1873년 프랑스 국참사원(Conseil d'Etat)의 Blanco판결을 통하여 판례중심으로 발전되어 왔고, 이후 1919년 독일 바이마르헌법이 제일먼저 국가배상책임을 인정하였다. 우리 나라는 건국헌법이래 계속 국가배상책임제도를 헌법에서 규정하고 있다.

(2) 의 의

국가배상청구권이란 국민이 공무원의 직무상 불법행위로 손해를 입은 경우에 그 손해를 국가나 공공단체가 배상해 주도록 청구할 수 있는 권리를 말한다. 국가배상청구권은 공무원의 국민에 대한 책임과 법치국가의 실현에 중요한 기본권이다. 이러한 권리는 정의·공평의 이념에 따라 국가에게도 불법행위의 책임을 지우는 것이며, 공무원 개인의 책임만으로는 충분한 손해배상을 기대하기 어렵기 때문에 인정되는 것이다. 그런데 현행 국가배상법은 헌법이 명시한「공무원 직무상 불법행위로 인한 국가배상」외에 일종의 무과실책임인 영조물의 설치·관리상의 하자로 인한 국가배상」도 규정하고 있다(동법 제5조).

6. 범죄피해자구조청구권

(1) 연 혁

범죄피해자구조청구권을 헌법에 명문으로 규정한 나라는 없는데, 우리나라가 최초로 제6공화국헌법에 반영하였다. 헌법 제30조는 범죄피해자구조청구권을 신설하였으며, 이 규정에 따라 범죄피해자구조법이 제정되었다.

범죄피해자에 대한 구조제도는 B.C 2250년경의 함무라비법전에도 규정된 바 있지만, 근년에 와서는 멕시코(1929)와 쿠바(1936)에서 범죄피해자보상제도가 입법화된 바 있다. 1960년대 이후에는 뉴질랜드, 영국, 미국, 오스트레일리아, 캐나다, 스위스, 독일 등에서 범죄피해자구조를 법제화하였으며, 일본도 1980년에 범죄피해자등급부금지급법을 제정하였다.

(2) 의 의

범죄피해자구조청구권이란 본인의 귀책사유가 없는 타인의 범죄행위로 인하여 생명·신체에 피해를 입은 국민이 국가에 대하여 유족구조 또는 장해구조를 청구할 수 있는 권리를 의미한다.

Ⅵ. 정치적 기본권(참정권)

1. 정치적 기본권의 의의

좁은 의미의 정치적 기본권은 전통적 의미의 참정권을 말하는 것으로서 국민이 국가기관의 구성과 국가의 정치적 의사형성 과정에 직접 또는 간접으로 참여할 수 있는 권리를 말하지만, 넓은 의미의 정치적 기본권은 참정권 뿐만 아니라 국민이 정치적 의견을 자유로이 표명하거나(정치적 자유) 그 밖의 방법으로 국가의사형성에 협력하는 일련의 정치적 활동권을 총칭한다.

2. 참정권

(1) 의 의

참정권이라 함은 피치자인 국민이 치자의 입장에서 주권자로서 국정에 참여할 수 있는 기본권, 즉 국민이 국가기관의 구성원으로서 국가의 공무에 참여할 수 있는 권리를 말한다. 참정권은 민주정치에 있어서 필수불가결한 권리이므로 민주적 · 정치적 권리이며 개별적인 국민의 능동적 공권이라고 할 수 있다.

(2) 참정권의 내용

1) 간접참정권

국민이 국가기관의 구성에 참여하거나, 국가기관의 구성원으로 선임될 수 있는 권리를 간접참정권(선거권, 공무담임권)이라 한다.

2) 직접참정권

직접참정권이라 함은 국민이 국가의 의사형성에 직접 참여할 수 있는 권리로 간접민주제의 단점을 보완하는 기능을 한다. 이에는 국민표결제(국민투표제) · 국민발안제 · 국민소환제 · 일반적 신임투표제 등이 있는데, 우리 나라에서는 국민표결의 일종인 국민투표제만이 인정되고 있다(헌법 제72조 및 제130조).

Ⅶ. 국민의 기본의무

국민은 헌법상 「주권자로서의 국민」·「주권행사기관(국가기관)으로서의 국민」·「기본권주체로서의 국민」·「통치권대상으로서의 국민(의무주체로서의 국민)」의 지위를 가지는데, 이 중 통치대상으로서의 국민은 국가의 통제에 복종하는 국가의 합법적 명령 강제에 복종하여야 할 의무를 지는데, 이를 국민의 공의무 또는 헌법상 의무라 한다. 따라서 국민의 기본의무란 국민이 통치대상자로서의 지위에서 부담하는 기본적 의무를 말한다.

우리 헌법은 납세의 의무(제38조), 국방의 의무(제39조), 교육을 받게 할 의무(제31조 2항), 근로의 의무(제32조 2항) 등의 4대 의무와 재산권행사의 공공복리적합의무(제23조 2항), 환경보전의 의무(제35조) 등을 규정하고 있다. 고전적 의무에는 국가질서의 유지를 목적으로 한 납세의 의무와 국방의 의무가 있다. 현대적 의무에는 교육의 의무, 환경보전의 의무, 근로의 의무, 재산권행사의 공공복리적합의무 등이 있다.

Section

3   통치구조론

Ⅰ. 통치구조의 조직원리

오늘날 민주주의국가에서는 의회민주주의의 형태를 띠는 것이 일반적이다. 의회제민주주의의 형태에 있어서 통치구조의 조직원리는 국민주권주의, 국민대표주의(대의제), 권력분립주의, 법치주의 등을 들 수 있다.

1. 국민주권주의

국민주권주의라 함은 국가의사를 최종적·전반적으로 결정할 수 있는 최고권력자가 국민이라고 하는 주권재민의 원리를 의미한다. 현행헌법은 대표제와 국민투표제에 의하여 국민주권주의를 구현하는 방식을 규정하고 있다. 국민주권주의는 현행헌법에서 최고의 헌법원리인 동시에 통치구조의 기본적인 조직원리를 의미하므로 국가기관의 구성과 국가권력의 행사는 항상 국민주권주의에 일치해야 한다.

2. 국민대표주의(대의제)

주권자인 국민이 주권을 직접 행사하는 직접민주정치제도가 가장 이상적인 제도라 하겠으나 이는 현대국가에서 도저히 채택할 수 없는 제도로 되고 말았다. 직접민주제를 이상으로 하면서도 Rousseau는 대표민주제를 인정하지 않을 수 없었다. 국민대표주의(대표민주제)란 주권자인 국민이 직접 국가의사를 결정하지 아니하고 그들의 대표를 선출하고, 선출된 대표자로 하여금 국민을 대신하여 국가의사를 결정하게 하는 원리를 의미한다. 이 국민대표제는 대의제, 대표민주제, 간접민주제, 의회민주제, 대의민주제라고도 한다. 또한 이 제도는 1791년 프랑스헌법을 시발로 하여 영·미·일 및 독일기본법 등에서 채택되고 있다.

3. 권력분립주의

권력분립주의란 국가권력을 행정·입법·사법으로 분리하고 그 각각을 독립된 기관에 분립시킴으로서 기관상호간의 견제·균형을 유지하도록 하여 국가권력의 집중과 남용을 방지하고 국민의 자유와 권리를 보장하기 위한 자유민주적 통치구조의 조직원리를 말한다.

권력분립론은 고대 플라톤, 아리스토텔레스 등이 국가철학에서 주장한 국가권력제한론에 기원한다고 보고 있으나, 근대적 의미의 권력분립이론은 로크(2권분립)와 몽테스키외(3권분립)에 의하여 이론적으로 체계화되었다.

4. 법치주의

법치주의란 국가가 국민의 자유와 권리를 제한하거나 국민에게 새로운 의무를 부과할 때는 반드시 의회가 제정한 법률에 의하거나, 그에 근거가 있어야 한다는 원리를 말한다. 법치주의는 「인의 지배」가 아닌 「법의 지배」를 의미한다. 이러한 법치주의는 법률의 우위, 행정의 합법률성, 법률에 의한 재판으로 구현된다.

Ⅱ. 대한민국의 정부형태

1. 정부형태의 개념과 종류

넓은 의미에서 정부형태라 함은 권력구조에 있어서 권력분립의 원리가 어떻게 반영되어 있느냐 하는 권력분립의 구조적 실현형태를 말하며, 좁은 의미의 정부형태라 함은 입법부와 집행부의 관계를 말하며, 가장 좁은 의미로는 집행부의 구조와 기능, 권한행사방식을 의미한다. 이하에서는 넓은 의미의 정부형태를 중심으로 대통령제, 의원내각제, 이원정부제에 관하여 살펴본다.

(1) 대통령제

대통령제는 고전적인 권력분립의 원칙에 따라 의회와 정부의 상호 독립 및 양자간의 견제를 통한 균형유지를 조직원리로 하고 있다.

정부와 의회는 그 성립·조직·지위 및 존속에 있어서 상호 독립적이므로 대통령의 의회해산권도 의회의 대통령불신임권도 인정되지 아니한다. 또 의회위원과 정부공무원의 겸임도 인정되지 아니하며, 원칙적으로 정부의 법률안제출권도 인정되지 아니한다.

의회와 정부는 상호견제와 균형을 이루고 있어 대통령은 법률안거부권을 가지는 반면에, 의회는 조약비준과 고급공무원임명에 대한 동의권을 가진다.

대통령은 행정부수반인 동시에 국가원수의 지위를 가진다.

이러한 이론상의 대통령제도 현실적으로는 정당정치가 강화되어 이른바 정당국가화되면서 의원내각제적 요소가 많이 가미되어 있는 현실이다.

(2) 의원내각제

의원내각제는 권력조화론에 따라 입법부와 행정부가 상호 조화를 이루고 있는 정부형태이다. 예컨대 정부와 의회는 상호의존적이어서, 의회는 정부에 대한 불신임결의권을 갖고 정부는 의회해산권을 가지며, 의회의 다수당에 의하여 내각이 구성되므로 정부각료는 의회의원이어야 하고 따라서 각료는 의회에 출석하여 발언할 수 있고, 정부의 법률안제출권도 당연히 인정된다.

의원내각제를 기본적으로 유지하면서 정치적 안정을 제도화한 독일의 경우 수상은 대통령의 제청으로 의회의 토론 없이 선출되고, 수상은 통치방침 전반을 결정하고 의회에 대하여 책임을 지며, 각료임명제청권도 가진다. 또 수상에 대한 불신임권행사는 연방의회가 재적의원 과반수로 후임자를 선출한 후에야 비로소 대통령에게 현직 수상의 해임을 건의할 수 있도록 하는 건설적 불신임제도를 도입함으로써 정국안정을 도모하고 있다.

(3) 혼합정부형태(이원정부제)

의원내각제의 실패를 계속 맛 본 프랑스는 강력한 대통령중심제에서의 집행부의 권력강화를 유지하면서 동시에 의원내각제적 요소를 가미한 정부형태를 채택하고 있는바, 이를 혼합정부형태 또는 이원정부제라 한다.

혼합정부형태에서의 대통령은 상징적인 국가원수가 아니라 수상을 임명하고 법률안거부권을 가지며, 중요한 국가정책을 실질적으로 결정하는 지위에 있으면서도 내각은 의회에 의하여 구성되고 행정권만을 담당하는 지위에 있다. 결과적으로 대통령은 내각은 물론 의회에 대하여도 우월한 위치를 점하게 된다. 이원정부제는 평상시에는 의원내각제로 운영될 수 있기 때문에 입법부와 행정부의 대립에서 오는 마찰을 피할 수 있는 장점이 있으나, 대통령이 위기를 빙자하여 비상권한을 행사하는 경우 독재화될 우려가 많은 단점이 있다.

학자에 따라서는 이 제도를 제한적 의원내각제 혹은 반대통령제라고도 한다.

그밖의 정부형태로는 다른 모든 국가기관에 비하여 의회의 기능과 권한이 월등한 스위스의 의회정부제(회의제), 입법기관인 동시에 집행기관인 인민대표대회제도를 가지고 있는 중국의 인민회의제 등이 있다.

2. 대한민국의 정부형태

(1) 역대헌법상의 정부형태

우리나라의 정부형태는 건국헌법 이후 많은 변천을 거듭하여 왔다. 1948년의 건국헌법은 당시의 대립된 정치세력간의 정치적 타협으로 대통령제와 의원내각제가 가미된 정부형태를 택하였으나, 1960년 헌법의 정부형태는 고전적 의원내각제를 택하였고, 5·

16군사정권은 국가재건 최고회의에 모든 권한을 집중시키는 의회정부제를 택하였다. 1962년헌법은 정당국가적 요소와 의원내각제적 요소가 가미된 변형된 대통령제를 택하였고, 1972년의 이른바 유신헌법은 대통령의 권한을 대폭 강화한 영도적 대통령제(신대통령제)를, 그리고 1980년 헌법은 실질적으로는 대통령이 행정권과 정당을 장악한 강력한 권위주의적 대통령제에 가까운 형태를 택하였다.

(2) 현행 헌법의 정부형태

6 · 29이후 헌정사상 초유의 여야합의에 의해 이루어진 현행헌법(1987년)은 대통령제를 기본으로 하면서 의원내각제적 요소를 가미한 혼합형(절충형)정부형태를 취하고 있다.

대통령은 국가원수인 동시에 집행부수반의 지위와 권한을 가지고 있으며(제66조), 대통령은 국민이 직접 선출하고(제67조), 임기동안 탄핵소추의 경우를 제외하고는 국회에 대하여 정치적 책임을지지 아니하며, 국회해산권이 없고, 법률안거부권을 가진다는 점에서는 미국식 태통령제와 흡사하다.

그러나 외형상 의원내각제의 내각과 유사한 국무회의를 설치하여 집행부의 권한에 속하는 중요정책을 심의하고(제88조) 부서하게 하고 있고(제82조), 국무총리는 행정각부를 통할하며(제86조), 정부도 법률안제출권을 가진다(제52조)는 점에서 의원내각제적 요소가 강하다.

Ⅲ. 국회의 조직과 권한

역사적으로 볼 때 의회(국회)는 국민의 대표기관으로서의 기능이 우선이었으나, 현대에는 집행부에 대한 감시기능이 중요한 의의를 가지고 있다.

우리나라는 신속한 국정처리를 위하여 단원제를 택하고 있으며, 국회의원200인 이상으로 구성된다. 현재 공직선거 및 선거부정방지법에 따르면 1선거구1대표제의 원칙에 따라 253개 선거구에서 1명씩 선출되며, 전국구출신의원은 46명으로서 비례대표제에 의하여 선출된다. 그 결과 의원정수는 현재 299명이다. 한편 의원의 임기는 4년이다.

국회는 입법권을 행사하고(제40조),18) 헌법개정안을 심의 · 의결하며(제128조), 조약의 체결과 비준에 대한 동의권을 행사한다(제60조). 그밖에 예산심의·확정권을 가지며(제54조), 국무총리임명에 대한 동의권, 중요공무원에 대한 탄핵소추의결권(제65조)과 국무총리, 국무위원에 대한 해임건의권(제63조), 국정감사와 국정조사권을 가진다(제62조).

Ⅳ. 정부의 조직과 권한

1. 대통령

대통령은 행정부수반인 동시에 국가를 대표하며(제66조), 임기는 5년이나 중임할 수 없다(제70조). 대통령은 취임 시에 '헌법을 준수하고 국가를 보위하며 조국의 평화적 통일과 국민의 자유와 복리의 증진 및 민족문화의 창달에 노력할 것'을 선서하는 바, 이것이 대통령의 헌법상 의무라고 할 수 있다.

대통령은 조약을 체결·비준하고 외교사절을 신임·접수 또는 파견하며 선전포고와 강화를 한다(제73조). 또 국군통수권을 가지며(제74조), 비상시에 계엄권(제77조)과 긴급재정경제처분·명령권을 가진다(제76조).

대통령은 내란 또는 외환의 죄를 제외하고는 재직 중 형사소추를 받지 아니하며(제84조), 퇴임 시에는 전직대통령에 대한 신분과 예우가 보장된다(제85조). 대통령자문기관으로서 국가원로자문회의(제90조)와 국가안전보장회의(제91조), 민주평화통일자문회의(제92조), 국민경제자문회의(제93조)가 있다.

2. 행정부

행정부는 대통령을 수반으로 하여 국무총리와 국무위원으로 구성된다. 국무위원은 정부의 권한에 속하는 중요한 사항을 심의하며(제89조), 국무총리는 국무위원과 행정각

18| 법률안은 정부와 국회의원이 제출할 수 있으며(제52조), 제출된 법률안은 소관상임위원회에서 심사하고, 법률안이 본회의에서 의결되면 정부에 이송된다. 대통령은 법률안에 이의가 있으면 15일 이내에 거부권을 행사할 수 있으며(제53조), 거부된 법률안은 국회에서 재적의원 2/3의 찬성으로 재의결하면 법률로서 확정된다. 대통령은 법률안이 정부에 이송된 날로부터 15일 이내에 공포하여야 하며, 법률은 특별한 규정이 없으면 공포한 날로부터 20일이 지나면 효력을 발생한다.

부의 장에 대한 임명제청권과 해임건의권(제87조), 행정각부통할권(제86조), 국회출석발언권, 총리령제정권 등을 가진다.

감사원은 세임·세출을 매년 검사하여 대통령과 국회에 결과보고를 하여야 하며(제99조), 행정각부의 장은 소관사무에 관하여 법률이나 대통령의 위임 또는 직권으로 부령을 발할 수 있다(제95조).

3. 중앙선거관리위원회

(1) 조 직

중앙선거관리위원는 대통령이 임명하는 3인, 국회에서 선출하는 3인, 대법원장이 지명하는 3인 등 9인의 위원으로 구성하되, 위원장은 대통령의 정치적 영향력을 배제하기 위하여 위원 중에서 호선한다(제114조 2항). 중앙선거관리위원회의 위원을 비롯한 각급 위원의 임기는 6년이다(제114조 3항, 선거관리위원회법 제8조). 연임에 대한 제한은 없다. 위원은 정당에 가입하거나 정치에 관여할 수 없으며 정치적 중립성을 지켜야 한다(제114조 4항). 위원은 탄핵 또는 금고 이상의 형의 선고에 의하지 아니하고는 파면되지 않는다(제114조 5항). 그리고 중앙선거관리위원회 밑에 있는 각급 선거관리위원회의 조직·직무범위 기타 필요한 사항은 법률로 정한다(제114조 7항).

(2) 운 영

각급선거관리위원회는 의원과반수의 출석으로 개의하고, 출석위원 과반수의 찬성으로 의결한다. 위원장은 표결권을 가지며, 가부동수인 때에는 결정권을 가진다(선거관리위원회법 제10조).

(3) 권한과 의무

중앙선거관리위원회는 선거운동을 관리하고, 투표 및 개표, 당선자의 확정 등의 선거관리사무와 국민투표사무를 담당한다. 또한 정당사무관리권, 규칙제정권, 선거계몽의 의무 등이 있다.

V. 법원의 조직과 권한

법관으로 구성된 사법기관인 법원은 헌법재판소와 더불어 사법부를 구성하며, 대법원과 고등법원, 특허법원, 지방법원, 가정법원, 행정법원으로 조직되어 있다(특허법원과 행정법원은 1998. 3.1.부터 설치되었다). 소송절차에 따라 사법권을 행사함을 의미하는 실질적 의미의 사법권은 헌법에 다른 규정이 없는 한 원칙적으로 법원이 행사한다.

대법원은 최고법원으로서 위헌·위법명령심사권을 행사함으로서 행정부의 불법적인 행정을 시정하는 동시에 헌법수호자로서의 지위를 가지며, 국민의 기본권이 침해되었을 경우, 법원은 국민의 권익을 보호하는 역할을 한다.

대법원은 대법원장(임기 6년) 1명과 대법관(임기 6년) 13명으로 구성되며, 대법관 2/3이상으로 구성되는 전원합의체와 대법관 4인으로 구성되는 부를 두는 외에 재판사무의 전담성과 효율성을 높이기 위하여 행정·조세·노동·군사·특허 등의 전담부를 둘 수 있다. 판사와 예비판사, 사법연수생의 수습에 관한 사무를 관장하기 위하여 사법연수원을 둔다.

고등법원은 지방법원합의부와 가정법원합의부, 행정법원의 제1심판결에 대한 항소사건을 주로 다루며, 특허법원은 특허법, 실용신안법, 의장법, 상표법이 정하는 제1심사건을 다룬다.

합의부와 단독부로 구성되는 지방법원은 사무의 편리와 주민의 편의를 위하여 지원과 시·군법원, 소년부지원 등을 둘 수 있다.

가정법원은 가사문제를 전담하며, 가정법원지원을 둘 수 있고 행정법원(서울)은 행정소송법에서 정한 행정사건과 다른 법률에 의하여 행정법원의 권한에 속하는 사건을 제1심으로 심판한다.

법관을 신규임용하는 경우 2년동안 예비판사로 근무하게 한 후 그 근무성적에 따라 판사로 임용하게 된다.

각급법원의 판사임기는 10년이나 연임할 수 있고, 대법원장의 정년은70세, 대법관은 65세, 법관의 정년은 63세이다.

Ⅵ. 헌법재판소의 조직과 권한

1. 헌법재판의 의의

헌법재판(憲法裁判)을 좁은 의미로 말할 때는 사법적 기관이 법률의 위헌여부를 심사하고, 그 법률이 헌법에 위반되는 것으로 판단되는 경우에 그 효력을 상실하게 하든가 그 적용을 거부하는 경우를 말하며, 넓은 의미에서의 헌법재판이란 헌법에 관한 쟁의나 의문을 사법적 절차에 따라 해결하는 것으로서 위헌법률심판뿐만 아니라 정당해산심판, 탄핵심판, 권한쟁의심판, 헌법소원심판, 선거소송심판 등을 모두 포함하는 것을 말한다. 현행헌법은 광의의 헌법재판을 헌법재판소의 권한(선거소송 제외)으로 규정하고 있다(제111조).

2. 헌법재판소의 구성

헌법재판소(憲法裁判所)는 9명의 재판관으로 구성되는데, 3명은 국회에서 선출하는 자를, 3명은 대법원이 지명하는 자를, 나머지 3명은 대통령이 임명한다. 헌법재판소의 장과 재판관의 임기는 6년이나 연임할 수 있고, 소장의 정년은 70세, 재판관은 65세이며, 그밖의 신분보장은 대법관의 예에 준한다. 헌법재판소는 재판관전원으로 구성되는 재판관회의를 두며, 보조기관으로서 행정사무를 처리하기 위하여 사무처를 둔다.

3. 헌법재판소의 권한

(1) 위헌법률심판권

위헌법률심판(違憲法律審判)이라 함은 국회가 제정한 법률이 헌법에 적합한가의 여부를 심사하는 것을 말한다. 헌법재판소는 법률이 헌법에 위반되는가의 여부가 재판의 전제가 된 경우에 법원의 제청에 따라 심판한다. 이를 구체적 규범통제라 한다.

위헌법률심사결과 헌법재판소는 합헌 또는 위헌결정을 할 수 있는바, 합헌결정에도 단순합헌결정과 위헌불선언결정이 있고, 위헌결정에는 단순위헌결정과 일부위헌결정이 있으며, 그밖에 헌법불합치결정, 입법촉구결정, 한정합헌결정, 한정위헌결정 등의 변형결정이 있다. 그리고 법률의 위헌결정을 하려면 재판관 7인 이상 출석에 6명 이상의 찬

성이 있어야 한다.[19]

(2) 탄핵심판권

대통령·국무총리·국무위원·행정 각부의 장·헌법재판소 재판관·법관·중앙선거
관리위원회 위원·감사원장·감사위원 기타 법률이 정한 공무원이 그 직무집행에 있어
서 헌법이나 법률을 위배한 경우, 국회는 탄핵소추를 의결할 수 있고(제65조), 그 의결이
있는 경우 헌법재판소는 탄핵심판권을 행사한다.

국회에서 탄핵소추의결을 받은 공무원은 헌법재판소의 심판이 있을 때까지 권한행사
가 정지된다.

(3) 정당해산심판권

정당의 목적이나 활동이 헌법의 민주적 기본질서에 위배되는 경우 정부는 국무회의
의 심의를 거쳐 헌법재판소에 정당해산심판을 청구하여야 한다. 정당에 대한 해산결정
이 내려지면, 정당은 해산되고 대체정당의 구성이 금지되며, 해산된 정당의 당원은 당
원으로서의 지위를 잃을 뿐만 아니라 정당의 잔여재산은 국고에 귀속된다.

(4) 권한쟁의심판권

국가기관 상호간, 국가기관과 지방자치단체 및 자방자치단체 상호간의 권한쟁의가
있는 경우 헌법재판소는 기관간 권한쟁의심판권을 가진다. 권한쟁의심판은 그 사유가
있음을 안 날로부터 60일 이내, 그 사유가 있는 날로부터 180일 이내에 청구하여야 한
다. 권한쟁의심판은 재판관 7인 이상이 참석하여 참석재판관 중 과반수의 찬성으로 결
정한다.

19| 기타 탄핵결정, 정당해산결정, 헌법소원의 인용결정을 할 경우에도 재판관 6인 이상의 찬성이 있
어야 한다.

(5) 헌법소원심판권

헌법소원(憲法訴願)이라 함은 헌법에 위반되는 공권력의 행사 또는 불행사로 인하여 헌법상 보장된 기본권이 직접 그리고 현실적으로 침해당한 자가 헌법재판기관에 당해 공권력의 위헌여부의 심사를 청구하여 기본권을 구제 받는 제도를 말한다.

헌법재판소법은 헌법소원을 권리구제형 헌법소원(동법 제68조 제1항)과 위헌심사형 헌법소원(동법 제68조 제2항)으로 나누어 규정하고 있다. 권리구제형 헌법소원이란 공권력의 행사 또는 불행사로 말미암아 헌법상 보장된 기본권을 침해당한 자가 청구하는 헌법소원을 말한다. 이에 반하여 위헌심사형 헌법소원이란 법원에 대한 위헌법률심판제청신청이 법원에 의하여 기각된 경우에 제청신청을 한 당사자가 청구하는 헌법소원을 말한다.

Chapter

02 행정법

1 총 설

I. 행정법의 개념

행정법이란 행정권의 조직과 작용에 관한 공법을 말한다. 다시 말해 국가기관의 조직 및 국가기관 상호간의 관계 및 국가기관과 국민과의 관계를 규율하는 법 중에서 헌법을 제외한 공법의 전부를 행정법이라 한다.

행정·입법·사법의 구분은 권력분립을 기초로 한 근대국가가 성립하면서 시작되었다. 이러한 권력분립론에 바탕을 둔 법학적 측면에서의 행정개념은 형식적 의미와 실질적 의미로 나누어 볼 수 있다. 형식적 의미의 행정이란 행정부에 속하는 기관에 의하여 행하여지는 작용을 말하나, 실질적 의미의 행정이란 사법을 제외하고 국가나 공공단체가 국가목적을 구체적으로 실현하기 위한 모든 작용을 포함하는 것으로 행정법상의 행정은 실질적 의미의 행정을 전제로 한다.

헌법은 국가의 기본법으로 행정뿐만이 아니라 입법·사법에 관한 기본적 원칙까지도 포함하고 있지만, 특히 현대복지국가체제에서는 행정의 비중이 크고 행정에 의하여 헌법에 규정된 국가작용이 구체화된다고 볼 수 있기 때문에, 행정법은 일명 「구체화된 헌법」이라고도 할 수 있다.

행정법은 민법이나 형법처럼 통일된 법전이 없고, 여러 가지 행정법규의 「모자이크」식 집합으로 이루어져 있다. 그러나 행정법은 다른 법체계와 구별되는 공통적 지도원리를 바탕으로 한 통일적인 독자성과 고유성이 있다.

Ⅱ. 행정법의 특성

1. 형식상의 특수성

행정법은 그 형식상 ① 성문법주의를 원칙으로 성문화되어 있고,[20] ② 통일적 법전이 없이 개별법과 명령, 규칙 등 다른 법에 비하여 존재형식상 다양성(多樣性)[21]이 있고, ③ 그 양에 있어서도 월등한 다량성(多量性)을 지니고 있다.

2. 성질상의 특수성

행정법은 ① 획일성, ② 강행성, ③ 기술성,[22] ④ 명령성, ⑤ 단속법규성[23]이라는 특성이 있다. 즉 행정법은 일반적으로 여러 사람을 함께 규율하기 때문에 개개인의 의사를 고려하지 않고 공공의 견지에서 모든 국민을 평등하게 다루기 위한 획일성과 국민 개개인의 의사에 불구하고 행정기관이 일방적으로 규율하는 강행성이 있고, 전문성을 요구하는 기술성과 주로 국민에게 의무를 명하는 명령적 성질을 가진다.

---

[20] 성문성 : 행정법은 사적자치(私的自治)가 허용되지 않고 다수의 개인에 대하여 획일적이고 강행적인 규율을 원칙으로 하므로 개인에게 장래의 예측가능성을 보장하고 법률생활의 안정을 도모하기 위해서는 법규의 내용을 미리 명확하게 알 수 있도록 상세히 정해두어야 한다. 따라서 행정법은 성문법주의를 원칙으로 하고 있다.

[21] 형식의 다양성 : 행정법은 통일적 법전(統一的 法典)의 결여(缺如)로 인하여 다른 법에 비하여 형식이 다양하다. 법률에 의하여 행정이 이루어질 것을 원칙으로 하면서도 법률에 근거한 법규명령(法規命令), 특별권력관계 내부의 행정규칙(行政規則), 지방자치단체의 조례(條例)와 규칙(規則)이 중요한 역할을 한다.

[22] 기술성 : 행정법의 기술성이다. 행정법은 개인의 이익을 보장하는 만큼 개인의 이익과 공익간의 공정한 조절을 도모하는 합목적성과 합리성을 중심으로 하는 면에서 기술법이다.

[23] 단속법규성 : 사법상 강행규정은 대부분이 효력규정으로서 그에 위반하면 효력이 발생하지 않는 것이 일반적이지만, 행정법상 강행법규는 효력규정보다 오히려 단속규정(團束規定)이 많다고 할 수 있다. 따라서 행정법규에 위반되더라도 사법상의 계약의 효력에는 원칙적으로 영향이 없다.

3. 내용상의 특수성

행정법관계에서는 ① 행정주체의 우월성[24]이 인정되고, ② 공익우선의 원칙[25]이 지배한다. 행정주체의 우월성에 의하여 행정행위에는 공정력(公定力)[26]이 부여되고, 행정주체는 자력집행을 할 수 있다.[27]

행정법은 행정목적을 효율적으로 달성하기 위하여 개인의 이익보다는 공공의 이익에 더 가치를 두고 있다. 그렇다고 하여 사익(私益)을 무시·배제하는 것이 아니라 공익과 사익의 조화를 통하여 공익목적의 실현을 추구하는 것이다.

Ⅲ. 행정법의 기본원리

행정법의 내용과 그 역사적 발달과정은 나라에 따라 다르고 다양성과 다량성에 따라 수많은 법으로 구성되어 있지만, 각국의 행정법에는 공통적인 기본원리가 지배하고 있다. 우리나라 행정법의 기본원리로는 ① 실질적 법치주의, ② 민주행정주의, ③ 지방분권주의, ④ 복지행정주의 등을 들 수 있다.

---

[24] 행정주체의 우월성은 행정주체에 고유한 본연의 지위가 아니라, 행정목적의 실효성을 위하여 실정법이 행정주체에 대하여 부여하고 있는 것이다.

[25] 공익우선성 : 행정법은 행정목적을 효율적으로 달성하기 위하여 개인의 이익보다는 공공의 이익에 더 가치를 두고 있다. 그렇다고 하여 사익(私益)을 무시·배제하는 것이 아니라 공익과 사익의 조화를 통하여 공익목적의 실현을 추구하는 것이다.

[26] 행정행위의 공정력(公定力)이란 행정행위가 유효한 성립요건을 완전히 갖추지 못하여 하자가 있더라도 절대무효인 경우 말고는 권한 있는 기관(처분청·감독청·법원)에 의해 쟁송 또는 직권으로 취소될 때까지 그 행위는 적법의 추정을 받고 누구도 그 효력을 부인하지 못하게 하는 힘을 말하며, 이를 무하자 추정 또는 적법성 추정이라고도 한다.

[27] 자력집행(自力執行)이란 국가나 공공단체가 스스로의 기관에 의하여 의사를 강제하고 실현하는 것을 말한다. 사인(私人)과 사인 사이에서는 자력집행이나 자력구제가 원칙적으로 금지되고 국가기관의 힘을 빌려서만 그의 의사를 강제로 실현할 수 있다. 이에 반하여 국가나 공공단체와 사인 사이에서는 국가나 공공단체가 때로는 일방적으로 명령하고, 만일 상대방이 그에 복종하지 않을 때에는 법원의 힘을 빌리는 일 없이 스스로의 기관을 통해 의사를 강제하고 실현하는 경우가 있다. 예를 들면 국민이 세금을 자진납부하지 않으면 세무공무원이 압류·공매(公賣) 등의 절차를 통해 강제로 세금을 징수하거나, 무허가건축물을 인부를 고용하여 철거하는 행위 등이다. 국가나 공공단체의 자력집행에 대한 근거법으로는 국세징수법과 행정대집행법 등이 있다.

1. 실질적 법치주의

헌법의 기본권과 아울러 그밖에 행정조직 기타 필요한 사항을 국회의 입법사항으로 하여 법률에 의한 행정을 보장하고, 행정의 적법성과 타당성 및 국민의 권리보장을 위한 행정통제·행정구제수단을 규정함으로써 기본권을 보호하는 법률에 의한 행정인 실질적 법치국가주의를 확립하였다. 법치주의는 우리나라의 행정법을 지배하는 가장 중요한 기본원리의 하나이다.

2. 민주행정주의

우리나라 헌법은 주권이 국민에게 있고, 행정은 국민전체의 이익을 위하여 행하여진다. 이런 면에서 우리나라 행정 및 행정조직은 민주주의적 요소에 의해 지배되고 있다. 따라서 민주적 국가행정, 민주적 지방행정, 민주적 공무원제도에 의하여 민주행정을 보장하고 있다.

3. 민주적 지방행정(지방분권주의)

헌법이 지방자치제도를 규정하고 있다. 이는 지방의 이해에 관한 사무(지역살림)는 중앙집권적 국가행정조직으로부터 분리시켜, 지방자치단체가 그 지역주민의 자치의사에 따라 처리하도록 하여 지방행정의 민주화와 효율화를 보장하고 있다.

4. 복지행정주의

현대국가는 공공의 복리를 증진하기 위해 적극적인 행정활동을 하는 복지국가임을 그 기본원리로 한다. 국민의 행복추구권 보장, 환경권의 보장, 사회복지국가적 경제질서의 확보, 최저생활보장과 사회보장제도 등에서 복지행정주의를 구체화하고 있다.

Ⅳ. 법치행정의 원리

1. 의 의

법치행정의 원리는 헌법상 법치주의원리가 행정 영역에 적용된 것이다. 법치행정은 법률의 근거를 가지고 법률의 내용에 따라 행하여져야 하며 이에 위반하여 개인에게 피해가 발생한 경우 사법적 구제가 보장되어야 한다는 원리를 말한다.

2. 내 용

(1) 법률의 법규창조력

법률의 법규창조력이란 의회가 정립한 법률만이 국민에 대하여 구속력을 가지는 법규를 만들 수 있다는 것을 말한다. 다시 말해서, 입법권의 전속적 권한에 속하는 것은 행정권이 입법권에 의한 수권이 없이는 스스로 법규를 창조할 수 없는 것을 말한다.

(2) 법률우위의 원칙

법률우위의 원칙이란 행정주체의 행정작용은 법률에 위반되어서는 아니 될 뿐만 아니라, 행정작용에 의한 법의 변경을 인정하지 않는다는 뜻이다. 법률의 우위에서 법률에는 헌법, 법률, 법규명령, 행정법의 일반원칙 등이 포함된다. 이 법률우위의 원칙은 행정의 모든 영역에 적용된다.

(3) 법률유보의 원리

법률유보의 원칙이란 행정작용은 개별적인 법률의 근거를 두고서 이루어져야 한다는 원칙이다(적극적 의미의 법률적합성의 원칙이라고도 한다). 법률유보의 원칙에서 법률은 국회가 제정한 '형식적 의미의 법률'을 의미하나(불문법으로서의 관습법은 포함되지 않는다), 법률의 위임이 있는 경우에는 법규명령도 포함된다.

V. 행정법의 일반원칙

행정법의 일반원칙으로는 비례의 원칙, 평등의 원칙과 행정의 자기구속의 원칙, 신뢰보호의 원칙, 부당결부금지의 원칙 등이 있다.

1. 비례의 원칙(比例의 原則)

(1) 의의

비례의 원칙이란 행정주체가 행정목적을 실현함에 있어서 그 목적(공익)과 그러한 목적 실현을 위해 선택하는 수단으로 인해 제한되는 개인의 권리 사이에는 합리적인 비례관계가 존재하여야 한다는 것을 말한다.

(2) 내용

1) 적합성의 원칙(適合性의 原則)

적합성의 원칙이란 행정기관이 취하는 조치 또는 수단은 그 기관이 의도하는 목적을 달성하기에 적합해야 한다는 것을 의미한다.

2) 필요성의 원칙(必要性의 原則)

필요성의 원칙이란 목적달성을 위한 수단이 여러 가지 존재하는 경우 관계인에게 가장 적은 침해나 부담을 주는 수단을 선택해야 한다는 원칙이다. 최소침해의 원칙(最小侵害의 原則)이라고도 불린다.

3) 상당성의 원칙(相當性의 原則)

상당성의 원칙이란 어떠한 행정조치가 설정된 행정목적의 실현에 적합하고 필요한 경우라고 할지라도 그러한 행정조치를 취함으로써 초래되는 불이익이 그것에 의해 달성되는 이익보다 큰 경우에는 당해 행정조치를 취해서는 안된다는 것을 말한다.

2. 평등의 원칙

평등의 원칙은 행정작용에 있어서 합리적 사유가 존재하지 않는 한 모든 국민을 공평하게 처우해야 한다는 원칙이다. 헌법 제11조 제1항은 "모든 국민은 법앞에 평등하다"고 규정하여 이를 보장하고 있다. 평등의 원칙은 비례의 원칙과 함께 권력적·침익적 행정작용을 제한하고 재량권의 행사를 한계지우는 중요한 기능을 한다.

3. 신뢰보호의 원칙

(1) 의의

신뢰보호의 원칙이란 행정기관의 일정한 언동의 정당성 또는 존속성에 대한 개인의 보호가치 있는 신뢰는 보호해 주어야 한다는 원칙을 말한다. 사법에서 발달한 신의성실의 원칙에서 구하는 견해(신의칙설)와 헌법상의 법치국가원리는 내용의 하나인 법적 안정성에서 구하는 견해(법적 안정성설)가 있다. 후자가 다수설의 견해이다.

(2) 요건

① **행정청의 선행조치** : 행정청의 선행조치가 존재하여야 하는바, 법령·행정규칙·처분·확약·행정지도 기타 적극적 또는 소극적 언동 등이 여기에 해당한다. 선행조치가 명시적·묵시적 또는 적극적·소극적이든 불문한다.

② **보호가치 있는 상대방의 신뢰** : 행정청의 조치의 정당성 또는 존속성에 대한 관계자의 신뢰가 보호가치있는 것이어야 한다. 즉 행정청의 견해표명이 정당하다고 신뢰한 데에 대하여 그 개인에게 귀책사유가 없어야 한다.

③ **선행조치를 신뢰한 상대방의 조치** : 신뢰보호는 행정청의 조치를 신뢰하여 그 상대방이 일정한 조치를 한 경우에만 인정된다.

④ **상대방의 신뢰와 처리 사이의 인과관계** : 행정청의 언동과 그 상대방에 의한 조치 사이에는 인과관계가 성립되어야 한다. 즉 상대방이 행정청의 선행행위에 대하여 정당성과 계속성을 믿음으로써 일정한 조치를 한 경우이어야 한다.

⑤ **선행조치에 반하는 후행저분** : 선행조치의 존속에 대한 신뢰를 바탕으로 한 관계자의 이익을 침해하는 행정작용이 있어야 한다. 즉 행정청이 이전의 견해표명에 반하는 처분을 함으로써 그 견해표명을 신뢰한 개인의 이익이 침해되는 결과가 초래되어야 한다.

4. 행정의 자기구속의 원칙

(1) 의의

행정의 자기구속의 원칙이란 행정청은 상대방에 대하여 결정을 함에 있어서 동종 사안에 있어서 제3자에게 행한 결정에 구속된다는 것을 의미한다. 재량권 행사에 대한 사후적인 사법통제를 확대하여 국민의 권리를 보호하는 기능을 한다.

(2) 요건

동일한 사안에 대한 동일한 법적용이 문제되는 경우이어야 한다. 또한 비교의 대상이 되는 행정선례 또는 행정규칙이 존재하여야 한다. 아울러 행정규칙이 재량영역에서 인정되는 재량준칙이어야 한다.

5. 부당결부금지의 원칙(不當結付禁止의 原則)

(1) 의의

부당결부금지의 원칙이란 행정기관이 행정작용을 함에 있어서 그것과 실제로 관련성이 없는 상대방의 반대급부를 조건으로 하여서는 안된다는 원칙을 말한다(예 : 건축허가를 발령함에 있어 자동차세를 완납할 것을 조건으로 부관을 부과하는 경우).

(2) 요건

행정기관의 공권력 행사가 있어야 하고, 공권력 행사가 상대방의 반대급부와 결부되어 있어야 하며, 공권력 행사와 반대급부 사이에 실체적 관련성이 없어야 한다.

Ⅵ. 행정상 법률관계

1. 행정상 법률관계의 당사자

(1) 행주주체

행정법관계에 있어 행정권의 담당자인 당사자를 행정주체라 하고, 국가·공공단체

(지방자치단체, 공법상 사단, 공법상 재단, 영조물법인)와 행정사무를 위임받은 사인(공무수탁사인)이 이에 속한다.

(2) 행정객체

행정권 발동의 대상이 되는 당사자를 행정객체라 하고, 공공단체와 사인이 이에 속한다.

2. 행정상 법률관계의 내용

행정상 법률관계는 권력관계와 관리관계 및 국고관계로 구분된다.

(1) 권력관계

권력관계란, 공권력주체로서의 행정주체가 우월적인 지위에서 국민에 대하여 일방적인 조치를 취하는 관계를 말한다.

(2) 관리관계

관리관계란, 행정 주체인 국가 또는 공공단체가 공공복리의 실현이라는 행정목적을 달성하기 위해 행정 객체인 개인과 맺는 특수한 법률관계를 말한다. 예를 들면, 공물의 관리 및 공기업 경영 등을 들 수 있다.

(3) 국고관계

국고관계라 함은 행정주체가 일반 사인과 같은 지위에서 사법상의 행위를 함에 있어 사인과 맺는 관계를 말한다. 예를 들면, 행정에 필요한 물품의 구매계약, 청사 · 도로 · 교량의 건설도급계약, 국유재산의 매각 등을 들 수 있다.

2 행정조직법

Ⅰ. 서 설

1. 의 의

행정조직법(行政組織法)이란 국가행정을 담당하는 기관의 조직에 관한 법을 말한다. 행정조직은 크게 국가가 직접 행정을 담당하는 국가행정과 지방자치단체가 행하는 자치행정으로 구분되며, 우리나라 행정조직의 기본원리로는 ① 민주성, ② 법정성, ③ 능률성, ④ 분권성, ⑤ 관료성 등을 들 수 있다.

2. 행정기관의 종류

행정기관이란 국가 또는 지방자치단체의 행정사무를 담당하는 기관을 말한다. 행정기관은 그 기능·권한·지위에 따라 행정관청, 보조기관, 의결기관, 자문기관, 집행기관, 감사기관 등으로 나누어볼 수 있다.

(1) 행정(관)청

통상 행정법에서 말하는 행정청이란 행정주체의 의사를 결정하고 표시하는 권한을 가진 기관을 말하는데, 특히 국가의 (행정의사를 결정·표시하는 기관(예 각부장관)을 일반 행정청과 구분하여 행정관청이라고도 한다.

구성원의 수에 따라 독임제(독임형) 행정청과 합의제 행정청 등으로 나누어진다. 우리나라는 단독적으로 의사를 표시하는 독임제 행정관청이 대다수이다. 합의제 행정청으로 감사원, 국가배상심의회, 토지수용위원회, 소청심사위원회, 중앙선거관리위원회 등이 있다.

(2) 보조기관

보조기관은 스스로 행정에 관한 국가의사를 결정하고 표시할 권한이 없고 행정관청에 소속되어 그 권한의 행사를 보조하는 것을 임무로 하는 행정기관으로 각 부처의 차관·국장·과장 등이 여기에 속한다. 직접 행정청의 정책결정·집행과정에 관여한다.

(3) 자문기관

자문기관이란 행정관청의 자문에 응하거나 또는 자진하여 행정관청의 의사결정에 참고할 의견을 제공하는 것을 임무로 하는 행정기관을 말한다.

자문기관의 의견·권고는 법률상 행정청을 구속하는 힘이 없다. 그러나 법령상 자문절차가 규정되어 있는 경우에 이를 거치지 아니하면 그 행위는 절차상의 하자로 취소할 수 있게 된다.

(4) 의결기관

의결기관이란 행정에 관한 국가의 의사를 의결의 형식으로 결정하는 권한을 가진 합의제의 행정기관을 말한다. 예를 들면, 각종 징계위원회, 행정심판위원회, 공정거래위원회, 지방자치단체의 교육위원회 등을 들 수 있다.

(5) 집행기관

집행기관이란 행정관청의 명을 받아 국가의 의사를 실력으로써 집행하는 기관으로 경찰관이나 세무공무원 등이 여기에 속한다.

(6) 감사기관

감사기관이란 다른 행정기관의 사무나 회계를 검사하여 그 비위를 적발·시정하는 것을 임무로 하는 행정기관을 말하며, 감사원이 여기에 속한다.

Ⅱ. 국가행정조직

1. 의 의

국가의 행정사무를 처리하기 위하여 설치된 행정기관을 총칭하여 국가행정조직이라고 하는데, 넓게는 국가행정을 담당하는 모든 기관을 의미하나, 좁게는 국가행정에 관한 국가의 의사를 결정하고 표시하는 기관인 행정관청만을 가리킨다. 국가행정조직에 관한 일반법으로서는 「정부조직법」이 있고, 개별법으로는 감사원법, 검찰청법, 경찰법 등이 있다.

국가행정조직은 그 권한의 지역적 범위에 따라 중앙행정조직과 지방행정조직으로 나누인다.

2. 중앙행정조직

중앙행정조직으로는 ① 대통령(국가원수, 정부수반) 및 그 직속기관(감사원, 국가정보원, 대통령비서실, 자문기관 등), ② 국무총리(행정각부 통할), ③ 국무회의(최고정책심의기관), ④ 행정각부 등이 있다.

(1) 대통령

대통령은 중앙행정기관의 정점으로 행정조직권을 가지며 최고행정관청의 지위에 있다. 대통령직속의 행정조직으로는 비서실, 경호실, 감사원, 국가정보원, 중앙인사위원회, 국가안전보장회의, 민주평화통일자문회의, 국가과학기술자문회의, 국민경제자문회의 등이 있다.

(2) 국무총리

국무총리는 대통령의 1차적인 보좌기관으로 대통령의 명을 받아 행정각부를 통할한다. 국무총리직속기관으로서는 국무총리실을 비롯하여, 법제처, 국가보훈처 등이 있다.

(3) 행정각부

행정각부는 대통령과 그의 명을 받은 국무총리의 총괄하에 정부권한에 속하는 행정사무를 부분별로 집행하는 중앙행정기관으로, 행정각부에는 기획재정부, 미래창조과학부, 교육부, 외교부, 통일부, 법무부, 국방부, 안전행정부, 문화체육관광부, 농림축산식품부, 산업통상자원부, 보건복지부, 환경부, 고용노동부, 여성가족부, 국토교통부, 해양수산부의 17부가 있다. 행정각부에 장관 1명과 차관 1명을 두되, 장관은 국무위원으로 보하고, 차관은 정무직으로 한다. 다만, 기획재정부·미래창조과학부·외교부·안전행정부·문화체육관광부·산업통상자원부·국토교통부에는 차관 2명을 둔다(정부조직법 제26조).

3. 지방행정조직

지방행정조직은 관할구역 내의 국가의 행정사무를 관장한다. 국가의 지방행정조직은 별도로 설치하지 아니하고, 지방자치단체의 장인 서울특별시장·광역시장·도지사, 시장·군수·자치구의 구청장에게 위임하여 그 사무를 행한다. 한편 특정한 중앙행정기관에 소속되어 관할구역내에서 그 기관의 소관업무만을 관장하는 특별지방행정조직이 있는데, 각 지방의 보훈청·국세청·세무서·세관·출입국사무소 등이 여기에 속한다.

Ⅲ. 자치행정조직

자치행정(自治行政)이란 국가 내의 일정영역에서 국가에 의해 승인된 공공단체가 중앙정부로부터 독립하여 그 자신의 사무를 행하는 것을 말한다. 자치행정조직은 그 자체가 독립적인 법인격을 가지는 공법인이라는 점에서 국가에 소속되어 독립적인 법인격이 인정되지 않는 지방행정조직과는 구별된다. 지방자치단체,[28] 공공조합[29] 및

28| 지방자치단체(地方自治團體)는 대별하여 ① 특별시와 광역시 및 도(시·도)와 ② 시와 군 및 구의 2종이 있는데, 지방자치단체인 구(자치구)는 특별시와 광역시의 관할구역안의 구에 한한다(지방자치법 제2조). 지방자치단체는 법인으로 하며, 시·도는 정부의 직할하에 두고, 시는 도의 관할구역안에, 군은 광역시 또는 도의 관할구역안에 두며, 자치구는 특별시와 광역시의 관할구역안에 둔다. 특별시 또는 광역시가 아닌 인구 50만 이상의 시에는 자치구가 아닌 구를 둘 수 있고, 군에는 읍·면을 두며, 시와 구(자치구 포함)에는 동을, 읍·면에는 리(理)를 둔다(동법 제3조).

영조물법인이[30] 자치행정조직에 속한다.

1. 지방자치단체

(1) 의의

국가 아래에서 국가영토의 일부를 구성요소로 하고 그 구역 안의 주민을 법률이 정하는 범위 안에서 지배할 수 있는 권한을 가진 단체를 말한다.

(2) 종류

지방자치단체의 종류는 보통지방자치단체와 특별지방자치단체(지방공공조합)로 대별될 수 있고, 보통지방자치단체는 다시 상급지방자치단체(특별시·광역시·도)와 하급지방자치단체(시·군 ·자치구)로 나뉜다.

2. 지방자치단체의 기관

(1) 지방자치단체의 기관

의결기관인 지방의회가 있고, 집행기관으로 지방자치단체의 장이 있다.

(2) 지방자치단체의 장의 권한

사무의 관리집행권, 소속직원에 대한 감독권 및 임면권, 규칙제정권, 주민투표부의권 등이 있다.

(3) 지방의회의 권한

조례제정권, 행정사무감사와 조사권, 출석·답변 요구권, 서류제출요구권 등이 있다.

29] 공공조합(公共組合)이란 특정한 공익적 목적을 위하여 결합된 공법상의 사단법인을 말하며, 농지개량조합, 산림조합, 상공회의소 등이 여기에 속한다.

30] 영조물법인(營造物法人)이란 특정한 공공목적을 위하여 독립된 법인격이 부여된 공법상의 재단법인을 말하며, 한국은행, 대한주택공사 등이 여기에 속한다.

3. 지방자치단체의 사무

(1) 고유사무

지방자치단체가 그 존립목적을 달성하기 위하여 행하는 사무로 위임사무(委任事務)에 대립하는 개념이다. 지방자치단체는 지방에서의 공공복리(公共福利) 증진을 존립목적으로 하고 있으며, 그 목적달성을 위해서 행하여지는 상하수도·교통·오물처리 등 각종 사업의 경영 또는 병원·학교·시장 등 시설의 관리에 관한 사무가 고유사무의 본체를 이룬다.

(2) 위임사무

지방자치단체 또는 그 기관이 국가 또는 다른 공공단체의 위임에 의하여 행하는 사무로 단체위임사무와 기관위임사무가 있다. 단체위임사무는 그 사무처리 면에서 고유사무와의 사이에 차이가 없어, 원칙적으로 지방의회(地方議會)의 의결을 거쳐 지방자치단체장이 집행한다. 그러나 기관위임사무는 지방자치단체장 기타 기관에 대한 위임사무이며 이에 대하여 지방의회가 관여하지 못한다.

Ⅳ. 공무원

1. 의 의

공무원(公務員)이란 일반적으로 국가 또는 공공단체의 기관으로서 지위를 가지고 공무를 담당하며 공법상의 근무의무를 지는 사람을 말하며, 이들은 그 신분이나 지위에 있어서 일반국민과는 다른 특수신분관계(特殊身分關係)로 일정한 권리와 의무가 부여된다. 즉 공무원은 신분상의 권리로서는 직무집행권과 직위보유권을 가지며, 봉급청구권과 연금권 등 재산상의 권리를 가지는 반면에, 선서의무, 성실의무, 직무상 의무, 신분상의 의무 등을 부담하며, 직무상 잘못에 대하여 징계와 변상책임을 져야 한다.

2. 공무원의 종류

(1) 국가공무원 · 지방공무원

국가공무원은 국가에 의하여 임명되어 국가의 사무를 집행하는 공무원으로 국가공무원법의 적용을 받는데 대하여, 지방공무원은 지방자치단체에 의하여 임명되어 지방자치단체의 사무를 집행하는 공무원으로 지방공무원법의 적용을 받는다.

(2) 경력직 공무원 · 특수경력직 공무원

공무원은 기본적으로 경력직과 특수경력직으로 나누이는데, 경력직 공무원이란 실적과 자격에 의하여 임용되고 그 신분이 보장되며 평생토록 공무원으로 근무할 것이 예정되는 공무원으로 보통의 직업공무원을 말하며, 그 종류는 다시 ① 일반직, ② 특정직, ③ 기능직으로 나누인다. 경력직 외의 기타의 공무원을 특수경력직 공무원이라고 하며 그 종류는 다시 ① 정무직,[31] ② 별정직,[32] ③ 계약직[33] 및 ④ 단순한 노무에 종사하는 고용직공무원으로 나누인다(국가공무원법 제2조, 지방공무원법 제2조).

3. 공무원의 권리와 의무

(1) 공무원의 권리

신분상의 권리로 신분 및 직위 보유권, 직무집행권, 직명사용권 등이 있고, 재산상의 권리로 보수청구권, 연금권, 비용보상청구권 등이 있다.

---

[31] 정무직공무원이란 선거에 의하여 취임하거나 임명에 있어서 국회의 동의를 요하는 공무원 및 고도의 정책결정업무를 담당하거나 이러한 업무를 보조하는 공무원으로서 법률 또는 대통령령에서 지정하는 공무원을 말한다.

[32] 별정직공무원이란 특정한 업무를 담당하기 위하여 별도의 자격기준에 의하여 임용되는 공무원으로서 법령에서 별정직으로 지정하는 공무원을 말한다.

[33] 계약직공무원이란 국가와 채용계약에 의하여 일정한 기간동안 전문지식 · 기술이 요구되거나 임용에 있어서 신축성 등이 요구되는 업무에 종사하는 공무원을 말한다.

(2) 공무원의 의무

공무원법에서는 취임선서의무, 성실의무, 복종의 의무, 직장이탈금지, 친절·공정의 의무, 종교중립의 의무, 비밀엄수의 의무, 청렴의 의무, 품위유지의 의무, 영리 업무 및 겸직 금지, 정치운동의 금지, 집단행위의 금지 등을 규정하고 있다.

4. 공무원의 책임(징계)

(1) 징계사유

공무원이 공무원법과 그에 따른 명령을 위반한 경우, 직무상의 의무(다른 법령에서 공무원의 신분으로 인하여 부과된 의무를 포함한다)를 위반하거나 직무를 태만히 한 때, 직무의 내외를 불문하고 그 체면 또는 위신을 손상하는 행위를 한 때에 징계사유가 된다.

(2) 징계의 종류

공무원의 징계(懲戒)에는 파면·해임·강등·정직(停職)·감봉·견책(譴責)으로 구분 한다.

Section 3 행정작용법

행정작용이란 행정주체가 행정목적을 달성하기 위하여 행하는 법률적·사실적 작용 을 말하여, 이에 관한 법규를 총칭하여 행정작용법이라 한다. 전술한 행정조직도 행정 작용을 위한 것이므로 행정작용이 행정법에 있어서 중심이 된다.

행정작용은 그 기준에 따라 여러 가지로 나누어 볼 수 있는데, ① 행정작용이 이루어 지는 형식에 따라 행정입법, 행정행위, 행정계약, 행정계획, 행정지도, 행정강제 등으로 분류되고, ② 그 목적에 따라 내무행정, 외무행정, 군사행정, 재무행정, 사법행정 등으로 분류되고, ③ 그 주체에 따라 국가행정과 자치행정으로 분류할 수 있다.

Ⅰ. 행정입법

1. 의 의

　행정입법(行政立法)이란 행정주체가 일반적·추상적인 법규범을 정립하는 작용을 말하며, 현대복지국가에서 행정입법은 행정기능의 확대, 행정의 전문화·기술화, 행정상황의 변화에 따른 탄력성 있는 입법의 필요성에 의해 더욱더 증가하고 있는 실정이다.

2. 행정입법의 종류

　행정입법은 그 법규성 여부에 따라 크게 국민에게 의무를 과하고 권리를 제한하는 법규명령과 훈령, 지시, 예규, 일일명령과 같이 일반적으로 법규적 성질이 없는 행정명령(행정규칙)으로 구분된다. 그리고 법규명령은 다시 법률대위명령과 법률종속명령으로 나뉘는데, 법률대위명령에는 긴급재정경제명령과 긴급명령이 있고, 법률종속명령은 위임명령과 집행명령으로 구분된다.

(1) 법규명령

1) 의의

　법규명령은 행정기관이 정립하는 일반적·추상적 규율 중에서 법규의 성질을 가지는 규범을 말한다. 즉 행정권이 정립하는 일반적·추상적 규정으로서, 행정주체와 국민에 대하여 구속력을 가지며, 재판규범이 되는 법규범을 말한다.

2) 종류

① 위임명령

　법률의 위임을 받은 사항에 대해 법률 내용을 보충하기 위하여 내리는 행정관청의 명령으로, 위임된 범위 안에서는 새로운 입법사항에 관해서도 규정할 수 있다.

② 집행명령

법률이나 상위명령을 집행하기 위하여 필요한 시행세칙을 직권으로 발하는 행정부의 명령으로, 상위법령의 명시적 근거가 없는 경우에도 발할 수 있지만 새로이 국민의 권리·의무에 관한 사항을 정할 수는 없다.

3) 사법적 통제

헌법 제107조 제2항은 "명령·규칙이 헌법이나 법률에 위반되는지의 여부가 재판의 전제가 된 경우에는 대법원은 이를 최종적으로 심사할 권한을 가진다"고 규정하여, 법원에 의한 구체적 규범통제제도를 채택하고 있다. 법규명령이 구체적인 집행작용 없이 직접 국민의 기본권을 침해하는 경우에는 헌법재판소 역시 헌법소원심판을 통제 통제할 수 있다.

(2) 행정규칙

행정규칙은 행정기관에 의해 정립되는 일반적인 규정으로서 법규로서의 성질을 갖지 않는 것을 말한다. 행정규칙은 행정권이 발하는 일반·추상적 규율인 점에서는 법규명령과 같으나, 법률의 수권없이 발할 수 있으며 원칙적으로 행정조직 내부에서만 구속력을 가지는 점에서 법규명령과 구별된다.

Ⅱ. 행정행위

1. 의 의

행정행위(行政行爲)란 학문상의 개념이지 실정법상의 개념은 아니다. 실정법상으로는 「행정처분」 또는 「처분」이라는 용어로 표현된다. 행정행위는 여러 의미로 사용될 수 있는데, 통설과 판례에 의하면 행정주체가 구체적 사실에 대한 법집행을 행하는 권력적·단독적인 공법행위를 행정행위라 한다. 이러한 정의에 따르면 행정작용 중에서 사실행위와 사법행위·입법행위·비권력적 행위는 행정행위에서 제외된다.

행정행위는 공권력 내지는 법률상 승인된 우월한 행정의사의 발동이므로 행정주체의 다른 행위나 민법상의 법률행위에 대하여 법률적합성·공정력·실효성·불가쟁성 및 불가변성·구제제도의 특수성 등을 가지며, 이러한 특성 때문에 행정행위개념정립의 실익이 인정된다.

행정행위가 성립요건과 효력요건을 갖추면, 그 행정행위의 내용에 따라 일정한 효력(구속력, 공정력, 확정력, 강제력 등)이 발생한다.

2. 행정행위의 종류

행정행위는 여러 기준에 따라 분류할 수 있는데, 우선 행정행위는 ① 의사표시를 구성요소로 하고 그 의사표시의 내용에 따라 법률효과가 발생하는「법률행위적」행정행위와 행위자의 의사와 관계없이 직접 법규에 의하여 법률효과가 발생하는「준법률행위적」행정행위로 나눌 수 있다. 법률행위적 행정행위는 다시 명령적 행정행위와[34] 형성적 행정행위로[35] 구분되며, 준법률행위적 행정행위에는 확인·공증·수리·통지 등이 있다.

또한 행정행위는 ② 법의 구속정도에 따라 기속행위(羈束行爲)와 재량행위(裁量行爲)로 구별된다. 즉 법규에 따라 그대로 집행해야 하는 행정행위를 기속행위라 하고, 재량이 인정되는 것을 재량행위라 하는데, 재량행위는 다시 무엇이 합목적적인가를 판단할 수 있는 자유재량행위와 확정된 법의 취지에 따라 그 해석·적용의 재량만이 허용된 기속재량행위로 나뉜다.

(1) 법률행위적 행정행위

행정청의 의사표시를 그 구성요소로 하고 표시된 의사의 내용에 의하여 법적 효과를 발생시키는 행정행위를 말한다. 다시 명령적 행정행위와 형성적 행정행위로 구분된다.

---

[34] 명령적 행위란 국민에 대하여 일정한 의무를 부과하거나 그 의무를 해제하는 행정행위를 말하며, 하명, 허가, 면제 등이 있다.

[35] 형성적 행위란 행정행위의 상대방인 국민에게 새로운 권리·능력·포괄적 법률관계 기타 법률상의 힘이나 법률상의 지위를 발생·변경·소멸시키는 행위를 말하며, 특허, 인가, 대리 등이 있다.

1) 명령적 행정행위

행정행위의 상대방에 대하여 국민의 자유와 관련된 일정한 의무를 과하거나 이미 과해진 의무를 해제하는 것을 내용으로 하는 행정행위로, 행정객체로 하여금 작위·부작위·수인·급부 등의 의무를 명하는 행정행위인 하명(下命), 규에 의한 일반적 금지를 특정한 경우에 해제하여 적법하게 사실상 또는 법률상 일정한 행위를 할 수 있도록 자유의 상태를 회복시켜 주는 행정행위인 허가(許可), 법령 또는 하명에 의하여 과해진 의무를 특정한 경우에 해제하는 행정행위인 면제(免除)가 있다.

2) 형성적 행정행위

행정객체에서 특정한 권리·능력 또는 포괄적 법률관계 기타의 법률상의 힘을 형성시키는 행정행위로, 특정인에 대하여 새로운 권리·능력 또는 포괄적 법률관계를 설정하는 행정행위인 특허(特許), 행정주체와 직접관계가 없는 다른 법률관계의 당사자의 법률행위를 보충하여 그 법률상 효력을 완성시켜 주는 행정행위인 인가(認可), 제3자가 해야 할 일을 행정주체가 행함으로써 제3자가 행한 것과 같은 효과를 일으키는 행정행위인 공법상 대리(代理)가 있다.

(2) 준법률적 행정행위

행정청의 의사표시 이외의 정신작용 등을 요소로 하고, 그 법적 효과는 행위자의 의사와 관계없이 법규가 정하고 있는 바에 따라 발생하는 행정행위를 말한다. 준법률행위적 행정행위에는 확인, 공증, 통지, 수리 등이 있다. 확인은 특정한 사실 또는 법률관계에 있어서 공적 권위로서 그의 정부(正否) 또는 존부(存否)를 확인하는 행위이다. 공증(公證)은 특정한 사실 또는 법률관계의 존부를 증명하는 행정행위이다. 통지는 특정한 사실을 특정인 또는 불특정 다수인에 대하여 알리는 행정행위이다. 수리(受理)는 행정주체가 행정객체의 행위를 유효한 것으로 받아들이는 행정행위이다.

3. 행정행위의 부관

행정행위의 효과를 제한 또는 보충하기 위하여 주된 행정행위에 부가된 종된 의사표시를 행정행위의 부관(附款)이라고 한다. 행정행위의 부관은 부종성(附從性)을 그 특질로 하기 때문에 원칙적으로 부관만이 독립하여 강제집행의 대상이 될 수 없다. 행정행위의 부관은 행정청의 의사표시에 의한 것이므로 법령이 직접 특정한 행정행위의 효력을 제한하기 위해 붙인 법정부관과 구별된다.

행정행위 부관에는 조건(행정행위의 효력의 발생 또는 소멸을 장래의 불확실한 사실에 의존시키는 부관), 기한(행정행위의 효력의 발생 또는 소멸을 장래 도래할 것이 확실한 사실에 의존하는 종적인 부관), 부담(행정행위의 주된 내용에 결부하여 상대방에게 작위, 부작위, 급부 등의 의무를 부과하는 부관), 철회권의 유보(행정행위의 부가하여 특정한 사정이 발생한 경우에 행정행위를 철회할 수 있는 권한을 유보하는 부관) 등이 있다.

4. 행정행위의 하자

행정행위는 주체, 절차, 내용, 형식에 있어서 법이 정한 요건을 갖추어야 하는데, 이러한 요건을 구비하지 못한 행위를 하자(瑕疵)있는 행정행위라고 한다. 하자있는 행정행위에는 ① 법적 요건을 명백히 빠트려 처음부터 그 효력이 부인되는 「무효인 행정행위」, ② 행정청이나 법원에 의해 취소될 때까지는 효력이 인정되는 「취소할 수 있는 행정행위」, ③ 행정행위라고 볼 수 있는 외형조차 존재하지 하는 「행정행위의 부존재」가 있다. 한편 행정행위의 성립에는 아무런 하자가 없으나 공익상 그 효력을 존속시킬 필요가 없어 장래에 향하여 그 효력을 소멸시키는 것을 행정행위의 철회 또는 취소라 한다.

Ⅲ. 행정계획과 행정지도

국가의 장기적 발전을 도모하려면 체계적인 계획수립이 불가피하다. 행정계획(行政計劃)이란 행정주체가 일정한 행정활동의 목표를 설정하여 이를 달성하기 위한 행정수단들을 종합하여 그 기획 또는 지침을 정하는 것을 말한다. 행정계획의 수립에는 행정주체의 폭넓은 재량이 인정되는 경우가 많아 법치행정의 원칙이 형해화하기 쉬운 문제점이 있고, 행정계획은 원래 행정청 내부의 지침에 불과한 것이나, 도시계획으로 토지소유주의 사적 개발이 제한되는 경우와 같이 대외적 구속력을 가지는 경우도 발생한다.

행정지도(行政指導)란 행적목적을 달성하기 위하여 국민의 협력을 구하는 비권력적 사실행위를 말한다. 현대국가의 모든 행정작용을 법령에 의하여 규율하는 것은 불가능하다. 그러므로 공권력 발동으로 인한 마찰과 저항을 피하고 행정목적을 효과적으로 달성하기 위해서는 국민의 자발적인 협조를 유도해야 한다는 점과 끊임없이 변화·발전하는 사회에 발맞추어 새로운 지식과 정보를 국민에게 제공할 필요가 있다는 점 등에서 행정지도의 존재의의가 인정된다.

Ⅳ. 행정절차법과 정보공개법

1. 행정절차법

(1) 행정절차의 의의

행정절차(行政節次)란 행정활동이 시작되어 끝날 때까지의 과정을 말하며, 이를 규율하는 법을 행정절차법이라 한다. 행정작용에 관한 통일된 법전은 없지만, 행정절차에 관하여는 그 공통적인 사항을 규정하여 행정의 공정성·투명성 및 신뢰성을 확보함으로써 국민의 행정참여를 도모하고 국민의 권익을 보호함을 목적으로 행정절차법(行政節次法)이 제정되어 있다.

(2) 행정절차법의 내용

행정절차의 원칙으로 공정성의 원칙, 신의성실의 원칙, 신뢰보호의 원칙, 투명성의 원칙 등을 규정하고 있다.

행정처분의 절차에 관한 규정 : 불이익처분과 수익적처분에 공통되는 행정절차로서 처분기준의 설정·공표, 처분의 이유제시, 처분의 방식(문서주의 원칙) 및 고지 등을 규정하고, 침익적 처분의 행정절차로서 사전통지, 의견제출, 청문, 공청회 등을 규정하고 있다.

입법예고절차 : 입법예고는 행정청이 법령을 제정·개정하는 경우 이를 국민에게 미리 알리고 법령의 제정·개정에 대하여 국민의 의견을 반영하기 위한 제도로, 법령 등을 제정·개정 또는 폐지하고자 할 때에는 당해 입법안을 마련한 행정청은 이를 예고

하여야 한다.

행정예고절차 : 행정청은 국민생활에 매우 큰 영향을 주는 사항, 많은 국민의 이해가 상충되는 사항, 많은 국민에게 불편이나 부담을 주는 사항, 기타 널리 국민의 의견 수렴이 필요한 사항에 대한 정책·제도 및 계획을 수립·시행하거나 변경하고자 하는 때에는 이를 예고하여야 한다. 행정예고기간은 예고내용의 성격 등을 고려하여 정하되, 특별한 사정이 없는 한 20일 이상으로 한다.

행정지도절차 : 행정지도를 행함에 있어서 행정지도는 그 목적달성에 필요한 최소한도에 그쳐야 하며, 지도받는 자의 의사에 반하여 부당하게 강요하여서는 아니 된다. 행정지도에 관계하는 자는 그 상대방이 행정지도에 따르지 아니하였다는 것을 이유로 불이익한 조치를 하여서는 아니 된다.

(3) 행정절차 결여의 효과

행정절차를 결여한 행정행위는 절차상 하자있는 행정행위로서 무효 내지 취소 사유가 될 수 된다.

2. 정보공개법

(1) 정보공개법의 제정

정보공개제도는 헌법 제21조에서 규정한 알권리의 한 내용을 이루는 것으로, 정보공개청구권은 개별 법률의 제정을 요하지 않고 헌법에 의하여 직접 보장된다. 헌법상 알권리의 내용으로 공공기관이 보유·관리하는 정보에 대한 국민의 공개청구와 공공기관의 공개의무에 관해 규정함으로써 국민의 알권리를 보장하고 국정에 대한 국민참여와 국정 운영의 투명성을 확보하기 위해 공공기관의 정보공개에 관한 법률이 제정되어 있다.

(2) 정보공개의 원칙과 비정보공개정보

정보공개의 원칙(제3조) : 공공기관이 보유·관리하는 정보는 이 법이 정하는 바에 따라 공개하여야 한다.

비공개대상정보(제9조) : 공공기관이 보유·관리하는 정보는 공개대상이 되나, 다만 다음에 해당하는 정보에 대하여는 이를 공개하지 아니할 수 있다.

㉮ 다른 법률 또는 법률이 위임한 명령(국회규칙·대법원규칙·헌법재판소규칙·중앙선거관리위원회규칙·대통령령 및 조례에 한한다)에 의하여 비밀 또는 비공개 사항으로 규정된 정보

㉯ 국가안전보장·국방·통일·외교관계 등에 관한 사항으로서 공개될 경우 국가의 중대한 이익을 현저히 해할 우려가 있다고 인정되는 정보

㉰ 공개될 경우 국민의 생명·신체 및 재산의 보호에 현저한 지장을 초래할 우려가 있다고 인정되는 정보

㉱ 진행중인 재판에 관련된 정보와 범죄의 예방, 수사, 공소의 제기 및 유지, 형의 집행, 교정, 보안처분에 관한 사항으로서 공개될 경우 그 직무수행을 현저히 곤란하게 하거나 형사피고인의 공정한 재판을 받을 권리를 침해한다고 인정할 만한 상당한 이유가 있는 정보

㉲ 감사·감독·검사·시험·규제·입찰계약·기술개발·인사관리·의사결정과정 또는 내부검토과정에 있는 사항 등으로서 공개될 경우 업무의 공정한 수행이나 연구·개발에 현저한 지장을 초래한다고 인정할 만한 상당한 이유가 있는 정보

㉳ 당해 정보에 포함되어 있는 이름·주민등록번호 등 개인에 관한 사항으로서 공개될 경우 개인의 사생활의 비밀 또는 자유를 침해할 우려가 있다고 인정되는 정보. 다만, 법령이 정하는 바에 따라 열람할 수 있는 정보, 공공기관이 공표를 목적으로 작성하거나 취득한 정보로서 개인의 사생활의 비밀과 자유를 부당하게 침해하지 않는 정보, 공공기관이 작성하거나 취득한 정보로서 공개하는 것이 공익 또는 개인의 권리구제를 위하여 필요하다고 인정되는 정보, 직무를 수행한 공무원의 성명·직위, 공개하는 것이 공익을 위하여 필요한 경우로써 법령에 의하여 국가 또는 지방자치단체가 업무의 일부를 위탁 또는 위촉한 개인의 성명·직업에 관한 정보는 제외한다.

㉴ 법인·단체 또는 개인(이하 "법인등"이라 한다)의 경영·영업상 비밀에 관한 사항으로서 공개될 경우 법인등의 정당한 이익을 현저히 해할 우려가 있다고 인정되는 정보. 다만, 사업활동에 의하여 발생하는 위해로부터 사람의 생명·신체 또는 건강을 보호하기 위하여 공개할 필요가 있는 정보, 위법·부당한 사업활동으로부터 국민의 재산 또는 생활을 보호하기 위하여 공개할 필요가 있는 정보를 제외한다.

㉮ 공개될 경우 부동산 투기·매점매석 등으로 특정인에게 이익 또는 불이익을 줄 우려가 있다고 인정되는 정보

V. 행정법상의 의무이행 확보수단

1. 개설

행정법상의 의무이행확보수단에는 크게 행정강제(行政强制)와 행정상의 제재(制裁)로 나눌 수 있다. ① 행정강제는 다시 강제집행과 즉시강제로 나뉘고, ② 행정상의 제재는 행정벌과 기타의 수단[36]으로 구분된다. 행정강제가 직접적으로 의무이행을 실현하기 위한 것인 반면에 행정상의 제재는 과거의 의무위반에 대한 제재라는 점에서 양자가 차이가 있다.

2. 행정상의 강제집행

(1) 의 의

행정법상의 의무 불이행에 대하여 국민의 신체·재산에 실력을 가하여 그 의무를 이행하거나, 이행된 것과 똑같은 상태를 실현하는 행정작용을 행정상 강제집행이라고 한다. 예를 들면 불법건축물의 강제철거나 조세체납자에 대한 체납처분 등이 있다.

(2) 강제집행의 방법

① **직접강제** : 행정상 의무불이행이 있는 경우 직접 의무자의 신체나 재산에 실력을 가하여 의무의 이행이 있었던 것과 같은 동일한 상태를 직접 실현하는 작용을 직접강제라고 한다. 직접강제는 일반적으로 허용되는 수단은 아니며, 출입국관리법, 도로교통법, 전염병예방법 등 특별법에서 개별적으로 인정되고 있을 뿐이다. 무허가유흥주점의 강제폐쇄 같은 경우가 직접강제에 해당한다.

36| 행정상 강제집행·즉시강제·행정벌 외에도 그 실효성 확보를 위한 새로운 행정상의 의무이행확보수단으로는 금전적 제재, 공표, 공급거부, 수익적 행정행위의 철회·정지, 기타의 수단 등을 들 수 있다.

② **대집행** : 대집행이란 대체적 작위의무를 그 의무자가 이행하지 않을 경우, 행정청이 직접 그 의무를 이행하거나, 제3자로 하여금 그 의무를 이행하게 하고, 그 비용을 의무자에게 징수하여 행정의 목적을 실현시키는 것을 말하며, 이에 관한 일반법으로 행정대집행법이 있다. 대집행의 절차는 "계고⇒대집행영장의 통지⇒대집행의 실행⇒비용징수"의 순으로 진행된다.

③ **집행벌** : 집행벌은 강제금이라고도 하며, 불대체적 작위의무(예방접종) 또는 부작위의무의 불이행에 대하여 이행을 간접적으로 강제하기 위한 집행방법이다. 집행벌은 일정한 기간내에 의무를 이행하지 않으면 일정한 벌금을 부과하는 바와 같이 의무자에게 심리적 압박을 가하는 식으로 행한다.

④ **강제징수** : 강제징수란 행정상의 「금전지급의무」를 이행하지 않은 경우에 행정청이 의무자의 재산에 실력을 가하여 의무의 이행이 있었던 것과 동일한 상태를 실현하는 것을 말하며, 직접강제의 일종이다. 국세징수법상의 강제징수절차는 보통 재산의 압류, 재산의 환가, 환가대금의 배분 순서로 진행된다.

3. 행정상의 즉시강제

행정상 즉시강제(卽時强制)란 목전에 급박한 행정상의 장해를 제거하기 위하여 또는 그 성질상 의무를 명함으로써는 목적을 달성할 수 없는 경우 즉시 국민의 신체 또는 재산에 실력을 가하여 행정상의 필요한 상태를 실현하는 작용을 말한다.

행정상 즉시강제의 수단에는 대인적 강제, 대물적 강제, 대가택적 강제로 나눌 수 있다. ① 대인적 강제란 사람의 신체에 실력을 가하여 행정상 필요한 상태를 실현하는 강제작용이다. ② 대물적 강제란 물건에 대한 소유권 기타의 권리를 실력을 가하여 행정상 필요한 상태를 실현하는 작용을 말한다. ③ 대가택적 강제는 주거자나 소유자 및 점유자의 의사에 반하여 주거·창고·영업소 등에 출입 또는 수색하여 행정상 필요한 상태를 실현하는 작용을 말한다.

4. 행정벌

(1) 행정벌의 의의

행정벌이란 일반통치권에 근거하여 행정법상의 의무위반에 대한 제재로서 과하는 별을 말한다. 행정벌에도 죄형법정주의의 원칙이 적용되므로 행정벌을 과하기 위해서는 법률의 근거를 요한다. 행정벌은 제재라는 점에서 집행의 목적으로 과하여지는 집행벌과 구분되며, 행정주체의 대외적인 제재라는 점에서 행정주체의 내부적 제재인 징계벌과 구별된다.

(2) 행정벌의 종류

1) 행정형벌

행정형벌이란 행정법상의 의무위반에 대한 제재로서 사형, 징역, 금고, 구류, 자격정지, 자격상실, 벌금, 과료, 몰수와 같이 형법에 규정된 형을 과하는 행정벌을 말한다. 행정형벌에 대해서는 특별한 규정이 없는 한 원칙적으로 형법총칙이 적용되며, 과벌절차는 특별한 규정이 없는 한 형사소송절차에 따라 법원에서 부과한다. 예외적으로 즉결심판절차 또는 통고처분절차에 의해서 과하여지는 경우도 있다.

2) 행정질서벌

행정질서벌은 행정법상의 의무위반에 대한 제재로서 형법에 형명이 없는 과태료가 과해지는 벌칙이다. 행정질서벌은 신고·보고·등록서류비치·장부기재의무 등의 위반과 같이 직접으로 행정목적을 침해하는 것이 아니라 간접적으로 행정목적 달성에 장해를 줄 위험이 있는 경우에 과하는 제재이며 일종의 금전벌이다. 행정질서벌에 대하여는 형법총칙이 적용되지 않고, 그 과벌절차는 특별한 규정이 없는 한 비송사건절차법에 의한다.

5. 행정법상의 새로운 의무이행확보수단

(1) 공급거부

공급거부란 경찰법상의 일정한 의무를 위반한 사람 등에 대하여 행정상의 서비스나 재화의 공급을 거부하는 행정조치를 말한다. 공급거부의 예로는 건축법상의 명령이나 처분에 위반하여 행정청이 발한 시정명령을 불이행한 때에 전기, 전화, 수도 또는 도시가스 공급시설의 설치나 공급을 중지하도록 하는 경우를 들 수 있다(건축법 제69조 제2항).

(2) 공표

공표란 행정법상의 의무위반 또는 의무불이행이 있는 경우, 그 의무위반자 또는 불이행자의 명단과 그 위반 또는 불이행한 사실을 공중이 알 수 있도록 공표하는 것을 말한다. 공표는 개인이나 기업의 명예나 신용에 대한 불이익을 위협함으로써 간접적으로 의무이행을 확보하기 위한 기능을 하는 것이다.

(3) 관허사업의 제한

행정법상의 의무이행을 확보하기 위하여 개별적 행정법상의 의무위반행위에 대하여는 각종의 인·허가발급의 거부 등을 내용으로 하는 관허사업의 제한을 규정하고 있는 경우가 있다. 그 전형적인 예가 건축법이 정하는 위법한 건축물을 영업장으로 하는 허가의 금지와 국세징수법이 정하는 국세체납자에 대한 허가 등의 금지제도이다.

(4) 과징금

행정법상의 의무위반에 대하여 행정관청이 그 의무자에게 부과·징수하는 금전적 제재를 말한다. 과징금은 행정법상의 의무위반자에 대하여 부과하는 금전적 제재인 점에서는 벌금·과태료와 다를 바 없으나, 형식상 행정벌에 속하지 않으며 다분히 이득환수적 내용을 가져 구별된다.

Section

4 행정구제법

I. 의 의

행정구제(行政救濟)란 행정기관의 행정작용으로 인하여 권리나 이익을 침해당한 국민이 행정기관이나 법원에 대하여 그 행정작용의 취소·변경 또는 손해의 전보를 요구하는 모든 제도를 말하며, 행정구제에 관한 내용과 절차 등을 규정한 법을 총칭하여 행정구제법이라고 한다. 이러한 행정구제제도는 근대법치국가의 원리를 실현하기 위한 실질적 보장이라는 점에서 중요한 의미를 가진다.

넓은 의미의 행정구제에는 청문과 고지와 같은 행정절차에 따른 사전적 구제제도도 포함되나, 보통은 손해전보나 행정쟁송과 같은 사후적 구제제도를 의미한다. 그리고 손해전보제도는 다시 손해배상과 손실보상으로 구분되고, 행정쟁송제도는 행정심판과 행정소송으로 나누어진다.

II. 행정상의 손해전보제도

1. 행정상 손해배상

행정상의 손해배상(損害賠償)이란 행정주체의 위법한 행정작용으로 인하여 발생한 손해를 국가 또는 공공단체가 배상하는 제도를 말한다. 헌법은 이 국가배상청구권을 국민의 기본권의 하나로 규정하고 있고(헌법 제29조), 그 구체적인 내용은 국가배상법이 규정한다. 국가배상의 유형은 크게 ① 공무원의 직무상 불법행위로 인한 손해배상과 ② 도로·하천과 같은 영조물의 설치·하자로 인한 손해배상으로 나누어진다.

2. 행정상 손실보상

행정상의 손실보상(損失補償)이란 적법한 공권력의 행사로 인하여 국민에게 가해진 경제상의 특별한 희생에 대하여 국가 또는 공공단체가 행하는 보상을 말한다. 손실보상제도는 단체주의사상에 입각한 사회적 공평부담원리에 기초하고 있다.

헌법은 국민의 재산권을 보장하지만 공공필요에 의한 재산권의 수용·사용 또는 제한을 인정하고, 이 경우 그에 대한 보상은 법률로써 하되 정당한 보상을 하여야 한다고 규정한다(헌법 제23조). 이와 같은 손실보상에 관한 구체적인 법으로는 토지수용법, 징발법, 도로법 등이 있다.

Ⅲ. 행정쟁송(行政爭訟)

1. 행정심판

(1) 의 의

행정심판이란 위법·부당한 행정행위로 인하여 권익을 침해당한 자가 행정기관에 대하여 그 시정을 구하는 행정쟁송절차를 말한다. 행정심판은 행정조직의 내부에서 행정청 자신에 의해 적은 비용으로 간이·신속한 절차에 따라 국민의 권리·이익의 구제를 도모함과 동시에 행정의 자율적 반성과 그 적정한 운영을 확보함을 목적으로 하는 제도이다.

행정심판의 개념은 실질적·형식적 의미로 나누어 볼 수 있는데, 실질적 의미의 행정심판이란 일반적으로 행정법관계에 대한 법적 분쟁에 대하여 행정기관이 심판기관이 되는 모든 쟁송절차를 말하나, 형식적 의미의 행정심판이란 행정심판법이 규정한 행정심판만을 가리킨다.

(2) 행정심판의 대상과 종류

특별한 법률규정이 없는 한 행정청의 모든 처분 또는 부작위에 대하여 행정심판을 제기할 수 있으나, 대통령의 처분 또는 부작위에 대하여는 특별한 법률규정이 없는 한 행정심판을 제기할 수 없다(행정심판법 제3조).

넓은 의미의 행정심판에는 여러 종류가 있을 수 있지만, 현행 행정심판법은 이른바 「항고심판」[37]으로서의 ① 취소심판,[38] ② 무효 등 확인심판,[39] ③ 의무이행심판[40]의 3종류만의 행정심판을 규정하고 있다(제4조).

---

[37] 항고심판이란 행정권의 객체인 국민이 공권력의 행사자인 행정청을 상대로 행정행위의 취소 또는 변경을 구하는 심판절차를 말하며, 대등한 법적 지위에 있는 권리주체간의 당사자심판에 대한 개념이다.

[38] 취소심판이란 행정청의 위법 또는 부당한 행정작용으로 인하여 권익을 침해당한 자가 그 취소 또는 변경을 하는 행정심판을 말한다.

[39] 무효 등 확인심판이란 행정청처분의 효력 유무 또는 존재여부에 대한 확인을 하는 심판을 말한다.

[40] 의무이행심판이란 행정청의 위법 또는 부당한 거부처분 또는 부작위로 인하여 권익의 침해를 당한 자의 청구에 의하여 일정한 처분을 하도록 하는 심판을 말한다.

(3) 심판기관

행정청의 처분 또는 부작위에 대하여는 원칙적으로 당해 행정청의 직근상급행정기관이 재결청(裁決廳)이 되며(제5조), 행정심판을 심리·의결하기 위하여 각 재결청 소속하에 행정심판위원회를 둔다(제6조). 또한 국무총리 및 중앙행정기관의 장이 재결청이 되는 심판을 심리·의결하기 위하여 국무총리소속하에 국무총리행정심판위원회를 둔다(제6조의2).

(4) 심판청구와 심리

각 종류의 행정심판청구는 그 심판을 구할 법률상 이익 있는 자가 제기할 수 있다(제9조). 심판청구는 서면으로 하여야 하는데(제19조), 심판청구서는 재결청 또는 피청구인인 행정청에 제출하여야 하며(제17조 1항), 심판청구는 처분이 있음을 안 날부터 90일 이내에 제기하여야 한다(제18조).

행정심판의 청구는 처분의 효력이나 그 집행 또는 절차의 속행에 영향을 주지 않는 것이 원칙이나, 재결청은 회복하기 어려운 손해를 예방하기 위한 긴급한 필요가 있을 때에는 당사자의 신청 또는 직권에 의하여 처분의 효력이나 그 집행 또는 절차의 속행의 전부 또는 일부의 정지(집행정지)를 결정할 수 있다(제21조).

심판청구서를 받은 행정청은 그 심판청구가 이유 있다고 인정할 때에는 심판청구의 취지에 따르는 처분이나 확인을 하고 지체없이 이를 재결청과 청구인에게 통지하여야 하며, 그 심판청구가 이유가 없다고 판단되며 행정심판을 하기 위해 심판청구서를 받은 날로부터 10일이내에 그 심판청구서를 재결청에 송부하여야 한다(제17조 3항, 4항).

재결청이 심판청구서를 받은 때에는 지체없이 그 부본을 피청구인에게 송부하고, 피청구인은 그 부본을 받은 날부터 10일이내에 이에 대한 답변서를 재결청에 제출하여야 하며, 심판청구서를 받은 행정청인 피청구인이 행정심판을 위하여 심판청구서를 재결청에 송부할 때에는 답변서를 첨부하여야 한다(제24조 1항, 2항).

재결청은 행정청인 피청구인으로부터 심판청구서가 송부되거나, 답변서가 제출된 때에는 지체없이 그 사건을 위원회에 회부하여야 한다(제22조).

행정심판위원회는 필요한 경우 당사자가 주장하지 아니한 사실에 대하여도 심리할 수 있고, 행정심판의 심리는 구술심리 또는 서면심리로 하는데, 당사자가 구술심리를 신청한 때에는 불필요한 경우 외에는 구술심리를 하여야 하며, 구술심리를 하는 때에는 기일을 정하여 당사자와 관계인을 소환하여야 한다(제26조).

(5) 재결(裁決)

행정심판위원회는 심리를 마치면 그 심판청구에 대하여 재결할 내용을 의결하고 그 의결내용을 재결청에 통고하여야 하며, 재결청은 위원회의 의결내용에 따라 지체없이 재결하여야 한다(제31조).

재결청은 심판청구가 부적법한 것인 때에는 그 심판청구를 각하하며, 심판청구가 이유 없다고 인정할 때에는 그 심판청구를 기각한다. 한편 심판청구가 이유 있다고 인정할 경우, 재결청은 ① 취소심판의 경우 처분을 취소 또는 변경하거나 처분청에게 취소 또는 변경할 것을 명하며, ② 무효 등 확인심판의 경우 처분의 효력 유무 또는 존재 여부를 확인하며, ③ 의무이행심판의 경우 지체없이 신청에 따른 처분을 하거나 이를 할 것을 명한다(제32조).

재결은 재결청 또는 피청구인인 행정청이 심판청구서를 받은 날부터 60일이내에 하여야 하나, 부득이한 사정이 있을 때에는 위원장이 직권으로 30일을 연장할 수 있다(제34조).

재결은 피청구인인 행정청과 그 밖의 관계행정청을 기속하며(제37조), 당해 재결 및 동일한 처분 또는 부작위에 대하여 다시 심판청구를 제기할 수 없다(제39조).

2. 행정소송

(1) 의 의

행정소송이란 행정상의 법률관계에 관한 분쟁을 법원의 재판에 의하여 해결하는 행정쟁송을 말한다. 행정소송은 행정법규의 정당한 적용을 통한 행정목적의 실현과 국민의 권리구제, 즉 행정통제와 행정구제라는 2가지 기능을 수행한다.

이러한 행정소송관계를 규율하는 절차법인 행정소송법은 행정청의 위법한 처분 그밖에 공권력의 행사·불행사 등으로 인한 국민의 권리 또는 이익의 침해를 구제하고, 공법상의 권리관계 또는 법적용에 관한 다툼을 적정하게 해결함을 목적으로 한다(행정소송법 제1조).

현행 행정소송법은 행정심판을 임의절차화하였고,[41] 행정사건은 행정법원의 관할로 하고, 민·형사사건과 마찬가지로 3심제를 채택하고 있다.[42]

(2) 종 류

행정소송(行政訴訟)은 크게 주관적 소송과 객관적 소송으로 나눌 수 있는데, 주관적 소송은 원고의 권익보호를 목적으로 하는 것으로 항고소송과 당사자소송이 여기에 속하며, 객관적 소송은 행정법규의 정당한 실현을 위해 입법정책적으로 인정된 것으로 민중소송과 기관소송이 여기에 속한다(제3조). 민중소송 및 기관소송은 법률이 정한 경우에 법률에 정한 자에 한하여 제기할 수 있다(제45조).

1) 항고소송

항고소송(抗告訴訟)이란 위법한 행정행위에 의하여 권익을 침해당한 자가 그 위법을 이유로 행정행위의 취소·변경을 구하는 소송을 말하며, 실제로 대부분의 행정소송이 여기에 속한다. 항고소송에는 취소소송, 무효 등 확인소송, 부작위 위법확인소송이 있다(제4조).

① **취소소송** : 취소소송이란 행정청의 위법한 처분 등을 취소 또는 변경하는 소송을 말하며, 행정소송 중 가장 현실적 비중이 크다. 실제의 행정소송의 대부분은 항고

41| 종래 행정소송을 제기하려면 반드시 행정심판을 거치도록 하는 행정심판전치주의를 취하였으나, 취소소송의 경우 임의적 전치절차주의를 원칙으로 하여 행정심판을 거칠 필요없이 바로 행정소송을 제기할 수 있도록 하였고, 행정심판을 거치도록 하는 특별규정이 있는 필요적 전치절차의 경우에도 ① 행정심판청구가 있은 날로부터 60일이 지나도 재결이 없는 때, ② 처분의 집행 또는 절차의 속행으로 생길 중대한 손해를 예방하여야 할 긴급한 필요가 있는 때, ③ 행정심판기관이 의결 또는 재결을 하지 못할 사유가 있는 때, ④ 기타 정당한 사유가 있는 때에는 행정심판의 재결을 거치지 아니하고 취소소송을 제기할 수 있고, ① 동종사건에 관하여 이미 행정심판의 기각재결이 있은 때, ② 관련되는 처분이 이미 행정심판의 재결을 거친 때, ③ 행정청이 이미 변경한 처분에 관하여 소를 제기하는 때, ④ 행정청이 행정심판을 거칠 필요가 없다고 잘못 알린 때에는 행정심판을 제기함이 없이 취소소송을 제기할 수 있도록 하였다(제18조).

42| 행정법원은 행정소송법에서 정한 행정사건과 다른 법률에 의하여 행정법원의 권한에 속하는 사건을 제1심으로 심판한다(법원조직법 제40조의4). 행정법원의 재판에 대하여는 고등법원에 항소할 수 있고(동법 제28조 1호), 고등법원의 재판에 대하여는 대법원에 상고할 수 있다(동법 제14조 1호). 종래 행정소송은 2심제를 채택하였으나 현행법은 국민의 권리구제를 강화하기 위해 3심제로 전환하였다.

소송이며, 항고소송의 대부분은 취소소송이다.

② **무효 등 확인소송** : 이는 행정청의 처분 등의 효력 유무 또는 존재여부를 확인하는 소송을 말한다.

③ **부작위 위법확인소송** : 이는 행정청의 부작위가 위법하다는 것을 확인하는 소송, 즉 행정청의 부작위가 위법하므로 의무를 이행하라(일정한 처분을 내려달라)고 청구하는 소송을 말한다.

2) 당사자소송

당사자소송(當事者訴訟)이란 행정청의 처분 등을 원인으로 하는 법률관계에 관한 소송, 기타 공법상의 법률관계에 관한 소송으로서 그 법률관계의 한쪽 당사자를 피고로 하는 소송을 말한다. 실제로 행정소송에서 당사자소송이 차지하는 비중은 미미하며, 민사소송과의 구별도 문제된다. 즉 국가배상청구소송이나 공법상의 부당이득반환청구소송 등과 같이 재산권에 관련된 사건의 경우에는 보통 민사소송절차에 의해 해결된다.

3) 민중소송

민중소송(民衆訴訟)이란 국가 또는 공공단체의 기관이 법률에 위반되는 행위를 한 때에 직접 자기의 법률상의 이익과 관계없이 그 시정을 구하기 위하여 제기하는 소송을 말한다. 국가를 상대로 하는 환경관련소송이 민중소송에 속한다.

4) 기관소송

기관소송(機關訴訟)이란 국가 또는 공공단체의 기관상호간에 있어서의 권한의 존부 또는 그 행사에 관한 다툼이 있을 때에 이에 대하여 제기하는 소송을 말한다. 다만 헌법재판소의 관장사항으로 되는 기관소송은 제외된다(헌법재판소법 제2조).

(3) 소송절차

행정소송절차는 기본적으로 행정소송법에 따라 진행되지만, 행정소송법에 특별한 규정이 없는 사항에 대하여는 민사소송법 및 민사집행법의 규정을 준용한다(제8조). 따라서 행정소송절차는 대체로 민사소송절차와 유사하다고 하겠다.

Chapter

03 형 법

Section

1 서 론

Ⅰ. 의 의(범죄와 형벌에 관한 법)

「사회 있는 곳에 법이 있다」고 하지만 「사회 있는 곳에 범죄도 있다」. 생각해 보면 인간의 역사는 동서고금을 막론하고 법을 세워 사회질서를 유지한 자들의 역사라고 할 수 있는 반면에 법을 어긴 자들의 범죄의 역사라고도 할 수 있다. 일정한 행위를 범죄로 규정하고 그에 대하여 일정한 제재를 가하는 것을 형벌이라고 할 때, 형법(刑法)이란 범죄와 형벌에 관한 법률이라고 할 수 있다. 이와 같이 그 명칭을 불문하고 범죄와 형벌에 관하여 규정한 모든 법규를 실질적 의미의 형법 또는 광의의 형법이라고 하고, 광의의 형법 중에서 '형법'이라는 명칭을 가진 형법전만을 따로 분류해 형식적 의미의 형법 또는 협의의 형법이라고 한다. 이하에서는 형식적 의미의 형법을 중심으로 그 내용을 살펴본다.

Ⅱ. 형법의 기능

형법은 시대적 상황에 따라 그 목적과 기능이 각기 다르게 발전해 왔다. 예컨대 법이 존재하지 아니하였던 원시시대에서부터 국가성립 초기까지는 복수와 응보에 그 목적이 있어'눈에는 눈, 이에는 이'라고 하는 탈리오사상이 지배하였고, 그 후에는 속죄의 의미에서 사적인 복수가 금지되고 속죄금제도가 나타났고, 국가적 형벌제도가 확립되면서부터는 가혹한 형벌로 범죄를 예방하고자 하였다. 르네상스 이후 자연법사상의 영향으로 등장한 박애주의사상은 형벌제도에도 영향을 미쳐 형사소송제도가 완비되었으며, 현대에는 형사정책적인 측면에서 범죄를 예방하고 계도할 수 있는 교육과 연구, 그리고 이에 대한 과학적인 검증이라는 실증적 연구가 형사법을 뒷받침하게 되었다.[43]

이와 같은 시대적 상황에 따라 형법의 기능도 변화하였는데, 현대에 있어서 형법은 ① 사회질서를 유지하며(**규제(규범)적 기능**), ② 국가의 일정한 가치와 이념에 따라 인정되는 법익을 보호하며(**법익보호기능**), ③ 시민의 권리와 자유를 보장하는(**자유보장기능**) 다양한 기능을 수행하고 있다고 하겠다.

Ⅲ. 형법의 기본원리(죄형법정주의)

현행형법은 헌법 제12조에서 규정하고 있는 죄형법정주의(罪刑法定主義) 원칙을 기초로 총칙과 각칙으로 구성되어 있다.

죄형법정주의란 이미 제정된 정당한 법률에 의하지 아니하고는 처벌받지 아니한다는 원칙을 말한다. 이에 따라 ① **관습형법이 금지**되는데 이를 형벌법률주의라고도 한다. ② **형법불소급의 원칙**(헌법 제13조 제1항 전단)에 따라 사후법의 제정에 의한 처벌이 금지되며, ③ **절대적 부정기형금지**의 원칙에 따라 특별한 경우를 제외하고는 부정기형을 선고할 수 없고, ④ 법규내용이 정확히 적용되어야 하기 때문에 **유추해석이 금지**된다.

그밖에 동일한 범죄에 대하여 거듭 처벌받지 아니하는 일사부재리의 원칙이 적용되고(헌법 제13조 제1항 후단), 모든 국민은 자기의 행위가 아닌 친족의 행위로 인하여 불이익한 처우를 받지 아니한다는 연좌제금지의 원칙이 적용된다(헌법 제13조 3항).

이러한 기본원칙에 따라 현행 형법은 제1편 총칙에서 형법의 적용범위와 죄의 성립요건, 형의 종류와 집행 등을 규정하고, 제2편에서는 내란·외환·국기·국교에 관한

---

[43] 근대형법이 성립한 이후 형법의 기초이론도 응보주의, 객관주의, 일반예방주의를 바탕으로 하는 고전적인 구파(舊派)이론에서 목적주의, 주관주의, 특별예방주의를 주장하는 현대적인 신파(新派) 이론으로 발전하였다.

죄를 비롯한 국가적 이익에 관한 죄를 비롯하여44], 사회·경제적 질서와 도덕적 질서를 해치는 사회적 법익에 관한 죄45], 그리고 개인의 생명과 신체·자유·안전·신용·명예·비밀·재산을 침해하는 개인적 법익에 관한 죄46]를 규정하고 있다.

Ⅳ. 형법의 적용범위

1. 시간적 적용범위

형법은 범죄의 성립과 처벌과 관련하여 행위시법주의를 원칙으로 한다. 다만, 행위시법보다 재판시의 법이 경한 형으로 변경된 때와 처벌법규가 없어진 때에는 예외가 인정된다.

44] 국가적 법익에 관한 죄는 크게 국가존립에 대한 죄와 국가기능에 대한 죄로 나누어 볼 수 있다. 국가 존립에 관한 죄는 내란죄(제87조-91조), 외환의 죄(제92조-104조의 2), 국기에 관한 죄(제105조-106조), 국교에 관한 죄(제107조-113조) 등이며, 국가기능에 관한 죄는 공무원의 직무에 관한 죄(제122조-135조), 공무방해에 관한 죄(제136조-144조), 도주와 범인은닉에 관한 죄(제145조-151조), 위증과 증거인멸의 죄(제152조-155조), 무고의 죄(제156조-157조) 등이 있다.

45] 사회적 법익에 관한 죄는 크게 사회질서에 대한 죄와 경제적 질서에 대한 죄, 도덕적 질서에 대한 죄 등으로 나누어 볼 수 있다. 사회적 질서에 대한 죄는 공안을 해하는 죄(제114조-118조), 폭발물에 관한 죄(제119조-121조), 방화와 실화의 죄(제164조-176조), 일수와 수리에 관한 죄(제177조-184조), 교통방해죄(제185조-191조) 등이 있다. 경제적 질서에 대한 죄로는 통화에 관한 죄(제207조-213조), 유가증권·우표와 인지에 관한 죄(제214조-224조), 문서에 관한 죄(제225조-237조의 2), 인장에 관한 죄(제238조-240조) 등이 있고, 도덕적 질서에 대한 죄로는 음용수에 관한 죄(제192조-197조), 아편에 관한 죄(제198조-206조), 신앙에 관한 죄(제1582h-163조), 풍속을 해하는 죄(제241조-245조), 도박과 복표에 관한 죄(제246조-249조) 등이 있다.

46] 개인적 법익에 관한 죄는 다시 생명과 신체에 대한 죄와 자유·안전에 대한 죄, 신용·명예·비밀에 대한 죄, 재산에 대한 죄로 나누어 볼 수 있다. 생명과 신체에 대한 죄는 살인죄(제250조-256조), 상해·폭행죄(제257조-265조), 과실치사상죄(제266조-제268조), 낙태죄(제269조-270조), 유기와 학대죄(제271조-275조) 등이 있고, 자유와 안전에 대한 죄는 체포·감금죄(제276조-282조), 협박죄(제283조-286조), 약취·유인죄(제287조-296조), 강간·추행죄(제297조-306조), 주거침입죄(제319조-322조), 권리행사방해죄(제323조-328조)등이 있다. 이밖에 신용과 업무, 경매에 관한 죄(제313조-315조), 명예에 관한 죄(제307조-312조), 비밀침해죄(제316조-318조) 등이 있으며, 재산에 대한 죄는 절도·강도죄(제329조-346조), 사기·공갈죄(제347조-354조), 횡령·배임죄(제355조-361조), 장물에 관한 죄(제362조-365조), 손괴죄(제366조-372조) 등이 있다.

2. 장소적 적용범위

① 형법은 대한민국영역 내에서 죄를 범한 내국인과 외국인에게 적용되며, 대한민국
영역 외에서 죄를 범한 내국인에게도 적용된다. 대한민국영역 외에 있는 대한민
국의 선박 또는 항공기내에서 죄를 범한 외국인에게도 적용된다.

② 통화위조, 해적행위, 항공기납치, 국제테러, 민족학살 등의 범죄에는 국적, 범죄지
여하를 불문하고 처벌한다. 대한민국영역 외에서 대한민국 또는 대한민국국민에
대하여 이외의 죄를 범한 외국인에게 적용한다. 단 행위지의 법률에 의하여 범죄
를 구성하지 아니하거나 소추 또는 형의 집행을 면제할 경우에는 예외로 한다.

③ 범죄에 의하여 외국에서 형의 전부 또는 일부의 집행을 받은 자에 대하여는 형을
감경 또는 면제할 수 있다.

3. 인적 적용범위

대통령은 내란 또는 외환의 죄를 제외하고는 재직중 형사소추 받지 않는다. 국회의
원은 국회에서 직무상 행한 발언·표결에 관하여 국회 외에서 책임지지 않는다. 이외
에 국제법상 외교특권에 의한 예외가 인정된다.

V. 형법의 체계

범례 : [장], 절), (조문)

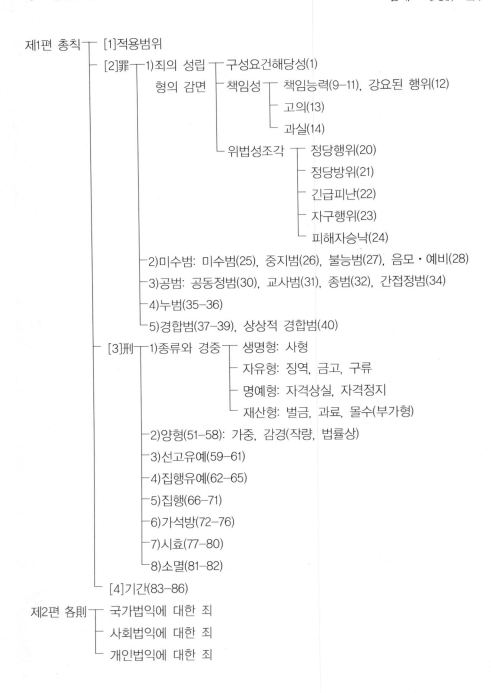

제1편 총칙 ┬ [1]적용범위
　　　　　├ [2]罪 ┬ 1)죄의 성립 ┬ 구성요건해당성(1)
　　　　　│　　　　형의 감면 ├ 책임성 ┬ 책임능력(9-11), 강요된 행위(12)
　　　　　│　　　　　　　　　│　　　├ 고의(13)
　　　　　│　　　　　　　　　│　　　└ 과실(14)
　　　　　│　　　　　　　　　└ 위법성조각 ┬ 정당행위(20)
　　　　　│　　　　　　　　　　　　　　　├ 정당방위(21)
　　　　　│　　　　　　　　　　　　　　　├ 긴급피난(22)
　　　　　│　　　　　　　　　　　　　　　├ 자구행위(23)
　　　　　│　　　　　　　　　　　　　　　└ 피해자승낙(24)
　　　　　│　　├ 2)미수범: 미수범(25), 중지범(26), 불능범(27), 음모·예비(28)
　　　　　│　　├ 3)공범: 공동정범(30), 교사범(31), 종범(32), 간접정범(34)
　　　　　│　　├ 4)누범(35-36)
　　　　　│　　└ 5)경합범(37-39), 상상적 경합범(40)
　　　　　├ [3]刑 ┬ 1)종류와 경중 ┬ 생명형: 사형
　　　　　│　　　　　　　　　　├ 자유형: 징역, 금고, 구류
　　　　　│　　　　　　　　　　├ 명예형: 자격상실, 자격정지
　　　　　│　　　　　　　　　　└ 재산형: 벌금, 과료, 몰수(부가형)
　　　　　│　　├ 2)양형(51-58): 가중, 감경(작량, 법률상)
　　　　　│　　├ 3)선고유예(59-61)
　　　　　│　　├ 4)집행유예(62-65)
　　　　　│　　├ 5)집행(66-71)
　　　　　│　　├ 6)가석방(72-76)
　　　　　│　　├ 7)시효(77-80)
　　　　　│　　└ 8)소멸(81-82)
　　　　　└ [4]기간(83-86)
제2편 各則 ┬ 국가법익에 대한 죄
　　　　　├ 사회법익에 대한 죄
　　　　　└ 개인법익에 대한 죄

2 범죄론

I. 범죄의 성립과 처벌

현행 형법에 따르면, 범죄의 성립과 처벌은 행위시의 법률에 의하며, 범죄 후 법률의 변경에 의하여 그 행위가 범죄를 구성하지 아니하거나 형이 구법보다 가벼울 때에는 신법에 의한다. 또한 재판확정후 법률의 변경에 의하여 그 행위가 범죄를 구성하지 아니하는 때에는 형의 집행을 면제한다(제1조).

여기서 범죄의 성립이란 그 행위가 법률상 범죄로서의 요건을 구비하고(**구성요건해당성**),[47] 범죄행위가 정당성이 없고(**위법성**),[48] 행위자가 비난받을 만한 가능성이 있을 때(**책임성**)[49] 비로소 범죄가 된다는 것을 말한다.

1. 구성요건

(1) 범죄행위

특정행위가 범죄가 되기 위하여는 그 행위가 행위자의 의사에 따라 이루어진 신체적 동작 내지는 태도여야 한다. 이 행위에는 적극적인 행위(작위)와 소극적인 행위(부작위)가 모두 포함되며, 부작위는 다시 범죄를 부작위로써 범할 것을 법에서 직접 규정하는 진정부작위와 작위로써 이루어질 범죄를 부작위로써 행하는 부진정부작위로 나누어 볼 수 있다. 예컨대 다중불해산죄(제116조)나 퇴거불응죄(제319조 제2항)등은 진정부작위범에 속하고, 어머니가 갓난아이에게 젖을 주지 않아 사망하게 하는 것은 부진정부작위범에 해당한다.

현행형법은 부작위범에 대하여 「위험의 발생을 방지할 의무가 있거나 자기의 행위로

47| 구성요건해당성 : 일정한 행위가 형법에서 규정하고 있는 범죄의 구성요건에 해당해야 한다.
48| 위법성 : 구성요건에 해당하는 행위는 법질서 전체에 비추어 위법해야 한다.
49| 책임성 : 행위자가 책임능력이 있고 고의나 과실이 있어야 한다.

인하여 위험발생을 야기한 자가 그 위험발생을 방지하지 아니한 때에는 그 발생된 결과에 의하여 처벌한다」(제18조)고 규정하고 있다.

(2) 행위자

모든 사람(자연인)은 행위의 주체가 될 수 있으며, 공무원의 직무에 관한 죄(제122-135조)나 존속살해죄(제250조)등 특별한 신분관계에 있는 자만이 저지를 수 있는 범죄를 신분범이라고 한다. 일반적으로 행위의 주체는 자연인이나, 조세범이나 환경범 등에서는 예외적으로 법인도 행위의 주체가 될 수 있다. 신분범과 관련하여, 범죄가 성립하기는 하되 범인의 특정한 신분 기타의 사정으로 형을 과할 수 없는 경우를 인적처벌조각사유라고 한다. 예컨대 직계혈족, 배우자 기타 동거하는 친족사이의 절도, 사기, 공갈, 횡령, 배임, 장물 등의 죄를 범한 경우에는 그 형이 면제되는데, 이 경우의 친족인 신분이 바로 인적처벌조각사유가 된다.

이에 대하여 범죄행위의 객체는 보호하고자 하는 대상으로서 각 구성요건에 명시되어 있다. 예컨대 살인의 객체는 사람이며, 낙태의 객체는 태아이다. 이처럼 범죄행위의 대상이 되는 객체는 법에서 보호하고자 하는 법익과는 다른 개념이다.

(3) 인과관계

일반적으로는 앞의 행위와 뒤에 일어난 사실 사이에 원인과 결과의 관계가 되는 것을 인과관계라 하는데, 형법에서 문제되는 것은 결과범의 경우이다. 예컨대 칼로 사람을 찔러 죽인 경우에 칼로 찌른 행위가 살인의 직접적인 원인이 되는 것이다.

실제로 어느 정도의 인과관계를 인정할 것인가에 관하여, ①특정 행위가 없었다면 결과가 발생하지 아니하였을 것이라는 조건설, ②수많은 조건 가운데 최후의 것이라든지 가장 중요한 것 등 일정한 것을 택하여 원인으로 인정하는 원인설, ③경험칙에서 볼 때 그 행위로부터 그 결과가 발생하다는 것을 인정할 수 있는 경우 인과관계를 인정하는 상당인과관계설 등이 있다. 일반적으로 상당인과관계설이 통설적 견해로 인정된다.

현행형법은 '어떤 행위라도 죄의 요소가 되는 위험발생에 연결되지 아니한 때에는 그 결과로 인하여 벌하지 아니한다'(제17조)고 규정하고 있다.

2. 위법성

행위가 법률에 의하여 허용되지 않는 것, 다시 말해 법질서에 위배되는 행위를 위법성(違法性)이 있는 행위라고 한다. 그러나 현행 형법은 구체적으로 무엇이 위법인가에 관하여 정의를 내리고 있지 아니하다. 따라서 범죄는 위법한 것이지만 그 위법여부를 누구의 입장에서 판단할 것인가에 관하여는 객관설과 주관설이 대립한다. 객관설은 객관적으로 일반인의 입장에서 위법성을 판단하여야 한다는 것을 말하고, 주관설은 객관적인 위법만 가지고는 부족하고, 행위자를 기준으로 행위자의 위법에 대한 인식이 필요하다는 입장인데, 객관설이 통설이다.

비록 특정행위가 구성요건에 해당하더라도 행위가 일어나게 된 개별적·구체적 사정을 살펴보아 위법이라고 볼 수 없는 경우가 있는데 이를 위법성조각사유라 한다. 위법성조각사유에는 정당행위, 정당방위, 긴급피난, 자구행위, 피해자의 승낙 등이 있다.

(1) 정당행위

어떤 행위가 범죄구성요건에 해당하더라도 법령에 의한 행위이거나 업무로 인한 행위, 기타 사회상규(社會常規)에 어긋나지 아니하는 경우에는 벌하지 아니하는데(제20조), 이를 정당행위(正當行爲)라 한다. '법령에 의한 행위'란 공무원의 직무행위, 징계행위, 현행범의 체포, 정신병자의 감치 등을 말하고, '업무로 인한 행위'라 함은 직접 법령에 근거가 없어도 사회관념상 정당시되는 행위를 업무로 하는 경우를 말한다. 예컨대 씨름, 권투, 레슬링 등 스포츠와 의사의 치료행위나 시술 등이 이에 속한다.

(2) 정당방위

정당방위(正當防衛)란 자기 또는 타인의 법익에 대한 현재의 부당한 침해를 막기 위하여 취한 행동을 말하는 것으로서, 상당한 이유가 있을 때에는 벌하지 아니한다(제21조). 결국 형법상 처벌받지 아니하는 정당방위가 되려면, ① 자기 또는 타인의 법익에 ② 긴급하고도 부당한 침해가 ③ 현존하고 있어 ④ 이를 방위하기 위하여 부득이하게 취한 행동이어야 한다.

정당방위가 그 정도를 넘는 과잉방위(過剩防衛)인 때에는 정황에 따라 형을 감경 또는 면제할 수 있다. 그러나 과잉방위가 야간 기타 불안스러운 상태에서 공포, 경악, 흥분 또는 당황한 상태에서 일어난 경우에는 벌하지 아니한다(제21조). 정당방위와 관련하여 오상방위(誤想防衛)가 문제된다. 오상방위는 정당방위의 요건이 구비되지 아니하였음에도 불구하고 구비되어 있는 것으로 오인하고 방위행위를 하는 경우에 일어난다. 예컨대 밤길에 사람을 만났을 때 이를 강도로 오인하여 상해를 입히는 경우이다. 이런 경우 과실상해인가, 아니면 고의적 상해로 볼 것인가가 문제되나, 이는 구체적 상황에 따라 결정될 문제이다.

(3) 긴급피난

긴급피난(緊急避難)이라 함은 자기 또는 타인의 생명, 신체, 자유, 재산에 대한 현재의 위난을 피하기 위하여 부득이 하게 행한 행위를 말하는 것으로서, 상당한 이유가 있는 때에는 벌하지 아니한다(제22조). 따라서 긴급피난은 피하려는 피해의 정도를 넘지 않는 범위에서 인정되며, 그 피해의 정도를 넘은 때에는 과잉피난(過剩避難)이 된다.

긴급피난과 정당방위의 차이는, 정당방위는 부정한 행위에 대한 정당한 대응행위인데 비하여 긴급피난은 정(正) 대 정(正)의 관계로서 부득이한 행위, 즉 다른 선택의 방법이 없을 경우에만 인정된다는 것이다. 그러나 위난을 피하지 못할 책임이 있는 자의 경우에는 긴급피난이 인정되지 않으므로, 국민의 안전을 돌보는 경찰관이나 소방관의 경우에는 긴급피난이 성립할 여지가 일반인보다 적어지게 된다(제22조 제2항).

(4) 자구행위

자구행위(自救行爲)라 함은 자신의 권리를 보전하기 위하여 법정절차에 따라 청구권을 행사해서는 권리구제가 불가능하거나 곤란할 때 스스로 구제행위를 하는 것으로써, 자력구제라고도 한다. 자구행위는 상당한 이유가 있는 때에는 벌하지 아니하나, 자구행위의 정도가 지나칠 때에는 정황에 따라 형을 감경 또는 면제할 수 있을 뿐이다(제23조).

(5) 피해자의 승낙

피해자가 자신의 법익에 대한 침해행위를 허용하거나 동의하는 경우는 법률에 특별한 규정이 없는 한 벌하지 아니한다(제24조). 그러나 생명이나 신체에 대한 피해자의 승낙

(被害者의 承諾)은 그 처분권한을 벗어난 것으로서 위법성을 면할 수 없다. 촉탁(囑託)이나 승낙에 의한 살인 등은 처벌된다(제252조). 따라서 피해자의 승낙에 의한 위법성조각은 재산권분야에서만 적용됨이 보통이다.

3. 책임성

(1) 책임능력(責任能力)

범죄는 단지 법규에 위반되었다고 하여 성립하는 것이 아니라, 그 행위를 저지른 자가 연령적, 심리적 상황에서 볼 때 책임을 질만한 위치에 있을 때 비로소 범죄로 성립한다. 사물의 시비선악을 판단하고 그 판단에 따라 행동할 수 있는 능력을 가진 자가 책임능력자이며, 그렇지 못한 자를 책임무능력자라 한다. 현행 형법상 책임무능력자는 14세 미만의 형사미성년자와 심신장애자이다. 형사미성년자는 14세미만으로서 이들의 행위는 벌하지 아니한다(제9조). 심신장애자란 사물을 변별할 능력이 없거나 의사를 결정할 능력이 없는 자 및 심신상실의 정도는 아니어도 사물변별능력이 미약하거나 의사판단능력이 모자라는 자를 말하는데, 전자의 행위는 벌하지 아니하고, 후자의 행위는 형을 감경한다(제10조). 농아자의 경우에도 형을 감경한다(제11조).

이와 관련하여 원인에 있어 자유로운 행위의 경우에는 면책되지 않는다. 원인에 있어 자유로운 행위란 스스로 책임능력이 없는 상태를 만들고 그 상태를 이용하여 범죄를 저지르는 것을 말한다. 예컨대 행위를 할 당시의 만취상태에서는 판단능력이 없다고 보아야 하지만, 그러한 만취상태를 발생시킨 술을 마신 행위, 즉 원인행위에서는 판단능력이 충분히 있었으므로 그 원인행위와 사후행위는 하나의 범죄행위로서 책임성이 인정된다.

그밖에 저항할 수 없는 폭력이나 자기 또는 친족의 생명, 신체에 대한 위해를 방어할 방법이 없는 협박에 의하여 강요된 행위도 벌하지 아니한다(제12조).

(2) 책임조건

책임조건(責任條件)이란 특정행위에 대하여 책임을 지기 위해 행위자에게 요구되는 심리적 상태를 말하는 것으로서 고의와 과실이 문제된다.

1) 고의

고의(故意)란 행위자가 일정한 범죄발생사실을 인식하고 의도하면서 행동하는 것으로서, 사람에 대한 범죄의 경우 특정인에 대한 범죄발생을 적극적으로 의식한 경우에는 확정적 고의, 불특정인에 대한 경우에는 개괄적 고의, 두 사람 중 한 사람에 대한 적극적인 범죄발생의식이 있었을 경우에는 택일적 고의라고 한다. 또한 범죄사실발생을 직접적으로 의도하지는 않았지만 그 가능성을 인식하면서도 감히 그 위험성을 무릅쓰고 행동한 경우는 미필적 고의 또는 불확정적 고의로서, 이상의 경우는 모두 고의범으로 처벌된다.

고의와 관련하여 사실의 착오와 법률의 착오가 문제된다. 사실의 착오란 특별히 중한 죄가 된다는 사실을 인식하지 못한 경우를 말하는 것으로써 결과로 인하여 형이 중한 죄에 있어서 그 결과의 발생을 예견할 수 없었을 경우에는 중한 죄로 벌하지 아니한다(제15조). 예컨대 피해자가 강간을 모면하기 위하여 여관4층에서 뛰어 내려 상해를 입은 경우에는 상해에 대한 예견가능성이 없어 강간치상죄로 처벌하지 못한다(대판 1993. 4. 27, 92도3229). 한편 법률의 착오란 자신의 행위가 법령에 의하여 죄가 되지 아니한다고 오인하여 행위를 하는 경우를 말하며, 그 오인에 정당한 이유가 있는 경우에는 벌하지 아니한다(제16조). 여기서 '그 오인에 정당한 이유가 있는 경우'란 단순한 법률의 부지의 경우를 말하는 것이 아니고 일반적으로 범죄가 되는 경우이지만 자기와 같이 특수한 경우에는 법령에 의하여 허용된 행위로서 죄가 되지 아니한다고 잘못 인식하고, 그와 같이 잘못 인식함에 정당한 이유가 있는 것을 말한다(대판 1994. 4. 15, 94도365).

2) 과실

과실(過失)이란 행위자의 부주의로 인하여 범죄사실의 발생을 인식하지 못한 것을 말한다. 예컨대 실수로 불을 내거나 자다가 아이를 질식사시키는 경우 등이다. 이처럼 과실은 부주의에 대한 법적인 비난이므로 아무리 주의를 하여도 결과발생을 피할 수 없었던 경우에는 **불가항력**으로서 과실범으로도 처벌되지 않지만, 주의의무에 위반하여 중대한 피해를 발생시킨 경우에는 과실범으로서의 책임을 지게 된다(제14조). 게다가 주의의무의 위반이 아주 현저한 과실인 경우에는 중과실로서 형이 가중된다. 예컨대 중대한 과실로 인한 실화죄(제171조)가 이에 해당된다. 또한 업무상 필요한 주의를 태만히

한 경우에는 업무상과실죄가 적용된다. 예컨대 의사나 운전사와 같이 사람의 생명이나 신체 등에 위험이 따르는 각종 업무에 종사하고 있는 자가 그 업무상 필요한 주의의무를 게을리하여 사람을 상하게 하거나 사망하게 하면 업무상과실·중과실 치사상죄(제268조)로서 일반 과실범에 비하여 형이 가중된다.

Ⅱ. 미수범, 중지범, 불능범

1. 미수범(未遂犯)

실행에 착수하여 결과가 발생한 경우를 기수라 하고, 착수는 하였으나 행위를 끝내지 못하였거나 결과가 발생하지 아니한 것을 미수(未遂)라 한다(제25조). 미수범(未遂犯)의 형은 기수범보다 감경할 수 있으나, 모든 범죄에 대하여 미수범을 처벌하는 것은 아니고 방화나 살인 등 중요한 법익을 침해하는 범죄에 대하여만 미수범을 처벌한다.

실행에 착수하였으나 행위를 끝내지 못한 경우 그 원인이 자신의 의사가 아닌 외부적인 장애로 인한 경우에 한하여 미수범으로 인정된다. 자신의 의사에 의한 경우에는 아래의 중지범에 해당하기 때문이다. 미수범은 다시 착수미수와 실행미수로 구분된다. 외부의 장애로 실행에 착수하였지만 그 행위를 완료하지 못한 경우를 착수미수라 하며, 실행에 착수하여 행위는 종료하였으나 결과가 발생하지 아니한 경우는 실행미수라 한다. 예컨대 사람을 죽이려고 저격하였으나, 총의 고장으로 총알이 발사되지 않은 경우는 착수미수이고, 명중시켜 치명상을 입혔으나 의사의 치료로 생명을 건진 경우는 살인죄의 실행미수범이다.

2. 중지범(中止犯)

범인이 자의로 실행에 착수한 행위를 중지하거나 그 행위로 인한 결과의 발생을 방지한 중지범의 경우에는 형을 감경 또는 면제한다(제26조).

3. 불능범(不能犯)

실행의 수단 또는 대상의 착오로 인하여 처음부터 결과발생이 불가능한 불능범의 경우에는 위험성이 있는 때에만 처벌하며, 처벌할 경우에도 형을 감경 또는 면제할 수 있다(제27조). 불능범과 유사한 것으로 미신범과 환각범이 있다. 미신범이란 범죄를 미신적 수단으로 실현하려는 것을 말한다. 과학이 발달하기 전에는 미신범도 처벌의 대상으로 여겼으나, 현대에는 미신범은 처벌대상에서 제외된다. 이에 비하여 환각범이란 법령상 죄가 되지 아니하는 행위를 죄가 된다고 잘못 알고 있는 경우로서, 착각범 또는 망상범이라고도 한다. 예컨대 빚을 갚지 못해 도망을 치면서 자신이 사기죄에 해당한다고 믿는 경우이다. 물론 환각범은 처벌대상이 아니다.

4. 예비·음모

예비(豫備)라 함은 범죄를 실현하기 위한 준비행위로서 실행에는 아직 착수하지 아니한 상태를 말한다. 일단 실행에 착수한 후에는 미수와 기수의 문제만 남을 뿐, 이미 예비상태는 벗어난 것이다. 즉 미수와 예비의 차이는 실행행위의 존재여부에 있다.

음모(陰謀)란 두 사람 이상이 특정한 범죄를 실행할 것을 모의하는 것을 말한다. 현행 형법상 예비·음모죄는 내란죄(제90조), 외환죄(제101조), 방화죄(제175조), 살인죄(제255조), 통화에 관한 죄(제213조) 등에서 예외적으로만 처벌대상으로 규정하고 있다.

Ⅲ. 공법, 누범, 경합범

1. 공범

공범(共犯)이라 함은 단독범으로 규정된 범죄를 여러 명이 저지르는 것을 말한다. 공범은 그 임무의 경중에 따라 공동정범, 교사범, 종범으로 구분된다.

공동정범(共同正犯)은 2인 이상이 공동으로 죄를 범하고 그 각자가 정법으로 처벌되는 경우를 말한다(제30조). 판례는 '2인이상이 공모하여 범죄에 공동가담하는 공범관계에 있어서 공모는 어떤 정형을 요구하는 것이 아니라 범죄를 실현하려는 의사의 결합만 있으면 되는 것으로서, 비록 전체의 모의과정이 없었다고 하더라도 수인 사이에

순차적으로 또는 암묵적으로 상통하여 그 의사의 결합이 이루어지면 공모관계가 설립하는 것이고, 이러한 공모가 이루어진 이상 실행행위에 관여하지 아니한 자라도 다른 공모자의 행위에 대하여 공동정범으로의 형사책임을 진다'(대판 1993.7.27, 93도1435)고 하여 공동정범의 범위를 상당히 넓게 인정하고 있다.

교사범(教唆犯)이란 타인을 교사하여 죄를 범하게 한 자로써, 죄를 실행한 자와 동일한 형으로 처벌되며, 교사받은 자가 범죄의 실행을 승낙하고 실행에 착수하지 아니한 때에는 교사자와 피교사자 모두 예비·음모죄로 처벌하며, 교사를 받은 자가 범죄의 실행을 승낙하지 아니한 때에도 교사자는 마찬가지 처벌을 받게 된다(제31조).

이에 비하여 종범(從犯)이란 타인의 범죄를 방조한 자로써 종범의 형은 정범의 형보다 감경한다(제32조).

신분관계로 인하여 싱립될 범죄에 가담한 행위는 신분관계가 없는 자에게도 똑같이 공동정범, 교사범, 종범의 규정이 적용되나, 신분관계로 인하여 형이 가중되는 경우에는 중한 죄로 처벌하지 아니한다(제33조). 또 어느 행위로 인하여 처벌되지 아니하는 자 또는 과실범으로 처벌되는 자를 교사 또는 방조하여 범죄행위의 결과를 발생하게 한 간접정범은 교사 또는 방조로 처벌하며, 자기의 지위·감독을 받는 자를 교사 또는 방조한 특수교사의 경우에는 정범보다도 가중처벌하고, 특수방조의 경우에는 정범의 형으로 처벌한다(제34조).

2. 누범

누범(累犯)이란 금고이상의 형을 받아 그 집행을 종료하거나 면제를 받은 후 3년내에 금고이상에 해당하는 죄를 범한 자를 말하며, 누범의 형은 그 죄에 정한 형의 장기의 두 배까지 가중한다(제35조). 판결선고 후에 누범인 것이 발각된 때에는 그 선고한 형을 통산하여 다시 형을 정할 수 있다. 단 선고한 형의 집행을 종료하였거나 그 집행이 면제된 때에는 예외로 한다(제36조).

3. 경합범

경합범(競合犯)이란 판결이 확정되지 아니한 수개의 죄 또는 금고이상의 형에 처한 판결이 확정된 죄와 그 확정 전에 범한 죄를 말한다. 예컨대 특정인이 절도죄, 배임죄,

권리방해죄, 살인죄 등을 차례로 저지르고 아직 하나도 확정판결을 받지 아니한 상태라면 모두 경합범이 된다. 다만, 이중 어느 하나로 인하여 형이 확정된 판결이 있을 때에는 그 죄와 그 죄의 확정판결이 있기 전에 범한 죄만이 경합범이 된다. 경합범에 대하여 동시에 재판을 받을 경우에는 ① 가장 중한 죄에 정한 형이 사형 또는 무기징역이나 무기금고일 때에는 가장 중한 형으로 처벌하며, ② 각죄에 정한 형이 사형 또는 무기징역이나 무기금고이외의 동종의 형인 대에는 가장 중한 죄에 정한 장기 또는 다액에 그 1/2까지 가중하되, 각 죄에 정한 형의 장기 또는 다액을 합산한 형기 또는 액수를 초과할 수 없다. 다만 과료와 과료, 몰수와 몰수는 병과할 수 있다. ③ 각죄에 정한 형이 무기징역이나 무기금고 이외의 서로 다른 형인 경우에는 병과하며, ④ 징역과 금고는 동종의 형으로 간주하여 징역형으로 처벌한다(제38조).

이에 비하여 한 개의 행위가 수개의 죄에 해당하는 상상적 경합(想像的 競合)의 경우에는 가장 중한 형으로 처벌한다(제40조). 예컨대 돌을 던져 장독대를 깨고(손괴죄; 3년이하의 징역, 또는 700만원이하의 벌금), 장을 푸던 할머니를 다치게 했다면(상해죄; 7년이하의 징역, 10년이하의 자격정지, 천만원이하의 벌금), 손괴죄(損壞罪)보다 형이 높은 상해죄(傷害罪)로만 처벌하는 것이다.

3 형벌론

I. 형의 종류

현행형법은 형의 종류로 ① 사형, ② 징역, ③ 금고, ④ 자격상실, ⑤ 자격정지, ⑥ 벌금, ⑦ 구류, ⑧ 과료, ⑨ 몰수의 9가지를 규정하고 있다.

사형은 범인의 생명을 빼앗는 극형으로서 교수형을 원칙으로 하고 있다.

징역이란 수형자를 형무소에 가두고 강제노동을 과하는 형벌이다. 징역은 무기징역과 유기징역으로 나뉘는데 유기징역은 한 달 이상 15년 이하이나, 형을 가중할 경우에는 25년까지 가능하다(제42조). 금고는 강제노동을 과하지 아니하고 형무소에 가두는 것으로서, 주로 과실범이나 확신범에 적용되는바, 그 기간은 징역과 같다. 구류는 1일 이상 30일 미만으로 역시 형무소에 구치한다.

사형, 무기징역, 무기금고의 판결을 받은 자는 ① 공무원이 될 수 없으며, ② 공법상의 선거권과 피선거권이 박탈되고, ③ 법률로 요건을 정한 공법상의 업무에 종사할 수 없으며, ④ 법인의 이사, 감사 또는 지배인 기타 법인의 업무에 관한 감사역이나 재산관리인이 될 수 없다(제43조). 이상에 정한 자격의 일부 또는 전부에 대한 정지(자격 정지)는 1년이상 15년이하로 하며, 유기징역 또는 유기금고에 자격정지를 병과한 때에는 징역 또는 금고의 집행을 종료하거나 면제된 날로부터 정지기간을 기산한다(제44조).

벌금은 5만원이상으로 하며, 감경하는 경우에는 5만원미만으로 할 수도 있다. 과료는 2천원이상 5만원미만이다. 벌금 또는 과료를 선고할 때에는 납입하지 아니하는 경우의 유치기간을 정하여 동시에 선고하여야 한다.

Ⅱ. 양형

법관이 구체적인 범죄에 대하여 선고할 형을 정하는 것은 양형(量刑)이라고 한다. 양형의 기초가 되는 것은 법정형이다. 법정형이란 개개의 구성요건에 규정된 형벌을 말한다. 예를 들어 살인죄의 법정형은 사형, 무기징역 또는 5년 이상의 유기징역이다.

형을 정함에 있어서는 범인의 나이, 성격, 지능, 환경 등을 고려하며, 피해자와의 관계, 범행동기, 범행의 수단과 결과, 범행후의 정황 등을 종합적으로 참작한다(제51조). 죄를 범한 후 수사책임이 있는 관서에 자수하거나, 피해자의 의사에 반하여 처벌할 수 없는 친고죄의 경우 피해자에게 자복한 때에도 형을 감경 또는 면제할 수 있다(제52조).

양형의 과정을 간단히 살펴보면, 먼저 법정형 중에서 형의 종류를 선택하고, 다음에는 법률규정에 따른 형의 가중 또는 감경사유를 판단하고, 피고인의 정상에 참작할 만한 사정이 있다면 그 형을 감경할 수도 있다. 가중·감경사유가 여럿이면 중복해서 가중 또는 감경할 수 있다. 법관은 이상의 과정을 거쳐 최종적인 선고형을 결정한다.

Ⅲ. 선고유예와 집행유예

1. 선고유예(宣告猶豫)

　1년이하의 징역이나 금고, 자격정지 또는 벌금의 형을 선고할 경우에 범인의 연령, 성격, 지능, 환경, 범행동기, 수단, 피해자와의 관계 등을 참작하여 개전의 정이 현저한 때에는 그 선고를 유예할 수 있다(제59조). 선고유예의 경우 재범방지를 위하여 지도 및 원호가 필요한 경우에는 1년간의 보호관찰을 명할 수 있으며, 그 기간은 1년이다(제59조의 2). 선고유예를 받은 날로부터 2년을 경과한 때에는 면소된 것으로 간주한다(제60조). 그러나 유예기간중에 자격정지 이상의 형에 처한 판결이 확정되거나 자격정지이상의 형에 처한 전과가 발견된 때에는 유예한 형을 선고한다. 보호관찰기간 중에 준수사항을 위반하고 그 정도가 무거운 때에도 유예한 형을 선고할 수 있다(제61조).

2. 집행유예(執行猶豫)

　3년 이하의 징역 또는 금고의 형을 선고할 경우에 제반사정을 고려하여 정상참작을 할 만한 사유가 있는 때에는 1년이상 5년이하의 기간동안 형의 집행을 유예할 수 있다(제62조). 집행유예를 하는 경우에는 보호관찰을 받을 것을 명하거나 사회봉사 또는 수강명령을 할 수 있다(제62조의 2). 보호관찰이나 사회봉사 또는 수강을 명한 집행유예를 받은 자가 준수사항이나 명령을 위반하고 그 정도가 무거운 때에는 집행유예의 선고를 취소할 수 있다(제64조).

3. 보호관찰, 사회봉사명령, 수강명령

　보호관찰(保護觀察)이란 범인을 교도소나 기타의 시설에 수용하지 아니하고 자유로운 사회에서 일정한 준수사항을 명하여 이를 지키도록 지도하고 필요한 때에는 원호하여 그의 개선과 재생을 도와주는 처분이다.

　사회봉사명령(社會奉仕命令)이란 유죄가 인정된 범인이나 비행소년을 교도소나 소년원에 구금하는 대신에 정상적인 사회생활을 영위하게 하면서 일정한 기간 내에 지정된 시간동안 무보수로 근로에 종사하도록 명하는 것을 말한다.

수강명령(受講命令)이란 범죄자나 비행소년을 교화·개선하기 위하여 일정한 강의나 교육을 받도록 명하는 것을 말한다. 사회봉사, 수강명령제도는 1995년 12월 29일 형법이 개정되면서 새로 도입된 제도이다.

Ⅳ. 가석방(假釋放)

가석방(假釋放)이라 함은 징역이나 금고 집행 중에 있는 자가 행장이 양호하여 개전의 정이 현저한 때에 형기만료 전에 무기의 경우는 10년 유기의 경우에는 형기의 1/3을 경과한 후 행정처분으로 석방하는 것을 말한다. 가석방기간은 무기형에 있어서는 10년으로 하고, 유기형인 경우에는 남은 형기로 하되, 10년을 초과할 수 없다. 가석방된 자는 가석방기간 중에 보호관찰을 받을 수도 있으며, 가석방처분을 받은 자가 감시에 관한 규칙을 위반하거나 보호관찰의 준수사항을 위반하고 그 정도가 무거운 때에는 가석방처분을 취소할 수 있다(제73조, 제73조의 1, 제75조). 가석방처분을 받은 후 그 처분이 실효 또는 취소되지 아니하고 가석방기간을 넘긴 때에는 형의 집행을 종료한 것으로 본다(제76조).

〈형의 유예제도와 가석방의 비교〉

구분	선고유예	집행유예	가석방
요건	1) 처단형의 1년 이하의 징역·금고, 자격정지, 벌금의 형을 선고할 경우 2) 개전의 정이 현저할 것 3) 자격정지 이상의 형을 받은 전과가 없을 것	1) 선고형이 3년 이하의 징역·금고의 형을 선고할 경우 2) 정상에 참작할 만한 사유, 개전의 정이 현저할 것 3) 금고 이상의 형을 선고 받아 집행을 종료하거나 면제된 후 3년이 경과하였을 것	1) 징역 또는 금고의 집행 중 무기에 있어서는 10년, 유기에 있어서는 형기의 1/3을 경과하였을 것 2) 개전의 정이 현저할 것 3) 병과된 벌금·과료를 완납할 것
기간	2년	1년 이상 5년 이하	무기형 - 10년, 유기형 - 잔여형기(단, 10년 초과 불가)
효과	면소된 것으로 간주	형선고의 효력 상실	형집행이 종료된 것으로 간주
실효	유예기간 중 자격정지 이상의 형에 대한 판결이 확정되거나 자격정지 이상의 형에 대한 전과가 발견된 때	유예기간 중 고의로 범한 죄로 금고 이상의 실형을 선고받아 그 판결이 확정된 때	가석방 중 금고 이상의 형을 선고받아 그 판결이 확정된 때(단, 과실로 인한 경우 예외)

V. 형의 시효와 소멸

1. 형의 시효

형의 시효(時效)란 형의 선고를 받고 그것이 확정된 후에 집행이 되지 아니하고 일정한 기간이 경과하면 그 집행이 면제되는 제도를 말한다(제77조). 현행형법은 시효기간을 ① 사형은 30년, ② 무기징역 또는 무기금고는 20년, ③ 10년이상의 징역 또는 금고는 15년, ④ 3년이상의 징역이나 금고 또는 10년이상의 자격정지는 10년, ⑤ 3년미만의 징역이나 금고 또는 5년이상의 자격정지는 5년, ⑥ 5년미만의 자격정지, 벌금, 몰수 또는 추징은 3년, ⑦ 구류 또는 과료는 1년으로 규정하고 있다(제78조).[50]

2. 형의 소멸

징역 또는 금고의 집행을 종료하거나 집행이 면제된 자가 피해자의 손해를 보상하고 자격정지 이상의 형을 받음이 없이 7년을 경과한 때에는 본인 또는 검사의 신청에 의하여 그 재판의 실효를 선고할 수 있다(제81조). 또 자격정지의 선고를 받은 자가 피해자의 손해를 보상하고 자격정지 이상의 형을 받음이 없어 정지기간의 1/2을 경과한 때에는 본인 또는 검사의 신청에 의하여 자격회복을 선고 할 수 있다(제82조).

3. 사 면

사면(赦免)이라 함은 국가원수가 형벌권을 소멸시키거나 감형 또는 복권하는 것을 말한다. 사면에는 일정한 범죄를 저지른 자 전원을 대상으로 하는 일반사면과 사면대상자를 특정하여 실시하는 특별사면의 두 가지가 있는데, 일반사면을 하려면 국회의 동의를 받아야 한다(헌법 제79조). 일반사면이 행해지면 형의 선고효력이 상실되고, 아직 형을 선고받지 아니한 자에 대하여는 공소권이 상실된다.

---

[50] 형의 시효와 구별할 것에 공소시효가 있다. 공소시효란 일정한 기간이 지나면 검사의 공소권이 소멸되어 공소를 제기할 수 없는 시한을 말한다. 공소시효의 기산점은 '범죄행위가 종료된 때'이며, 시효기간은 사형에 해당하는 범죄는 25년, 무기징역·금고는 15년, 장기 10년 이상의 징역·금고는 10년, 장기 10년 미만의 징역·금고는 7년, 장기 5년 미만의 징역·금고는 5년, 장기 5년 미만의 자격정지에 해당하는 범죄는 3년 등이다(형사소송법 제249조).

Section

4   형법의 범죄유형(각칙)

Ⅰ. 국가적 법익에 관한 죄

국가는 정치적 조직력과 입법적 기능을 가지고 있으며, 이를 확립하기 위하여 자주성 있는 통치력을 발휘하여야 하고 또한 그 제도도 가져야 한다. 이와 같은 국가의 기본적인 통치력과 제도 및 권위에 대한 침해, 즉 국가법익에 대한 침해를 미리 예방하고 진압하고자 하는 것은 형법의 중심적 임무의 하나인 동시에 가장 중대한 형벌기능이라고 할 수 있다.

1. 국가존립에 대한 죄

(1) 내란의 죄 (제1장 제87조-제91조)

국토를 참절하거나 국헌을 문란할 목적으로 폭동 또는 살인을 함으로써 성립하는 죄를 말한다.

(2) 외환의 죄 (제2장 제92조-제104조)

외국과 통모하여 우리나라에 대하여 전단을 열게 하거나 외국인과 통모하여 우리나라에 항적함으로써 성립하는 죄를 의미한다.

(3) 국교에 관한 죄 (제4장 제107조-제113조)

대한민국에 온 외국의 원수나 외교사절에 대하여 폭행.협박.모욕 또는 명예를 훼손하거나, 외국을 모욕할 목적으로 그 나라의 공용에 공하는 국기나 국장을 손상 제거 또는 오욕하거나, 외국에 대해서 사전(私戰)하거나, 외국간의 교전시에 중립에 관한 명령에 위반하거나, 외교상의 기밀을 누설하는 등의 죄를 의미한다.

2. 국가의 권위와 기능에 대한 죄

(1) 국기에 관한 죄 (제3장 제105조-제106조)

대한민국을 모욕할 목적으로 국기 또는 국장을 침해함으로써 성립하는 죄이다.

(2) 공무원의 직무에 관한 죄 (제7장 제122조-제135조)

공무원이 그 직무의 신성과 존엄을 모독하여 국가의 위신·권위를 손상시킴으로써 성립하는 죄로 직무유기죄, 직권남용죄, 피의사실공표죄, 뇌물죄 등이 있다.

(3) 공무방해에 관한 죄 (제8장 제136조-제144조)

공무원의 직무집행을 방해하는 죄이다. 공무집행방해죄를 비롯하여 위계에 의한 공무집행방해죄, 공무상비밀표시무효죄, 공용서류 등의 무효·공용물파괴죄, 공무상보관물의 무효죄 등이 있다.

(4) 도주와 범인 은닉죄 (제9장 제145조-제151조)

도주죄는 피구금자가 스스로 도주하는 경우와 피구금자를 탈취하거나 도주하게 하는 죄이며, 범인은닉죄는 벌금 이상에 해당하는 죄를 범한 자를 은닉하거나, 도피하게 하는 것을 내용으로 하는 죄이다.

(5) 위증과 증거인멸의 죄 (제10장 제152조-제155조)

법률에 의하여 선서한 증인·감정인·통역인·번역인이 허위의 증언·감정·번역을 하거나, 타인의 형사사건 또는 징역사건에 관한 증거를 인멸·은닉·위조 또는 변조, 증인을 은닉 또는 도피하게 하는 죄이다.

(6) 무고죄 (제11장 제156조-제157조)

국가의 심판작용의 공정을 침해하는 것을 내용으로 하는 범죄로 타인으로 하여금 형사처분 또는 징역처분을 받게 할 목적으로 공무소 또는 공무원에 대하여 허위의 사실을 신고함으로써 성립하는 목적범죄이다.

Ⅱ. 사회적 법익에 관한 죄

국가와 사회는 개인을 구성원으로 하여 조직된 것이지만 국가는 일정한 성원이 영토를 기반으로 하여 통치조직하에 형성된 정치적 통일체라 할 수 있고, 사회는 개인으로 결합되면서도 개인을 초월한 각종의 부분적 집단이 서로 협동적 관계를 맺으면서 공동생활을 영위하는 공동체이다.

이와 같이 사회는 국가조직체와는 개념을 달리하는 독자적인 존재이면서도 국가와 밀접한 관계를 가지고 있다. 그러므로 어떤 범죄현상이 사회에 대한 것인가 또는 국가에 대한 것인가는 간단히 구별지울 수 없다. 그러나 법률의 면에서 볼 때 국가의 존립이나 권위 기능 등의 국가적 법익 외에 사회 자체의 법익을 인정하지 않을 수 없으며 이것이 바로 공동생활의 안전과 공공의 신용을 비롯하여 공중위생, 사회도덕을 유지 또는 확보하고자 하는 이유이다.

1. 공공위험과 사회적 질서에 대한 죄

(1) 공안을 해하는 죄 (제5장 제114조-제118조)

사회생활의 안전과 평온을 침해하는 죄로서 범죄단체조직죄, 소요죄, 다중불해산죄, 전시군수계약불이행죄, 공무원자격사칭죄 등이 있다.

(2) 폭발물에 관한 죄 (제6장 제119조-제121조)

폭발물을 사용하여 사람의 생명.신체 또는 재산을 해하거나 기타 공안을 문란케 하는 폭발물사용죄와 전쟁 또는 사변에 있어서 정당한 이유없이 폭발물을 제조·수출·수수 또는 소지함으로써 성립하는 죄이다.

(3) 방화와 실화의 죄 (제13장 제164조-제176조)

고의 또는 과실로 건조물 기차.전차.자동차.선박.항공기 등에 불을 놓은 경우에 성립하는 범죄이다. 여기에는 현주건조물 등에의 방화죄 공용건조물 일반건조물 및 일반물건에 대한 방화죄와 실화죄 진화방해죄가 있다.

(4) 일수(溢水)와 수리(水利)에 관한 죄 (제14장 제177조-제184조)

일수죄는 고의로 물을 넘치게 하여 법률에 정한 건물을 침해함으로써 성립되고, 수리방해죄는 제방이나 수문을 파괴하거나 기타의 방법으로 타인의 수리권을 방해함으로써 성립하는 죄이다.

(5) 교통방해죄 (제15장 제185조-제191조)

육로·수로·교량을 손괴 또는 불통하게 하거나 기타 방법으로 교통을 방해함으로써 성립한다. 일반교통방해죄를 비롯하여 열차·선박 등 교통방해죄 등이 있다.

2. 경제적 질서와 공공의 신용에 대한 죄

(1) 통화에 관한 죄 (제18장 제207-제213조)

통화의 위조·변조·행사·수입·수출 또는 위조·변조한 통화의 취득을 내용으로 하는 죄이다.

(2) 유가증권·수표와 인지에 관한 죄 (제19장 제214조-제224조)

행사할 목적으로 대한민국 또는 외국의 공적증서 기타 유가증권을 위조.변조하거나 유가증권의 권리의무에 관한 기재를 위조·변조하는 죄이다.

(3) 문서에 관한 죄 (제20장 제225조-제237조)

행사할 목적으로 공무원·공무소의 문서나 도화를 위조 또는 변조함으로써 성립하는 죄로서 공문서위조·변조죄, 위조·변조공문서 행사죄, 사문서위조·변조죄 등이 있다.

(4) 인장에 관한 죄 (제21장 제238조-제240조)

인장·서명·기명·기호에 대한 공중의 신용과 거래안전을 침해하는 죄로 공인위조

부정사 용 및 동행사죄, 사인위조부정사용 및 동행사죄 등이 있다.

3. 공중의 위생에 관한 죄

(1) 음료수에 관한 죄 (제16장 제192조-제197조)

일상의 음용에 제공되는 정수에 오물을 혼입하여 음용하지 못하게 하거나 수도에 의하여 공중의 음용에 제공되는 정수 또는 그 수원에 오물을 혼입하여 음용하지 못하게 하는 죄로서 음료수사용방해죄, 독물혼입죄, 수도불통죄 등이다.

(2) 아편에 관한 죄 (제17장 제198조-제206조)

아편·몰핀 또는 그 화합물의 제조·수입 또는 판매할 목적으로 소지하는 죄로서 아편등제조수입판매소지죄, 아편흡식기등제조죄, 세관공무원의 아편수입죄 등이 있다.

4. 사회도덕에 관한 죄

(1) 신앙에 관한 죄 (제12장 제158조-제163조)

신앙에 관한 감정을 해함으로써 성립하는 죄로서 장식방해죄, 사체모욕죄, 분묘발굴죄, 사체영득죄 등이 있다.

(2) 풍속을 해하는 죄 (제22장 제241조-제245조)

국민의 성도덕에 관한 선량한 풍속을 해하는 죄이다. 간통죄, 음행매개죄, 음란물건배포죄, 음락물건제조죄, 공연음란죄 등이 있다.

(3) 도박과 복표에 관한 죄 (제23장 제246조-제249조)

우연의 사실로 인하여 재물의 득실을 결정케 하는 행위를 내용으로 하는 죄로 단순도박죄, 상습도박죄, 복표발매죄 등이 있다.

Ⅲ. 개인적 법익에 관한 죄

개인은 국가 · 사회의 구성원이며 개인을 떠나서 국가.사회는 존립할 수 없다. 국가와 사회는 개인의 자유스러운 활동에 의하여 그 발전을 기대할 수 있으며, 이것이 또한 존립의 기초가 되고 있다. 이런 점에서 국가가 개인의 생활이익을 보호하는 것은 국가 자신을 보호하는 일이기도 하다. 개인의 활동은 여러가지 면에 걸쳐서 보호를 필요로 하므로 형법이 보호하는 개인의 법익도 여러 면으로 나눌 수 있다.

1. 생명과 신체에 관한 죄

(1) 살인죄 (제24장 제250조-제256조)

사람을 살해함으로써 성립하는 죄로 살인죄, 존속살해죄, 영아살해죄, 촉탁. 승낙에 의한 살인죄, 자살관여죄, 위계.위력에 의한 살인죄 등이 있다.

(2) 상해 · 폭행죄 (제25장 제257조-제265조)

신체의 사회적 안전성 또는 생리적 안전성을 침해하는 죄로 상해죄, 존속상해죄, 중상해죄, 존속중상해죄, 상해치사죄, 존속상해치사죄, 특수폭행죄 등이 있다.

(3) 과실치사상죄 (제26장 제266조-제268조)

과실로 인하여 타인을 사상에 이르게 함으로써 성립하는 죄로 과실상해죄, 과실치사죄, 업무상과실치사상죄, 중과실치사상죄 등이 있다.

(4) 낙태죄 (제27장 제269조-제270조)

태아를 모체로부터 자연의 분만기 전에 분리하는 행위에 의하여 성립되는 죄로 자기낙태죄, 동의낙태죄, 부동의낙태죄, 업무상낙태죄, 낙태치사상죄 등이 있다.

(5) 유기 · 학대죄 (제28장 제271조-제275조)

보호의무가 있는 자가 보조를 요하는 자에 대하여 장소를 이전 · 격리하거나 생존에 필요한 보호를 하지 않음으로 인해 그 생명·신체를 위험한 상태에 빠지게 함으로써 성립하는 죄로 단순유기죄, 존속유기죄, 영아유기죄, 존속학대죄 등이 있다.

2. 자유와 안전에 관한 죄

(1) 체포·감금죄 (제29장 제286조-제282조)

사람을 불법하게 체포 또는 감금함으로써 성립하는 죄이다.

(2) 협박죄 (제30장 제283조-제286조)

사람을 협박하는 죄(협박 : 해악을 고지함으로써 상대방에게 공포심을 일으키게 하는 것)이다. 단순협박죄, 존속협박죄, 특수협박죄 등이 있다.

(3) 약취·유인죄 (제31장 제287조-제296조)

사람을 약취 또는 유인하는 죄이다. 폭행·협박을 수단으로 하는 경우는 약취이고 기망·유혹을 수단으로 하는 경우는 유인이다. 이에는 미성년자를 약취·유인하는 미성년자약취·유인죄를 비롯하여 영리약취·유인죄, 부녀매매죄, 약취·유인매매죄, 국외이송죄, 결혼약취·유인죄 등이 있다.

(4) 강간·추행·간음죄 (제32장 제297조-제306조)

사람의 성생활의 자유를 침해함으로써 성립하는 죄로 강간죄, 준강간죄, 강제추행죄, 유년자추행죄, 강간강제추행치사상죄, 피감호부녀간음죄, 음행비상습부녀간음죄 등이 이에 속한다.

(5) 주거침입죄 (제36장 제319조-제322조)

사람의 주거, 간수하는 저택·건조물이나 선박 또는 점유하는 방실에 침입하여 주거의 안전을 해하는 죄를 말한다.

(6) 권리행사방해죄 (제37장 제323조-제328조)

타인의 점유 또는 권리의 목적이 된 자기의 물건을 취거.은닉하거나 타인의 재산권을 행사하는 것을 방해하거나, 또는 강제집행을 면할 목적으로 채권자를 해하였을 때 성립되는 죄이다.

3. 명예 · 신용 · 업무에 관한 죄

(1) 명예훼손죄 (제33장 제307조-제312조)

사실 또는 허위의 사실을 적시하여 공연히 타인의 명예를 훼손함으로써 성립하는 명예훼손죄, 출판물에 의한 명예훼손죄, 모욕죄 등이 있다.

(2) 신용 · 업무와 경매에 관한 죄 (제34장 제313조-제315조)

사람의 경제적 생활의 안전을 침해하는 신용훼손죄, 업무방해죄, 경매입찰방해죄 등이 있다.

(3) 비밀침해 · 업무상비밀누설죄 (제35장 제316조-제318조)

봉함 기타 비밀장치한 사람의 편지, 문서 또는 도화를 개봉하거나 특수매체기록을 기술적 수단을 이용하여 그 내용을 알아낸 비밀침해죄와 의사나 변호사 등이 그 업무 처리중 지득한 타인의 비밀을 누설한 업무상비밀누설죄가 있다.

4. 재산에 관한 죄

(1) 절도 · 강도죄 (제38장 제329조-제346조)

절도죄란 타인의 재물을 타인의 의사에 반하여 탈취함으로써 성립하는 범죄로 이에는 단순절도죄, 야간주거침입절도죄, 특수절도죄 등이 있다.

강도죄에는 폭행 또는 협박으로 타인의 재물을 강취하거나 기타 재산상의 이익을 취득하거나 제3자로 하여금 취득하는 단순강도죄, 특수강도죄, 강도상해치사상죄, 강도살인죄, 강도강간죄 등이 있다.

(2) 사기·공갈죄 (제39장 제347조-제354조)

사기죄란 사람을 기망하여 재물의 교부를 받거나 재산상의 이익을 얻거나, 또는 제3자로 하여금 재물의 교부를 받게 하거나 재산상의 이익을 얻게 함으로써 성립하는 범죄로 사기죄, 준사기죄, 부당이득죄 등이 있다.

공갈죄는 타인을 공갈하여 재물의 교부를 받거나 재산상의 이익을 얻거나, 또는 제3자로 하여금 재물의 교부를 받게 하거나 재산상의 이익을 얻게 함으로써 성립한다.

(3) 횡령·배임죄 (제40장 제355조-제361조)

타인의 재물을 보관하는 자가 그 재물을 횡령하거나 그 반환을 거부함으로써 성립하는 단순횡령죄, 업무상횡령죄, 점유이탈물횡령죄, 타인의 사무를 처리하는 자가 그 임무에 위배하여 재산상의 이익을 얻거나 제3자로 하여금 얻게 하여 본인에게 손해를 가하는 단순배임죄, 업무상배임죄, 배임수·증재죄 등이 이에 속한다.

(4) 장물죄 (제41장 제362조-제365조)

재산죄에 의하여 불법으로 영득한 재물을 취득·양여·운반·보관 또는 알선함으로써 성립하는 범죄(장물 : 재산죄에 의하여 영득한 재물)이다.

(5) 손괴죄 (제42장 제366조-제372조)

타인의 재물에 대한 효용을 멸각·감소하는 행위를 함으로써 성립한다. 이에는 재물·문서손괴죄, 공익건조물파괴죄, 특수손괴죄, 경계침범죄 등이 있다.

Chapter

04   민 법

Section
1   민법의 기본원칙

Ⅰ. 민법의 의의

민법(民法)은 실체법(實體法)인 일반사법이며, 그 내용은 재산법(財産法)과 가족법(家族法)으로 이루어진다. 사법에는 일반법인 민법이외에 특별법도 있는데, 그 대표적인 것이 상법이다. 형식적 의미의 민법인 민법전은 총칙, 물권, 채권, 친족, 상속 5편으로 구성되어 있다. 제1편 총칙은 민법 전체에 공통되는 원칙적 규정이며, 그 내용은 권리의 주체, 권리의 객체 및 권리의 변동 즉 법률관계의 논리적 체계화와 일반원칙을 규정하고 있는데, 가족법에는 그대로 적용되지 않는 규정도 적지 않다.

Ⅱ. 민법의 기본원칙

1. 근대 민법의 기본원칙

근대사회는 개인의 자유와 평등을 기반으로 하는 시민사회이다. 모든 인간은 하나의 인격자로서 사회활동의 자유를 보장받고 있으며, 봉건적인 차별성은 인정되지 않는다. 이러한 근대사회에서의 민법은 다음과 같은 원칙을 그 지도원리로 삼고 있다.

(1) 소유권 절대의 원칙

근대시민사회에 있어서의 개인생활의 영위는 사유재산의 보장 없이는 불가능하다. 따라서 개인의 사유재산은 그 누구에 의해서도 침해당하지 않는 절대적인 권리이며, 소유권절대의 원칙이야말로 근대민법의 제1원리라고 할 수 있다. 소유권절대의 원칙을 사유재산권보장의 원칙이라고도 한다.

(2) 사적자치의 원칙(법률행위자유의 원칙, 계약자유의 원칙)

개인과 개인과의 법률관계는 누구의 간섭도 받지 않고 자신의 자유로운 의사결정에 의하여 형성할 수 있다는 것이 사적자치의 원칙이고, 일정한 법률관계를 맺는 당사자의 행위가 바로 법률행위로서 법률행위자유의 원칙 또는 계약자유의 원칙이라고도 한다.

(3) 과실책임의 원칙

타인의 권리를 침해하거나, 타인과의 약속을 지키지 않음으로써 타인에게 피해를 주면 법적인 책임을 지어야 한다. 이러한 법적 책임은 당사자에게 고의(故意)나 과실(過失)이 있는 경우에만 책임을 지우되, 고의나 과실이 없을 때에는 책임을 묻지 않는다는 원칙을 과실책임의 원칙이라고 하며, 자기의 과실에 대해서만 책임을 진다는 의미에서 자기책임의 원칙이라고도 한다.

2. 현대 민법의 기본원칙

자유와 평등을 기반으로 한 근대민법은 자본주의제도의 법적 지주로서 자본주의 사회의 발전에 크게 공헌하였으나, 자본의 독점과 부의 편중으로 인하여 형식적인 법 앞의 자유와 평등을 보장할 뿐 실질적인 부자유와 불평등을 초래하는 부작용을 낳기도 하였다. 즉 소유권절대의 원칙은 일부 유산자의 재산보장 수단으로 작용하였을 뿐 대다수의 무산자에게는 한낱 장식물에 불과하며, 계약자유의 원칙은 자본가의 노동자에 대한 착취와 지배의 구실을 주는데 불과하였던 것이다.

자본주의가 고도로 발달한 현대사회에 있어서는 노동자나 빈민과 같은 사회적 약자에게도 실질적인 자유와 평등을 보장하기 위한 새로운 지도원리가 요구되게 되었는데,

현대민법의 기본원칙은 근대민법의 기본원칙을 바탕으로 하여 그것을 보완하고 수정하는 형태를 띠고 있다.

(1) 소유권 공공의 원칙

소유권(所有權)은 소유자를 위한 절대적인 것이 아니라 사회전체의 이익을 위하여 제한을 받아야 하는 성질의 것이라는 원칙이다. 헌법은 「재산권의 행사는 공공복리에 적합하도록 하여야 한다.」(제23조 2항)고 규정하여 소유권의 공공성이 모든 법률관계에 미치는 일반원칙임을 선언하고 있으며, 민법 제2조 2항의 「권리는 남용하지 못한다.」라든가 제211조의 「소유자는 법률의 범위 내에서 그 소유물을 사용·수익·처분할 권리가 있다」는 규정은 헌법의 일반원칙을 구체화한 원칙이다.

(2) 계약공정의 원칙

사회질서에 반하는 계약이나 현저히 공정성을 잃은 계약은 보호받지 못한다는 원칙을 말한다. 민법 제104조는 「당사자의 궁박(窮迫), 경솔 또는 무경험으로 인하여 현저하게 공정성을 잃은 법률행위는 무효로 한다」고 규정하며, 제2조 1항에서는 「권리의 행사와 의무의 이행은 신의에 좇아 성실히 하여야 한다」고 규정하는 바, 여기에서의 신의성실은 주로 공정성을 의미하는 것이다.

(3) 무과실책임(위험책임)의 원칙

타인의 피해에 대하여 직접적인 고의나 과실이 없는 경우에도 일정한 손해배상의 책임을 지게 하는 원칙을 말한다. 이 원칙은 위험성 있는 기업의 활동으로 인한 근로자 및 일반대중에 대한 피해문제를 적절히 해결하기 위해서는 과실책임의 원칙으로는 공정한 결론을 얻지 못한다는 비판에 따라 나타나게 된 것이며, 그 근거에 관해서는 위험책임설이 일반적인 학설로 인정되어 있다. 자동차손해배상보장법과 같은 특별법에서 무과실책임의 원칙을 인정한 규정을 찾아 볼 수 있는데, 민법에서는 일반원칙으로까지 인정되지는 않고 특별한 경우(공작물의 소유자책임 등)에만 인정된다.

3. 민법의 지도이념

(1) 신의성실의 원칙

모든 사람이 사회공동생활의 구성원으로서 "서로 상대방의 신뢰를 헛되이 하지 않도록 권리 행사와 의무이행을 신의에 좇아 성의 있게 행동하여야 한다는 원칙"을 말한다. 민법 제2조제1항은 "권리의 행사와 의무의 이행은 신의에 좇아 성실히 하여야 한다"고 규정하여, 신의성실의 원칙을 규정하고 있다. 권리행사가 신의 성실의 원칙에 반(反)할 때에는 정당한 권리 행사로 볼 수 없으며 권리 남용이 되고, 의무이행이 신의 성실의 원칙에 반할 때에는 의무불이행이 된다. 예를 들면, 갑(甲)은 얼마 전 을(乙)회사에 연차유급휴가수당 200만원을 청구하였는데, 을(乙)회사는 갑(甲)에게 230KG이 넘는 동전으로 수당을 지급하였을 경우 =〉 을(乙)회사의 금전채무이행은 신의에 좇아 성실히 이행한 것으로 볼 수 없어 갑(甲)은 동전의 수령을 거부하고 채무불이행책임을 물을 수 있다.[51]

(2) 권리남용금지의 원칙

형식상은 권리의 행사로서의 외형을 갖추고 있지만, 실질적으로는 신의 성실의 원칙과 권리의 사회성·공공성에 반하므로 권리의 행사로서 정당성이 인정되지 않는 경우를 말한다. 권리의 행사가 신의성실의 원칙에 반하는 경우에는 권리남용(權利濫用)이 되는 것이 보통이다. 민법은 제2조제2항에서 "권리는 남용하지 못한다"라고 규정하여 이른바 권리남용금지의 법리를 규정하고 있다.

---

[51] 신의성실의 원칙의 파생적 원칙으로 사정변경의 원칙, 실효의 원칙, 금반언의 원칙을 들 수 있다. ① 사정변경(事情變更)의 원칙이란, 계약체결 당시와 사정이 현저히 변경된 결과 당초에 정하여진 계약의 효과를 그대로 유지·강제하는 것이 신의·공평에 반하는 부당한 결과를 발생시킬 경우에는, 이 원칙이 적용되어 계약의 법률효과를 새로운 사정에 적합하도록 변경하거나 또는 부정하여야 한다는 원칙이다. ② 실효(失效)의 원칙은 권리자가 그의 권리를 장기간 행사하지 않고 있기 때문에 상대방이 이제는 그 권리의 행사에 없는 것으로 믿을 만한 정당한 사유를 가지게 되어, 새삼스럽게 그 권리를 행사한다는 것이 신의칙에 반한다고 인정되는 경우에는 권리의 행사는 허용되지 않는다는 원칙이다. ③ 금반언(禁反言)의 원칙은 갑이 을의 표시를 믿고 이에 기인하여 자기의 지위를 변경한 때에는 을은 뒤에 이르러 자기의 표시가 진실에 반하였다고 하는 것을 이유로 그것을 뒤집을 수 없다고 하는 원칙(예: 민법 제452조제2항)이다.

2   권리의 주체

권리를 갖고 의무를 부담하는 자를 권리의 주체라고 하며, 권리의 주체가 될 수 있는 법률상의 지위 또는 자격을 「권리능력」 혹은 「인격」이라고 한다. 권리의 주체가 될 수 있는 존재는 바로 사람 즉 「자연인(自然人)」이며, 자연인 이외에 법이 일정한 「사단」과 「재단」에 인격을 인정한 존재로서 「법인(法人)」이 있다.

Ⅰ. 자연인

1. 권리능력과 의사능력

(1) 권리능력

권리능력(權利能力)이란 법적인 권리나 의무의 주체가 될 수 있는 자격을 말한다. 자연인은 출생한 때, 즉 태아52]가 모체로부터 완전히 분리된 때부터(전부노출설) 권리능력을 취득하며53], 사망하면54] 권리능력을 상실한다(제3조). 근대법이래 이른바 「권리능

52] 태아(胎兒)라 함은 임신 후 분만시까지의 생명체를 말한다. 민법상 사람의 출생시기에 관하여는 완전노출설이 통설이므로, 부모로부터 태아에게는 권리능력이 없다. 그러나 이 원칙을 관철한다면 태아에게 불리하게 되거나 상식에 반하는 경우가 생기게 된다. 따라서 민법은 예외적으로 태아의 권리능력을 인정하는 규정을 두고 있는데, 불법행위로 인한 손해배상의 청구(제762조)·상속순위(제1000조 제3항)·대습상속(제988조에 의한 1000제3항의 유추적용)·유증(제1064조에 의한 제1000조제3항의 준용)·사인증여(제562조에 의한 제1064조의 준용)·유류분권(제1112조) 등의 6개의 법률관계에 관해서는 태아를 이미 출생한 것으로 보고 있다.

53] 민법상 출생에 관하여는 언제부터 출생으로 볼 것인가에 따라 진통설·일부노출설·전부노출설·독립호흡설 등이 있으나, 통설은 전부노출설이다. 그러나 형법상 '영아살해죄(제251조)의' 객체를 '분만 중 또는 분만직후'의 영아로 하고 있으므로, 그 해석상 분만이 개시되면 형법상의 '사람'이 존재하게 된다는 이유에서 진통설이 통설로 되었다.

54] 2인 이상이 동일한 위난으로 사망한 경우에는 동시에 사망한 것으로 추정한다(제30조). 동시사망의 추정이란, 2인 이상이 동일한 위난으로 사망한 경우(예컨대, 추락한 비행기나 조난당한 선박에 동승하였다거나 또는 화재로 소실된 호텔에 동숙하였다가 이러한 위난으로 사망한 경우), 어느 쪽 먼저 사망하였는지 알 수 없는 것은 상속 등에 크게 문제가 되므로, 각 국의 법률은 이에 관하여

력평등의 원칙」에 따라 모든 자연인은 신분·계급·직업·연령·성별 등에 의하여 차별을 받지 않고 평등하게 권리능력을 가진다. 외국인도 원칙적으로 내국인과 동일한 권리능력을 가지나, 광업권, 선박·항공기소유권, 특허권, 주식 등에 대하여는 권리능력이 부인되거나 제한되는 경우가 있다.

(2) 의사능력

의사능력(意思能力)이란 법률행위를 함에 있어서 행위의 의미와 결과를 합리적으로 판단하여 정상적인 의사 결정을 할 수 있는 정신적 능력을 말한다. 의사능력의 유무는 구체적인 법률행위와 관련하여 개별적으로 판단되어야 한다(대법원 2002.10.11. 선고 2001다 10113 판결).

2. 행위능력

행위능력(行爲能力)이란 단독으로 유효한 법률행위를 할 수 있는 능력을 말하며, 행위능력을 가지지 못한 자를 무능력자(無能力者)라고 한다.

자연인은 생존하는 동안 누구나 평등하게 권리능력이 인정되며, 이를 바탕으로 타인과의 의사소통을 통하여 일정한 법률관계를 맺거나 해소하는 행위(법률행위)를 할 수 있다. 그런데 유효·적절한 법률행위를 함에는 적어도 자기행위의 의미나 결과를 합리적으로 판단할 수 있는 지능 내지 판단능력이 요구되며, 이러한 의사능력이 없거나 부족한 사람에게는 일정한 보호조치가 필요한데, 이를 위한 법제도가 무능력자제도이다.

3. 무능력자(無能力者)

민법은 행위무능력자를 보호하면서도 거래안전을 해하지 않기 위하여 누가 무능력자이며, 무능력자의 행위능력의 범위와 그 제한에 관하여 획일적으로 규정하고 있는바, 민법상 무능력자는 미성년자·한정후견제·성년후견제등이 있다.

추정규정을 두고 있다. 2인 이상이 동일한 위난으로 사망한 경우에는 동시에 사망한 것으로 추정한다.

(1) 미성년자

미성년자(未成年者)란 만 19세가 되지 않은 자이다(제4조).[55] 미성년자도 혼인하면 성년에 달한 것으로 본다(제826조의 2). 미성년자가 법률행위를 함에는 법정대리인(친권자나 후견인)의 동의를 얻어야 하며, 법정대리인의 동의 없는 미성년자의 법률행위는 취소할 수 있다(제5조). 그러나 권리만을 얻거나 의무만을 면하는 행위, 법정대리인이 범위를 정하여 처분을 허락한 재산의 처분행위(제6조), 법정대리인으로부터 허락을 얻은 특정영업에 관하여는 단독으로 법률행위를 할 수 있다(제8조).

(2) 성년후견제도

성년후견제는 정신지체자 등이 독자적으로 법률행위를 전혀 할 수 없도록 하였던 금치산·한정치산제도를 폐지하고, 본인의 의사와 사무처리능력의 수준을 최대한 존중할 수 있는 탄력적 후견제도이다. 또한 성년후견제는 사무처리능력이 부족한 장애인·노약자 등이 자신의 능력에 알맞게 법률행위의 조력을 받을 수 있는 맞춤형 후견제도이다.

성년후견제는 4가지의 다양한 후견 유형으로 구성되어 있는데, 즉 ① 사무처리능력이 지속적으로 결여되어 대부분 법률행위의 조력을 받는 **성년후견**, ② 일부분의 조력만 받는 **한정후견**, ③ 일시적 또는 특정사무의 후원만 받는 **특정후견**, ④ 장래의 정신능력 악화에 대비하여 본인이 직접 후견인과 후견 내용을 정하는 **계약후견**이 그 유형이다.

개정전 민법상의 금치산·한정치산자의 행위를 일률적으로 취소할 수 있었던 것과 달리, 성년후견제에서는 가정법원에서 정한 법률행위나 일용품 구입 등 일상적 법률행위에 대해서 피후견인이 독자적으로 할 수 있다. 복수·법인 후견인 선임을 허용하여 변호사, 법무사, 세무사, 사회복지사 또는 전문 법인 등이 후견에 참여할 수 있다.

1) 성년후견개시와 종료

가정법원은 질병, 장애, 노령, 그 밖의 사유로 인한 정신적 제약으로 사무를 처리할 능력이 지속적으로 결여된 사람에 대하여 본인, 배우자, 4촌 이내의 친족, 미성년후견인, 미성년후견감독인, 한정후견인, 한정후견감독인, 특정후견인, 특정후견감독인, 검사

55| 독일·프랑스·미국·중국은 18세, 일본·대만은 20세를 성년으로 규정하고 있다.

또는 지방자치단체의 장의 청구에 의하여 성년후견개시의 심판을 한다(민법 제9조 제1항). 가정법원은 성년후견개시의 심판을 할 때 본인의 의사를 고려하여야 한다(민법 제9조 제2항).

성년후견개시의 원인이 소멸된 경우에는 가정법원은 본인, 배우자, 4촌 이내의 친족, 성년후견인, 성년후견감독인, 검사 또는 지방자치단체의 장의 청구에 의하여 성년후견 종료의 심판을 한다(민법 제11조).

2) 피성년후견인의 행위와 취소

피성년후견인의 법률행위는 취소할 수 있다(민법 제10조 제1항). 그러나 일용품의 구입 등 일상생활에 필요하고 그 대가가 과도하지 아니한 법률행위는 성년후견인이 취소할 수 없다(민법 제10조 제4항). 가정법원은 취소할 수 없는 피성년후견인의 법률행위의 범위를 정할 수 있다(민법 제10조 제2항). 가정법원은 본인, 배우자, 4촌 이내의 친족, 성년후견인, 성년후견감독인, 검사 또는 지방자치단체의 장의 청구에 의하여 제2항의 범위를 변경할 수 있다(민법 제10조 제3항).

3) 한정후견개시의 심판과 종료

가정법원은 질병, 장애, 노령, 그 밖의 사유로 인한 정신적 제약으로 사무를 처리할 능력이 부족한 사람에 대하여 본인, 배우자, 4촌 이내의 친족, 미성년후견인, 미성년후견감독인, 성년후견인, 성년후견감독인, 특정후견인, 특정후견감독인, 검사 또는 지방자치단체의 장의 청구에 의하여 한정후견개시의 심판을 한다(민법 제12조 제1항).

한정후견개시의 원인이 소멸된 경우에는 가정법원은 본인, 배우자, 4촌 이내의 친족, 한정후견인, 한정후견감독인, 검사 또는 지방자치단체의 장의 청구에 의하여 한정후견 종료의 심판을 한다(민법 제14조).

4) 피한정후견인의 행위와 동의

가정법원은 피한정후견인이 한정후견인의 동의를 받아야 하는 행위의 범위를 정할 수 있다(민법 제13조 제1항). 가정법원은 본인, 배우자, 4촌 이내의 친족, 한정후견인, 한정후견감독인, 검사 또는 지방자치단체의 장의 청구에 의하여 한정후견인의 동의를 받아야만 할 수 있는 행위의 범위를 변경할 수 있다(민법 제13조 제2항). 한정후견인의 동의를 필요로 하는 행위에 대하여 한정후견인이 피한정후견인의 이익이 침해될 염려가 있음에도 그 동의를 하지 아니하는 때에는 가정법원은 피한정후견인의 청구에 의하여 한정후견인의 동의를 갈음하는 허가를 할 수 있다(민법 제13조 제3항). 한정후견인의 동의가 필요한 법률행위를 피한정후견인이 한정후견인의 동의 없이 하였을 때에는 그 법률행위를 취소할 수 있다. 다만, 일용품의 구입 등 일상생활에 필요하고 그 대가가 과도하지 아니한 법률행위에 대하여는 그러하지 아니하다(민법 제13조 제4항).

5) 특정후견의 심판

가정법원은 질병, 장애, 노령, 그 밖의 사유로 인한 정신적 제약으로 일시적 후원 또는 특정한 사무에 관한 후원이 필요한 사람에 대하여 본인, 배우자, 4촌 이내의 친족, 미성년후견인, 미성년후견감독인, 검사 또는 지방자치단체의 장의 청구에 의하여 특정후견의 심판을 한다(제14조의2 제1항). 특정후견은 본인의 의사에 반하여 할 수 없다(민법 제14조의2 제2항). 특정후견의 심판을 하는 경우에는 특정후견의 기간 또는 사무의 범위를 정하여야 한다(민법 제14조의2 제3항).

6) 심판 사이의 관계

가정법원이 피한정후견인 또는 피특정후견인에 대하여 성년후견개시의 심판을 할 때에는 종전의 한정후견 또는 특정후견의 종료 심판을 한다(민법 제14조의3 제1항). 가정법원이 피성년후견인 또는 피특정후견인에 대하여 한정후견개시의 심판을 할 때에는 종전의 성년후견 또는 특정후견의 종료 심판을 한다(민법 제14조의3 제2항).

(4) 제한능력자 상대방의 보호

제한능력자가 법정대리인의 동의 없이 단독으로 한 법률행위는 일단 유효하기는 하지만 언제 취소될는지 모르게 된다. 따라서 제한능력자와 거래한 상대방은 극히 불안정한 지위에 놓이게 되는 바, 그 결과 '제한능력자의 상대방의 불안정 상태의 구제'라는 공평의 원칙과 '일반사회의 거래관계의 불안정 제거'라는 거래의 안전을 위해서 제한능력자의 상대방보호가 필요하다.

제한능력자 상대방의 보호를 위하여 민법은 ① 제한능력자의 상대방의 확답을 촉구할 권리(제15조), ② 제한능력자 상대방의 철회권과 거절권(제16조), ③ 제한능력자의 속임수(사술, 詐術)의 경우의 취소권의 배제(제17조) 등을 인정하고 있다.

① 제한능력자의 상대방의 확답을 촉구할 권리

제한능력자의 상대방은 제한능력자가 능력자가 된 후에 그에게 1개월 이상의 기간을 정하여 그 취소할 수 있는 행위를 추인할 것인지 여부의 확답을 촉구할 수 있다. 능력자로 된 사람이 그 기간 내에 확답을 발송하지 아니하면 그 행위를 추인한 것으로 본다(민법 제15조 제1항). 제한능력자가 아직 능력자가 되지 못한 경우에는 그의 법정대리인에게 촉구를 할 수 있고, 법정대리인이 그 정하여진 기간 내에 확답을 발송하지 아니한 경우에는 그 행위를 추인한 것으로 본다(민법 제15조 제2항). 특별한 절차가 필요한 행위는 그 정하여진 기간 내에 그 절차를 밟은 확답을 발송하지 아니하면 취소한 것으로 본다(민법 제15조 제3항).

② 철회권·거절권

철회권(撤回權)은 상대방이 제한능력자와 한 계약의 효력을 부인하는 권리를 말하고, 거절권(拒絶權)은 상대방이 제한능력자의 단독행위의 효력을 부인하는 권리를 말한다.
제한능력자가 맺은 계약은 추인이 있을 때까지 상대방이 그 의사표시를 철회할 수 있다. 다만, 상대방이 계약 당시에 제한능력자임을 알았을 경우에는 그러하지 아니하다(민법 제16조 제1항). 제한능력자의 단독행위는 추인이 있을 때까지 상대방이 거절할 수 있다(민법 제16조 제2항). 철회나 거절의 의사표시는 제한능력자에게도 할 수 있다(민법 제16조 제3항).

③ 취소권의 배제

제한능력자가 속임수로써 자기를 능력자로 믿게 한 경우에는 그 행위를 취소할 수 없다(제17조 제1항). 미성년자나 피한정후견인이 속임수로써 법정대리인의 동의가 있는 것으로 믿게 한 경우에도 그 행위를 취소할 수 없다(동법 제17조 제2항).

4. 주소(住所)

주소(住所)는 생활의 근거가 되는 곳을 말하며, 동시에 두 곳 이상 있을 수 있다(제18조). 주소를 알 수 없으면 거소(居所: 사람이 다소의 기간 계속하여 거주하는 장소)를 주소로 본다(제19조). 국내에 주소가 없는 자는 거소를 주소로 본다(제20조). 어느 행위에 관하여 가주소(假住所)를 정한 때에는 그 행위에 관하여는 이를 주소로 본다(제21조).

5. 부재와 실종

(1) 부재자

부재자(不在者)란 종래의 주소나 거소를 떠나 현재 그 거처가 불분명하고 당분간 돌아올 가망성이 없어 종래의 주소나 거소에 있는 그의 재산이 관리되지 못하고 있는 자를 말한다. 부재자의 소재불명 내지 생사불명 상태는 잔류재산의 관리에 중대한 영향을 미치게 되므로, 민법은 부재자가 아직 생존하고 있는 것으로 추측하여 그의 재산을 관리해 주면서 돌아오길 기다리는 부재자의 「재산관리제도」를 두고 있다(제22-26조).

(2) 실종

실종(失踪)이란 사람의 소재 및 생사를 알 수 없는 생사불명의 상태를 말한다. 부재자의 생사가 5년(위난실종은 1년)간 분명하지 않은 때에는 이해관계인 및 검사의 청구로 실종선고를 하게 되며, 실종선고를 받은 자는 실종기간이 만료된 때에 사망한 것으로 본다(제27 및 제28조). 반증(反證)을 들어 선고의 효과를 다툴 수 없으며 실종선고 자체가 취소(取消)되지 않는 한 사망의 효과는 그대로 존속한다. 선고취소가 취소되면 처음부터 실종선고가 없었던 것과 마찬가지의 효과가 생긴다.

실종자가 생환하거나 사망시점이 다른 때에는 본인 등의 청구에 의하여 실종선고를 취소하여야 하는데, 선고후 취소전의 선의로 한 행위는 효력에 영향이 미치지 않는다(제29조 제1항). 실종선고를 직접원인으로 선의로 취득한 재산은 현존이익의 범위에서 반환의무가 있고, 악의인 때에는 이자 및 손해까지 배상하여야 한다(제29조 제2항).

Ⅱ. 법 인

1. 법인의 의의와 종류

법인(法人)이란 자연인이 아니면서 법에 의하여 권리능력이 인정된 사단과 재단을 말하며, 크게는 공법인(公法人)과 사법인(私法人)으로 구분할 수 있으며, 국가와 지방자치단체 등은 공법인이다.

사단법인은 2인 이상의 단체로 이루어지는 법인으로, 설립자가 정한 정관(定款)에 따라 그 목적사업을 운영한다. 사단법인에는 민법이 규율하는 비영리법인과 상법이 규율하는 영리법인(회사)이 있다.

　　재단법인은 일정한 목적을 위하여 기부된 재산을 중심으로 성립하는 법인으로, 재산을 기부한 설립자가 정한 정관에 규정된 목적과 조직에 따라 대표자가 그 목적사업을 운영한다. 재단법인은 영리를 목적으로 할 수 없으므로 비영리법인이다.

```
┌ 공법인──국가, 지방자치단체
└ 사법인┬─사단법인┬─비영리법인
        │          └─영리법인(상법상의 회사)
        └─재단법인(비영리법인)
```

2. 법인과 능력

　　법인도 자연인과 마찬가지로 인격체이나 그 성질상 자연인만이 누리는 생명권(生命權), 신체권(身體權) 및 가족권은 가질 수 없다. 민법은 법인의 권리능력에 관하여 「법인은 법률의 규정에 좇아 정관으로 정한 목적의 범위내에서 권리와 의무의 주체가 된다」(제34조)고 규정하나, 행위능력의 제한에 관하여는 아무런 규정도 두지 않고 있다. 즉 법인에는 자연인과 달리 무능력자제도가 없다.

　　법인은 이사 기타 대표자가 그 직무에 관하여 타인에게 손해를 가한 때에는 그 손해를 배상할 책임을 진다(제35조 제1항). 법인의 목적범위 외의 행위로 인하여 타인에게 손해를 가한 때에는 그 사항의 의결에 찬성하거나 그 의결을 집행한 사원, 이사 기타 대표자가 연대하여 배상하여야 한다(제35조 제2항). 즉 법인도 자연인과 마찬가지로 불법행위능력이 인정된다.

3. 법인의 설립과 기관

　　민법상의 비영리법인(非營利法人)은 설립자가 그 목적, 명칭 및 조직 등 법인에 관한 중요사항을 기재한 정관을 작성하여, 주무관청의 허가를 얻고, 등기를 함으로써 설립된다(제40조 이하).

법인은 자연인과는 달리 신체를 가지고 있지 않으므로 사람으로 이루어진 조직에 의하여 활동하게 된다. 이와 같이 사람으로 이루어진 법인의 조직을 법인의 기관이라고 한다.

법인의 필수기관으로 이사가 있고, 사단법인에는 최고의사결정기관으로서 사원총회가 있다. 이밖에 법인은 감사(임의기관)를 둘 수 있다(제66조).

(1) 이사

이사(理事)는 대내적으로는 법인의 업무를 집행하며(업무집행기관), 대외적으로는 법인을 대표한다(대표기관). 이사가 법인을 대표한다는 것은 이사의 행위가 바로 법인의 행위로 취급된다는 뜻이다. 이사가 여러 명인 경우 법인의 사무집행은 과반수로 결정하나(제58조), 이사 각자가 대표권을 갖는다(제59조). 이사의 대표권은 정관이나 사원총회의 결의로 제한할 수 있지만(59조 1항 단서), 이를 등기하지 아니하면 제3자에게 대항하지 못한다(제60조).

(2) 사원총회

사원총회(社員總會)는 사단법인의 사원으로 구성되는 최고의사결정기관이다. 물론 재단법인에는 사원이 없으므로 사원총회도 없다. 사원총회는 정관으로 이사 기타 임원에게 위임한 사항 외에는 사단법인의 모든 사무에 대하여 결정권을 가진다(제68조). 이사는 매년 1회 이상 통상총회를 소집하여야 한다(제69조). 총회의 결의는 민법 또는 정관에 다른 규정이 없으면 사원과반수의 출석과 출석사원의 결의권의 과반수로 한다(제75조).

(3) 감사

감사(監事)는 법인의 재산상황과 이사의 업무집행 상황을 감사하며, 부정이나 비리를 발견한 때에는 이를 사원총회 또는 주무관청에 보고하여야 한다.

4. 법인의 해산

법인은 존립기간의 만료, 그 목적의 달성 또는 달성불능 기타 정관에 정한 해산사유의 발생, 파산 또는 설립허가의 취소로 해산하며, 사단법인은 사원이 없게 되거나 총회의 결의로도 해산한다(제77조). 해산한 법인은 일정한 청산절차를 거쳐 소멸한다.

Section 3 권리의 객체

I. 총 설

권리의 대상을 권리의 객체라 하며, 물권은 물건(物件), 채권은 채무자의 행위(급부·급여), 무체재산권(無體財産權)은 저작·발명 등의 정신적 산물, 인격권은 권리주체의 자신이 그 객체이다. 민법은 이 중에서 재산권의 기본적 객체라 할 물건에 관해서만 통칙적인 규정을 두고 있다.

II. 물건의 의의

물건(物件)이란 유체물 및 전기 기타 관리할 수 있는 자연력을 말한다(제98조). 여기서 유체물이란 고체, 액체, 기체와 같이 공간의 일부를 차지하는 유형적 존재를 말하며, 전기를 비롯하여 열·빛·원자력 등과 같은 관리할 수 있는 자연력과 같은 무체물(無體物)도 물건에 속한다.

물건은 사람이 지배할 수 있는 것에 한정되므로, 해·달·별 등은 유체물이지만 그 관리가능성(배타적 지배가능성)이 없으므로 법률상의 물건이 아니다. 또한 물건은 권리의 주체인 사람의 신체가 아닌 외계의 일부이어야 한다(비인격성). 다시 말해, 사람의 신체 및 그 일부는 물건이 아니다. 따라서 의치(義齒)·의안(義眼)·의지(義肢) 등도 신체에 고착되어 있는 경우에는 물건으로 볼 수 없고 신체의 일부로 취급된다. 그러나 신체의 일부라 할지라도 신체로부터 분리 내지 절단된 모발·혈액·치아 등은 물건이며, 선량한 풍속 기타 사회질서에 반하지 않는 한 이를 처분하는 행위도 유효하다.

시체(屍體)가 물건이라는 데에는 학설이 일치하나, 소유권의 객체가 되느냐에 관하여는 학설이 대립한다. 즉 시체는 특수성이 있으므로 소유권의 대상이 아니라 관습법상의 관리권의 객체일 뿐이라는 견해가 없는 것은 아니나, 특수소유권설이 다수설이다.

Ⅲ. 물건의 종류

민법은 물건을 ① 동산(動産)과 부동산(不動産)으로 분류하고,56) ② 주물(主物)과 종물(從物), ③ 원물(元物)과 과실(果實)에 대하여 원칙적인 규정을 두고 있다.

1. 동산 · 부동산

부동산(不動産)은 토지와 그 정착물을 말한다(제99조 1항). 토지란 일정한 범위의 지면에 정당한 이익이 있는 범위 내에서의 그 수직의 상하(공중, 지하)를 포함하는 공간적 관념이며, 정착물이란 건물 · 수목 · 교량 등 토지에 계속적으로 부착된 물건을 말한다. 이와 같은 토지의 정착물은 토지의 구성부분으로 취급되며 물건으로서의 독립성을 인정받지 못하는 것이 원칙이나, 건물은 토지와는 별개의 부동산으로 취급되고, 관습법상의 명인방법을 갖추면 일정한 수목의 집단이나 농작물(과일, 배추)도 토지와는 독립된 물건으로 취급된다.

부동산 이외의 모든 물건은 동산(動産)이다(제99조 2항). 선박 · 자동차 · 항공기는 동산이지만 부동산과 마찬가지로 등기 · 등록을 통하여 그 권리관계를 공시한다.

금전은 가치척도이자 상품거래의 수단이고 개성이 없으므로 법률상 특별한 취급을 받는다(즉 점유자에게 그 정당성여부를 불문하고 바로 소유권이 인정된다).

---

56) 이밖에도 학설상으로는 ① 물건의 형태에 따라 단일물 · 합성물 · 집합물, ② 사법거래의 객체가 될 수 있느냐에 따라 융통물 · 불융통물, ③ 성질 또는 가치를 크게 손상시키지 않고 분리할 수 있느냐에 따라 可分物 · 不可分物, ④ 동일한 용도에 재차 사용할 수 있느냐에 따라 소비물 · 비소비물, ⑤ 거래 일반에 있어 개성을 중시하느냐에 따라 대체물 · 불대체물, ⑥ 특정거래에 있어 당사자의 의사에 따라 특정물 · 불특정물(종류물)로 분류할 수 있다.

2. 주물·종물

어떤 물건의 소유자가 그 물건의 효용을 돕기 위하여 자기 소유인 다른 물건을 이에 귀속시킨 경우에(예컨대 시계와 시계줄, 배와 노, 가옥과 문짝), 그 귀속시킨 물건을 종물(從物)이라 하고 도움을 받는 주된 물건을 주물(主物)이라고 한다. 종물은 원칙적으로 주물의 처분에 따르므로 주물과 그 법률적인 운명을 같이 하는 것이 원칙이다 (제100조, 임의규정).

3 원물·과실

어떤 물건으로부터 생기는 수익을 과실(果實)이라고 하며, 그 수익을 생기게 하는 물건을 원물(元物)이라고 한다. 과실에는 과일·곡물·야채 등과 같이 원물의 경제적 성질에 따라 자연적으로 산출되는 천연(天然)과실과, 집세·이자 등과 같이 원물을 타인에게 사용시킨 대가로서 받는 법정(法定)과실의 두 가지가 있다(제101조). 천연과실은 그 원물로부터 분리하는 때에 이를 수취할 권리자에게 속하고(제102조 1항), 법정과실은 이를 수취할 권리의 존속기간 일수의 비율로 취득한다(동조 2항).

4 법률행위

사회생활관계 중 법의 규율을 받는 것이 법률관계이며, 이러한 법률관계는 법원의 재판을 통해 종국적으로 해결될 수 있는 관계라는 의미를 갖는다. 이러한 법률관계를 규율하는 기준이 되는 법규는 그 내용을 명확히 하기 위해 논리적인 가언적(假言的) 판단의 형식을 취하는데, 전건(前件)인 조건명제에 해당하는 것이 법률요건(法律要件)이며, 후건(後件)인 귀결명제에 해당하는 것이 법률효과(法律效果)이다. 즉 일정한 법률관계를 발생시키는 원인이 되는 사실관계를 법률요건이라고 하고, 그 법적 판단의 결과를 법률효과라 하고, 법률효과는 권리와 의무로 나타난다.

이러한 법률관계를 동태론적(動態論的)으로 보면, 일정한 법률요건이 충족되면 그에 따른 법률효과가 발생하고, 이는 일정한 권리와 의무의 발생·변경·소멸이라는 모습으로 구체화된다.

사적자치(私的自治)를 원칙으로 하는 사법관계에서 일정한 법률효과를 발생시키는 법률요건 가운데 가장 중요한 것이 법률행위이다.

Ⅰ. 의 의

1. 법률행위의 개념

법률행위(法律行爲)란 의사표시로 이루어지는 법률요건을 말한다. 법률행위는 행위자가 원한대로의 법률효과를 발생시키는 법률요건으로, 매매·증여·임대차·혼인·유언 등이 바로 법률행위이다. 법률행위는 사적자치의 법적 실현수단이며, 사적자치란 바로 법률행위자유를 의미한다.

2. 법률행위의 종류

법률행위는 그 기준에 따라 여러 가지로 분류할 수 있다. 우선 ① 의사표시의 모습을 기준으로 단독행위, 계약, 합동행위, ② 형식요부에 따라 요식행위와 불요식행위, 또한 ③ 그 법률효과에 따라 재산행위와 가족행위로 재산행위는 다시 물권행위(처분행위)와 채권행위(의무부담행위)로 분류할 수 있다.

Ⅱ. 법률행위의 요건

1. 일반적 성립요건

법률행위가 성립하기 위한 기본적 요소인 ① 당사자 ② 목적 ③ 의사표시를 법률행위의 일반적 성립요건이라고 한다.

2. 일반적 효력요건

(1) **당사자** : 법률행위자가 권리능력, 행위능력 및 의사능력을 가지고 있어야 한다.

(2) **목적** : 법률행위의 목적이 기본적으로 확정·가능하여야 할 뿐만 아니라, 적법하고 사회적 타당성이 있어야 한다.

(3) **의사표시** : 의사와 표시가 일치하고, 의사표시에 하자(瑕疵)가 없어야 한다.

Ⅲ. 법률행위의 목적

1. 확정과 가능

법률행위가 효력이 있으려면 목적이 확정되어야 한다. 그 내용을 확정할 수 없는 법률행위는 무효이다. 법률행위의 목적을 확정하기 위해서 법률행위(의사표시)의 해석이 필요한 경우도 있다.[57]

법률행위의 목적이 가능하여야 한다. 가능여부는 사회통념에 따라 결정한다. 불능은 원시적·후발적 불능,[58] 전부·일부불능, 법률적·사실적 불능 등으로 나눌 수 있다.

2. 적법성

법률행위가 유효하려면 그 목적이 적법하여야 한다. 즉 강행규정에 위반되는 법률행위는 무효이다(제105조의 반대해석). 강행규정은 선량한 풍속 기타 사회질서에 관계 있는 규정을 말하며, 당사자의 의사에 의하여 그 적용을 배제할 수 없다.

민법 중 물권법과 가족법은 대부분 강행규정인 반면, 채권법은 대체로 임의규정이다.

57] 법령중의 선량한 풍속 기타 사회질서에 관계없는 규정(임의규정)과 다른 관습(사실인 관습)이 있는 경우에 당사자의 의사가 명확하지 아니한 때에는 그 관습에 의한다(제106조).

58] 원시적 불능이란 법률행위성립당시 이미 목적이 불가능한 경우를 말하며, 원시적 불능의 법률행위는 무효이나, 계약체결상의 과실책임(제535조)과 매도인의 담보책임(제570조) 등의 문제가 발생한다. 후발적 불능이란 법률행위성립 후에 목적의 실현이 불가능하게 된 경우를 말한다. 후발적 불능의 법률행위는 일단 효력을 발생하고, 채무불이행이나 위험부담(제537조)의 문제가 발생한다.

3. 사회적 타당성

법률행위가 강행규정을 위반하지 않더라도 「선량한 풍속 기타 사회질서」에 반하면 무효이다(제103조). 선량한 풍속이란 사회의 도덕관념을 말하며, 사회질서란 사회적 정의와 평화를 유지하기 위한 공공적 질서를 말한다.

(1) 사회질서위반의 유형

① 내용자체가 사회질서에 위반하는 법률행위(예: 살인이나 폭행과 같이 범죄행위를 내용으로 하는 계약)는 당연히 무효이다.

② 재산급부(그 자체는 사회질서위반은 아님)의 원인이 불법인 경우에도 법률행위는 무효이다. 이와 같은 불법원인으로 재산이 급여되면(불법원인급여 제746조) 그 반환을 청구할 수 없는 것이 원칙이다.

③ 법률행위의 동기(動機)가 불법인 경우 그 동기가 표시되거나 상대방에게 알려진 경우에는 법률행위는 무효이다(대판 1994.3.11, 93다40522).

(2) 대표적 사례

① 범죄 기타 부정행위를 유발하거나 조장하는 행위 : 도박자금의 대차계약(대판 1973. 5. 22, 72다2249), 밀수자금의 대여계약

② 가족질서 위반 : 불이혼각서(대판 1969.8.19, 69므18), 부첩계약(대판 1960.9.29, 4293민상302), 부첩관계가 있는 자간에 동거생활의 종료를 해제조건으로 하는 증여계약(대판 1966.6.21, 66다530), 다만 첩의 생활유지와 자녀의 양육 또는 불륜관계의 단절을 목적으로 한 금전지급은 유효(대판 1980.6.24, 80다458)

③ 변호사 아닌 자가 승소의 대가로 소송물 일부를 양도받기로 한 약정(대판 1990.5.11, 89다카10514), 공무원의 직무에 대한 청탁의 대가지급약정(대판 1995.7.14, 94다51994)

④ 제2양수인이 매도인의 배임행위에 적극 가담한 이중매매(二重賣買)(대판 1993.2.9, 92다47892)

⑤ 피보험자를 살해하여 보험금을 편취할 목적으로 체결한 생명보험계약(상속인을 보험수익자로 한 공동상속인 중 1인이 계약자인 경우 대판2000.2.11, 99다49064)

(3) 불공정한 법률행위(제104조)

당사자의 궁박(窮迫), 경솔(輕率) 또는 무경험을 이용하여 현저하게 공정을 잃은 법률행위는 무효이다. 이러한 불공정행위는 반사회질서의 법률행위의 일종이다.

Ⅳ. 의사표시

1. 의의와 본질

의사표시(意思表示)란 일정한 법률효과의 발생을 바라는 의사를 외부에 표시하는 행위를 말하며, 법률행위의 불가결한 요소가 되는 법률사실이다.

의사표시가 행해지는 심리적 과정을 분석하면, 먼저 일정한 법률효과의 발생을 의욕하는 의사(효과의사)를 결정하고, 이어서 이 효과의사를 외부에 발표하고자 하는 의사(표시의사)를 가지고, 그리고 효과의사를 외부에 발표하는 행위(표시행위)의 세 단계로 구분된다. 표시의사는 표시행위가 있으면 당연히 인정되므로 의사표시의 과정은 크게 내부의 의사결정과 표시행위로 나누어 볼 수 있다. 이러한 의사표시의 양 과정 중에 의사표시의 본질이 어디에 있는가에 관하여 의사주의와 표시주의의 대립이 있다.

2. 비정상적 의사표시

(1) 진의(眞意)아닌 의사표시

진의아닌 의사표시란 내심의 효과의사와 외부의 표시가 일치하지 아니함을 본인이 알면서 의사표시를 하는 경우를 말한다. 이를 비진의(非眞意)의사표시 또는 심리유보(心裏留保)라고도 한다. 일정한 효과의사의 표시행위라고 인정할 만한 의사표시가 있어야 하며, 누가 보아도 농담이라고 인정할 수밖에 없는 허언(虛言)은 의사표시 자체가 있었다고 볼 수 없다.

의사표시는 표의자가 진의 아님을 알고 한 것이라도 그 효력이 있다(제107조 1항 본문). 즉 표시행위에 나타난 내용대로 법적 효력이 발생한다.[59] 이와 같이 표시된 대로의 효력을 인정하는 것은 진의 아님을 알 수 없는 상대방을 보호하기 위해서이다. 그러나 「상대방이 표의자의 진의 아님을 알았거나 이를 알 수 있었을 경우」에는 비진의의사표시는 무효이다(제107조 1항 단서).[60] 즉 상대방이 악의였거나, 선의라도 과실이 있는 경우는 상대방을 보호할 필요가 없기 때문이다. 한편, 진의 아닌 의사표시가 상대방의 악의·과실로 무효인 경우라도, 이 무효를 가지고 선의의 제3자(무효인 사실을 모르는 자)에게 대항하지 못한다(제107조 2항).

(2) 통정허위표시(通情虛僞表示)

의사표시자가 상대방과 통정하여 진의 아닌 의사표시를 하는 경우이다. 이를 가장행위(假裝行爲)라고도 한다. 예컨대 채무자가 채권자의 압류를 모면하고자 친척과 통정하여 자기소유 가옥을 그 친척에게 매도한 것처럼 가장하여 이전등기하는 경우를 들 수 있다.

통정허위표시는 언제나 무효이다(제108조 1항). 그러나 통정의사표시의 무효는 선의의 제3자에게 대항하지 못한다(제108조 2항). 통정허위표시(가장행위)가 이루어진 경우 당사자의 진의에 따른 숨겨진 행위(은닉행위)로서 효력이 인정되는 경우가 있다(예컨대 실제로는 증여를 하면서 매매를 가장한 경우, 증여로서의 효력이 인정된다).

59| 판례(대판) : 총완결이라는 문언이 부기된 영수증에 있어서 동 영수증작성경위가 그렇게 쓰지 아니하면 돈을 주지 않겠다고 하기에 당시 궁박한 사정에 비추어 우선 돈을 받기 위하여 거짓 기재한 것이라는 이유만으로는 총완결이란 의사표시가 당연무효라고 할 수 없다(대판 1969.7.8, 69다563).

60| 판례(대판) : 근로자가 회사의 경영방침에 따라 사직원을 제출하고 회사가 이를 받아들여 퇴직 처리를 하였다가 즉시 재입사하는 형식을 취함으로써 근로자가 그 퇴직전후에 걸쳐 실질적인 근로관계의 단절없이 계속 근로하였다면, 그 사직원 제출은 근로자가 퇴직할 의사 없이 퇴직의사를 표시한 것으로서 비진의표시에 해당하지만 회사는 사직제출이 「진의 아님을 알고 있었다」고 봄이 타당하기 때문에 퇴직의 효과는 발생하지 않는다(대판 1988. 5. 10, 87다카2578). 진의 아닌 의사표시에 있어서의 진의란 특정한 내용의 의사표시를 하고자 하는 표의자의 생각을 말하는 것이지 표의자가 진정으로 마음속에서 바라는 사항을 뜻하는 것은 아니므로, 표의자가 의사표시의 내용을 진정으로 마음속에서 바라지는 아니하였다고 하더라도 당시의 상황에서는 그것을 최선이라고 판단하여 그 의사표시를 하였을 경우에는 이를 내심의 효과의사가 결여된 진의 아닌 의사표시라고 할 수 없다. 근로자가 징계면직처분을 받은 후 당시 상황에서는 징계면직처분의 무효를 다투어 복직하기는 어렵다고 판단하여 퇴직금 수령 및 장래를 위하여 사직원을 제출하고 재심을 청구하여 종전의 징계면직처분이 취소되고 의원면직처리된 경우, 그 사직의 의사표시는 비진의의사표시에 해당하지 않는다 (대판 2000. 4. 25, 99다34475).

(3) 착오(錯誤)

내심의 효과의사와 외부에 표시된 의사표시의 내용이 일치하지 아니함을 표의자 자신이 모르는 경우이다. 법률행위의 내용의 중요부분에 착오가 있고 착오자에게 중대한 과실이 없는 경우 그 법률행위를 취소할 수 있다(제109조 1항). 착오에 의한 의사표시의 취소는 선의의 제3자에 대항하지 못한다(제109조 2항).

(4) 사기, 강박에 의한 의사표시

사기(詐欺)에 의한 의사표시란 상대방의 기망(欺罔)에 의하여 착오에 빠져서 한 의사표시를 말한다. 강박(强拍)에 의한 의사표시란 타인의 강박에 의하여 공포심(恐怖心)이 생기고, 그로 말미암아 의사표시를 하게 된 경우를 말한다. 사기나 강박에 의한 의사표시는 취소할 수 있다(제110조 1항). 사기나 강박에 의한 의사표시의 취소는 선의의 제3자에게 대항하지 못한다(제110조 3항).

3. 의사표시의 효력발생

민법은 전술한 바와 같은 비정상적 의사표시의 효력에 관한 규정을 두는 외에도 의사표시의 효력발생에 관한 원칙적인 규정을 두고 있다. 즉 의사표시의 효력발생시기,[61] 수령능력[62] 및 공시송달에[63] 관하여 규정하고 있다.

61] 상대방 있는 의사표시는 그 통지가 상대방에게 도달한 때에 효력이 생긴다(제111조 1항).

62] 의사표시의 상대방이 이를 받은 때에 무능력자인 경우에는 그 의사표시로써 대항하지 못한다. 그러나 법정대리인이 그 도달을 안 후에는 그러하지 아니하다(제112조). 즉 무능력자는 의사표시의 수령능력이 없다.

63] 표의자가 과실없이 상대방을 알지 못하거나 상대방의 소재를 알지 못하는 경우에는 의사표시는 민사소송법공시송달의 규정에 의하여 송달할 수 있다(제113조).

V. 법률행위의 대리

1. 의 의

대리(代理)란 타인의 법률행위를 대신 처리하는 것으로 대리인이 본인을 대신하여 제3자에게 의사표시를 하거나(능동대리), 또는 상대방으로부터 의사표시를 받음으로써(수동대리), 그 법률효과가 직접 본인에게 귀속되는 제도이다(제114조). 대리인의 대리권은 본인의 수여(임의대리) 또는 법률규정(법정대리)에 의하여 발생한다.

대리인이 한편으로는 본인을 대리하고, 다른 한편으로는 자기 자신의 자격으로서 자기 혼자서 본인·대리인 사이의 계약을 맺는 자기계약(自己契約)은 금지되며, 대리인이 한편으로는 본인을 다른 한편으로는 상대방을 대리하여 자기만으로써 쌍방의 계약을 맺는 쌍방대리(雙方代理)도 금지된다.

2. 대리행위의 방법과 효과

대리인이 대리행위를 함에 있어서는 「본인을 위한 것임을 표시하고」 의사표시를 하여야 한다(제114조). 이를 현명주의(顯名主義)의 원칙이라고 한다.

현명하지 않은 행위는 대리인 자신의 의사표시로 본다(간주). 다만 상대방이 대리인으로서 한 것임을 알았거나 알 수 있었을 때에는 대리행위로서 효력이 생긴다(제115조). 한편 상행위에는 비현명주의가 원칙으로 되어있다(상법 제48조).

3. 무권대리와 표현대리

무권대리(無權代理)란 대리인이 권한 없이 대리행위를 한 경우를 말하며, 무권대리행위는 이를 본인이 추인하지 않는 한 본인에게 효력이 없다(제130조). 즉 무권대리행위에 대하여는 본인은 아무런 책임을 지지 않고, 대리권 없이 대리행위를 한 대리인이 상대방에 대하여 그 이행책임이나 손해배상책임을 진다(제135조).

한편 표현대리(表見代理)란 대리인에게 대리권이 없음에도 불구하고 마치 대리권이 있는 듯한 외관이 있고 이러한 외관을 본인이 초래한 경우, 무권대리임에도 불구하고 본인이 그 책임을 지우는 경우를 말한다. 이러한 표현대리제도는 대리권의 외관을 신뢰한 상대방을 보호함으로써 거래의 안전을 도모하고 대리제도의 신용을 유지하기 위한 제도이다.

표현대리에는 대리권수여의 표시에 의한 표현대리(제125조), 권한을 넘은 표현대리(제126조), 대리권 소멸후의 표현대리(제129조)의 세 가지가 있다.

Ⅵ. 법률행위의 무효와 취소

1. 법률행위의 무효

법률행위의 무효(無效)란 법률행위가 성립한 당초부터 법률상 당연히 그 효력이 생기지 아니하는 것으로 확정되어 있는 것을 말한다. 법률행위의 무효는 어느 누구의 주장을 기다리지 않고 법률상 당연히 발생한다. 무효는 누구에게나 주장할 수 있는 것이 원칙(절대적 무효)이나, 무효를 특정한 제3자에게는 주장할 수 없는 경우(상대적 무효, 통정허위표시의 무효 등)도 있다.

민법상 법률행위가 무효인 경우는 의사무능력자의 법률행위, 불능한 법률행위, 강행규정에 반하는 법률행위, 사회질서에 반하는 법률행위, 불공정한 법률행위, 비진의의사표시, 통정허위표시 등이 있다.

2. 법률행위의 취소

법률행위의 취소(取消)란 취소권자의 의사표시에 의하여 법률행위의 효과를 처음부터 소멸시키는 것을 말한다. 취소할 수 있는 법률행위는 취소되기까지는 일단 유효한 것이지만, 취소되면 처음으로 소급하여 무효로 된다. 취소할 수 있는 법률행위는 반드시 취소하여야 하는 것은 아니고, 취소권자가 이를 포기하거나(추인), 취소권이 소멸하면 유효로 확정된다.

민법상 취소할 수 있는 법률행위로는 무능력자(無能力者)의 법률행위, 착오로 인한 법률행위, 사기 또는 강박에 의한 법률행위 등이 있으며, 취소권자는 무능력자, 하자있는 의사표시를 한 자, 그 대리인 또는 승계인이다(제140조). 취소한 법률행위는 처음부터 무효인 것으로 본다(제141조). 그런데 무능력자는 취소된 법률행위로 인하여 받은 이익이 현존하는 한도에서만 상환할 책임이 있다(제141조 단서).

Ⅶ. 법률행위의 조건과 기한

1. 조건

조건(條件)이란 법률행위 효력의 발생 또는 소멸을 장래에 그 발생이 확실하지 못한 사실의 성부(成否)에 의존시키는 법률행위의 부관을 말한다. 조건이 되는 사실은 객관적으로 불확실한 장래의 사실이어야 한다는데 그 특징이 있다.

정지조건(停止條件)이란 법률행위의 효력 발생을 장래의 불확실한 사실에 의존시키는 조건을 말한다. 예컨대 「A학점을 받으면 장학금을 주겠다」는 경우이다. 이와 같이 정지조건 있는 법률행위는 조건이 성취한 때로부터 그 법률행위의 효력이 발생한다(제147조 1항).

해제조건(解除條件)이란 이미 발생한 법률행위의 효력의 소멸을 장래의 불확정한 사실에 의존시키는 조건을 말한다. 예컨대 「장학금을 수여하지만, 낙제하면 지급을 중지하겠다」는 경우이다. 해제조건 있는 법률행위는 조건이 성취한 때로부터 그 효력을 잃고(제147조 2항). 조건이 성취되지 않으면 그 효력이 계속된다.

2. 기한

기한(期限)이란 법률행위의 효력의 발생·소멸을 장래에 발생할 것이 확실한 사실에 의존케 하는 법률행위의 부관을 말한다. 기한이 장래의 사실이라는 점에서 조건과 같으나, 그 발생이 확정되어 있다는 점에서 조건과 다르다.

기한에는 확정기한과 불확정기한, 시기(始期)와 종기(終期)가 있다. 도래시기가 확정되어 있는 기한(예: 다음달 말일)을 확정기한이라고 하며, 그렇지 않은 기한(예: 첫눈이 내릴 때)을 불확정기한이라고 한다. 법률행위의 효력을 발생시키는 시기라고 하며, 법률행위의 효력을 소멸시키는 기한을 종기라고 한다(제152조).

5 기 간

1. 의 의

기간(期間)이란 1년, 2월, 3시간 처럼 한 시점에서 다른 시점까지의 사이를 말한다. 이러한 기간의 계산은 여러 가지의 법률관계에서 문제될 수 있으므로 민법은 그 계산 방법에 관하여 원칙적인 규정을 두고 이를 다른 법률에도 적용하도록 하고 있다(제155조).

2. 계산방법

기간의 계산방법에는 크게 나누어 「자연적 계산법」과 「역법적(曆法的) 계산법」이 있는 데 민법은 그 출발점(기산점)과 종료점(만료점) 및 계산방법에 대한 규정을 두고 있다.

기간(期間)을 시·분·초로 정한 때에는 자연적 계산법에 의하여 즉시로부터 기산하며(제156조), 그 만료로 기간이 종료한다.

기간을 일·주·월 또는 년으로 정한 때에는 기간의 초일은 산입하지 않고 다음 날로부터 계산하는 것이 원칙이다(초일불산입(初日不算入)의 원칙). 그러나 오전 영시(零時)로부터 시작하는 때에는 그 날도 계산하며(제157조), 연령계산에도 초일인 출생일을 산입한다(제158조). 한편 기간의 말일의 종료로써 기간은 만료한다(제159조).

기간을 주·월 또는 년으로 정한 때에는 역(曆)에 의하여 계산하며, 그 주·월 또는 년의 처음부터 기산하지 아니하는 때에는 최후의 주·월 또는 년에서 그 기산일에 해당한 날의 전일(前日)로 기간이 만료하며, 월 또는 년으로 기간을 정한 경우 최종의 월에 해당일이 없는 때에는 그 월의 말일로써 그 기간이 만료한다(제160조). 그리고 기간의 말일이 토요일 또는 공휴일에 해당한 때에는 기간은 그 익일(翌日, 다음날)로 만료한다(제161조).

6 소멸시효

1. 시효의 의의

시효(時效)란 일정한 사실상태가 장기간 계속한 경우에 이러한 사실상태가 진실한 권리관계와 합치하는가 여부를 묻지 않고 사실상태대로의 법률관계를 인정하여 권리의 득실이 생기게 하는 제도를 말하며, 민법상의 시효에는 취득시효와 소멸시효가 있다.

취득시효(取得時效)란 평온, 공연한 물건의 점유가 일정한 기간 계속됨으로써 소유권취득의 효과가 생기는 경우를 말한다.

소멸시효(消滅時效)란 권리의 불행사라는 사실이 일정한 기간 계속됨으로써 그 권리를 소멸시키는 경우를 말한다. 민법은 취득시효에 관해서는 물권편에 규정하고(제245-248조), 소멸시효에[64] 관해서는 총칙편에 규정하고 있다(제162조 이하).

2. 소멸시효기간

소멸시효(消滅時效)는 권리를 행사할 수 있는 때로부터 진행하며(제166조), 시효기간은 권리의 종류에 따라 다른데, 그 기간은 다음과 같다.

---

[64] 소멸시효와 유사한 것으로 「제척기간」이 있다. 제척기간이란 권리관계를 신속하게 확정하기 위하여 법률이 미리 정해 논 기간으로 주로 형성권의 행사기간을 말하며 소멸시효와는 구별된다.

기 간	대 상 권 리	법률조문
20년	채권 및 소유권 이외의 재산권(용익물권 : 지상권, 지역권)	제162조 2항
10년	일반채권	제162조 1항
5년	상행위 채권, 공법상의 채권	
3년	1. 이자, 급료, 사용료 기타 1년이내 기간의 금전·물건지급채권 2. 의사, 조산사, 간호사, 약사의 치료, 근로, 조제에 관한 채권 3. 공사(工事)에 관한 채권 4. 변호사 등에 대한 직무상 보관한 서류의 반환채권 5. 변호사, 변리사, 공증인, 공인회계사 및 법무사의 직무채권 6. 생산자 및 상인이 판매한 생산물 및 상품의 대가 7. 수공업자 및 제조자의 업무에 관한 채권	제163조
1년	1. 숙박료, 음식료, 대석료, 오락장 입장료, 소비물대가 및 체당금 2. 의복, 침구, 장구 기타 동산의 사용료의 채권 3. 노역인, 연예인의 임금 및 그에 공급한 물건의 대금채권 4. 학생 및 수업자의 교육, 의식 및 유숙에 관한 교사 등의 채권	제164조
3년/10년	불법행위로 인한 손해배상청구권(안날 3년, 불법행위일 10년)	제766조

3. 소멸시효의 중단과 정지

(1) 시효의 중단

소멸시효란 권리의 행사기간이 상당기간 경과된 권리는 채무자의 변제 등으로 소멸되었을 가능성이 높기 때문에 법적으로 소멸한 것으로 취급하는 제도에 불과하다. 따라서 시효기간이 경과하였더라도, 그 권리의 존재가 명백히 인정되는 경우에는 이를 소멸시킬 하등의 이유가 없다. 이와 같이 법적 절차를 밟거나 채무자의 확인 등으로 권리의 존재를 밝힘으로서 시효의 진행을 막는 조치를 시효의 중단이라고 한다. 민법에서 인정하는 시효중단사유는 ① 청구, ② 압류 또는 가압류, 가처분, ③ 채무자의 승인이다(제168조). 시효가 중단되면 이때까지 경과한 시효기간은 무효가 되고, 중단사유가 종료한 때(예컨대 판결확정시)로부터 새로이 시효기간이 진행된다(제178조).

(2) 시효의 정지

일정한 기간 동안에 시효의 완성이 유예되는 경우로, 정지사유로 무능력자(無能力者)

에게 법정대리인이 없는 때, 무능력자가 재산관리인에 대하여 권리를 가지고 있는 때, 부부간에 권리가 있는 때, 상속재산에 대한 상속인의 미확정, 관리인의 선임이나 파산선고가 없는 경우, 천재 기타의 사변으로 시효의 중단이 불가능할 때 등이 있다.

7   물 권

제1항 총 론

Ⅰ. 물권의 의의

물권(物權)이란 물건을 직접적, 배타적으로 지배할 수 있는 권리이다. 이와 같이 물권은 특정의 독립된 물건을 객체로 하여 이를 직접 지배하는 독점적 권리로서(一物一權主義) 배타성을 지니는 대세권이자 절대권으로서의 성질을 가진다.

인간의 재화에 대한 욕구는 무한하나 재화는 한정되어 있으므로 재화를 둘러 싼 분쟁의 소지는 어느 사회에나 존재한다. 따라서 물건에 대한 권리관계를 명확히 하여 인간의 물질생활의 안정을 도모하려는 것이 물권법제도이다.

Ⅱ. 물권법정주의

물권의 종류와 내용은 법률(관습법 포함)에 의해서만 정해지며, 임의로 창설할 수 없다는 원칙을 물권법정주의(物權法定主義)라고 한다(제185조). 물권법질서는 사회안정의 기본이기 때문에 그 내용을 법률에 의하여 명확히 하고자 하는 것이 물권법정주의의 취지이며, 이에 의하여 물권의 공시원칙을 관철할 수 있는 기반이 조성된다.

민법이 인정하는 물권의 종류는 점유권과 소유권을 비롯하여 용익물권인 지상권, 지역권, 전세권과 담보물권인 유치권, 질권, 저당권이 있다.

Ⅲ. 물권의 일반적 효력

물권은 물건을 배타적으로 지배하는 권리로서 개별적 물권의 종류에 따라 여러 가지 다양한 법적 효력이 인정된다. 즉 기본물권인 소유권은 물건을 사용, 수익, 처분할 수 있고, 용익물권은 타인 부동산의 사용가치를 제한적으로 지배하는 효력이 있으며, 담보물권은 채권을 담보하기 위한 유치적 효력과 우선변제적 효력 등이 인정된다. 한편 모든 물권에 공통된 일반적 효력으로서는 우선적 효력과 물권적 청구권이 문제된다.

1. 우선적 효력

(1) 물권상호간의 우선적 효력

1개의 물건에 대하여 여러 개의 물권이 성립한 경우(예컨대 甲 소유의 건물에 乙의 전세권과 丙과 丁의 저당권이 함께 설정되어 있는 경우) 어떤 권리를 우선할 것인가가 문제인데, 먼저 성립한 물권이 나중에 성립한 물권보다 우선한다.

(2) 채권에 대한 우선적 효력

1개의 물건에 물권과 채권이 공존하는 경우 그 성립의 선후와 관계없이 물권이 채권에 우선하는 것이(매매는 임대차를 깨트린다) 원칙이다.

2. 물권적 청구권

물건에 대한 지배권인 물권의 실현이 타인의 침해행위로 방해를 받은 경우 그 침해행위를 배제하여 완전한 물권의 실현을 회복할 수 있는 권리를 물권적 청구권이라 한다. 민법은 점유권(제204조 이하)과 소유권(제213, 214조)에서 이를 규정하고, 소유권에 관한 규정을 다른 물권에도 준용한다. 물권적 청구권에는 반환청구권, 방해제거청구권 및 방해예방청구권이 있다.

Ⅳ. 물권의 변동

1. 의의

물권의 발생, 변경, 소멸을 물권변동이라 하며, 물권의 주체인 사람의 입장에서 보면 물권의 취득과 상실로 나타난다. 물권변동을 일으키는 법률요건은 법률행위(즉 물권행위)의 경우와 기타 법률규정에 의한 경우로 나누어 볼 수 있다.

2. 공시의 원칙과 공신의 원칙

(1) 공시(公示)의 원칙

물권의 귀속주체와 내용을 명백히 하려면 그 객관적 기준이 있어야 하는데, 물권관계를 결정하는 공적 기준을 공시라 한다. 이러한 공시제도를 통하여 물권에 관한 분쟁이 객관적이고 공평하게 처리될 수 있기 때문에 물권법은 모든 물권에 대한 공시방법을 정하고 그 내용을 명백히 하고 있는데 이를 공시의 원칙이라 한다. 그 구체적 내용을 살펴보면 부동산에 대한 물권은 국가기관이 관리하는 장부에 그 내용을 기재하는 登記로 공시하며, 동산은 사실상의 지배상태인 占有를 가지고 그 공시방법으로 하고 있다.

(2) 물권변동과 공시

물권변동의 경우에도 그 내용을 외부에서 명확히 인식할 수 있도록 공시하여야 법적 효력이 인정된다. 물권변동과 공시의 관계에 대하여는 대립되는 2개와 입법주의가 있다. 즉 성립요건주의(독일법주의)는 공시 없이는 물권변동의 효력이 생기지 않는다는 입장이다. 이에 대하여 대항요건주의(프랑스법주의)는 당사자의 의사표시만으로 물권변동의 효력이 생기나 공시를 하지 않으면 제3자에게 대항할 수 없다는 입장이다. 우리의 현행민법은 성립요건주의를 취하고 있다.

(3) 공신(公信)의 원칙

등기와 같은 공시방법은 그 내용이 실체적 권리관계와 일치하는 것이 보통이나 그렇지 않은 경우도 있을 수 있다(예컨대 甲의 소유토지가 乙의 소유로 등기된 경우, 甲의

소유물인 자전거를 乙이 빌려 타고 다니면서 자기 소유물이라고 주장하는 경우). 이와 같이 잘못된 공시가 있는 경우 이를 진실한 공시로 믿고 거래한 자는 이를 보호하여야 한다는 것이 공신의 원칙이다. 우리 민법은 동산의 점유에는 공신력을 인정하나(동산의 선의취득), 부동산의 등기에는 공신력을 인정하지 않는데 이러한 부동산 등기의 공신력결여는 우리 물권법의 커다란 맹점이라 하겠으며 이에 대한 개선은 시급한 과제라 하겠다.

3. 부동산물권의 변동

부동산에 관한 법률행위(매매, 증여 등)로 인한 물권의 득실변경은 등기하여야 그 효력이 생긴다(제186조). 따라서 가옥을 사서 이사하여 살고 있어도 소유권이전등기를 하지 않는 한 가옥에 대한 법적인 소유권은 그대로 전주인인 매도인이 가진다. 그러나 상속, 공용징수, 판결, 경매 기타 법률의 규정에 의한 부동산에 관한 물권취득은 등기를 요하지 아니한다. 그러나 등기를 하지 아니하면 이를 처분하지 못한다(제187조).

4. 동산물권의 변동

동산에 관한 물권의 양도는 그 동산을 인도하여야 효력이 생긴다(제188조). 동산도 부동산과 마찬가지로 그 공시방법인 점유의 이전(인도)이 있어야 물권변동의 효력이 생기는 것이 원칙이다. 동산의 인도방법은 현실인도가 원칙이나, 간편한 인도방법으로 간이인도(제188조 2항), 점유개정(제189조)과 목적물 반환청구권의 양도(제190조)도 인정된다. 즉 양수인이 이미 그 동산을 점유한 때에는 당사자의 의사표시만으로 그 효력이 생기는 것이 간이인도이고, 당사자의 계약으로 양도인이 그 동산의 점유를 계속하는 때에는 양수인이 인도받은 것으로 보는 것이 점유개정이며, 제3자가 점유하고 있는 동산을 양도하는 경우에는 양도인이 그 제3자에 대한 반환청구권을 양수인에게 양도하는 것이 반환청구권의 양도에 의한 인도이다.

제2항 점유권

물건을 사실상 지배하고 있는 경우에 점유권(占有權)이 인정된다. 이는 사회질서를 유지하고 거래의 안전을 보호하기 위하여 인정되고 있는 권리로서, 남의 물건을 훔친 도둑도 그 물건의 점유자로 인정되고 그의 점유도 일단 보호된다. 점유자가 점유의 침탈을 당하거나 방해를 받은 때에는 그 물건의 반환 또는 그 방해의 제거와 손해배상을 청구할 수 있고 점유의 방해를 받을 염려가 있으면 그 방해예방 또는 손해배상의 담보를 청구할 수 있다(제204조, 제205조, 제206조). 도둑맞은 물건의 원소유자는 일정한 법적 청구절차에 의하여 자기의 소유물을 돌려 받아야 하며 자력구제는 현행범이 아닌 한 허용되지 않는다. 즉 점유자는 자신의 점유를 부당하게 침해당하거나 방해받을 당시에만 자력으로 이를 방위할 수 있다(제209조). 왜냐하면 일단 안정된 점유상태가 성립하면 점유자가 점유물에 대하여 행사하는 권리는 적법하게 보유하는 것으로 추정되기 때문이다(제200조). 또한 점유자는 소유의 의사로 선의, 평온 및 공연하게 점유한 것으로 추정된다(제197조).

점유자와 회복자에 대한 관계에서, 선의의 점유자는 그 과실을 취득하지만 악의의 점유자는 수취한 과실을 반환하여야 하므로 소비하였거나 과실로 수취하지 못한 때에는 그 과실의 대가를 보상하여야 한다(제201조). 또한 점유물이 점유자의 잘못으로 멸실되거나 훼손되면 선의의 점유자는 현존이익 한도에서 배상하나 악의의 점유자는 그 손해 전부를 배상하여야 한다(제202조). 점유자가 점유물을 반환할 때에는 회복자에 대하여 점유물을 보존하기 위하여 지출한 금액 등의 필요비의 상환을 청구할 수 있으나 과실을 취득한 경우에는 통상적 필요비는 제외된다(제203조).

현행민법은 타인의 물건도 일정기간 점유하면 그 소유권을 취득할 수 있는 취득시효를 인정한다. 즉,

① 20년간 소유의 의사로 평온, 공연하게 부동산을 점유하는 자는 등기함으로써 그 소유권을 취득하고, 부동산의 소유자로 등기한 자가 10년간 소유의 의사로 평온, 공연하게 선의이며 과실없이 그 부동산을 점유하면 바로 소유권을 취득한다(제245조).
② 10년간 소유의 의사로 평온, 공연하게 동산을 점유하면 그 소유권을 취득하고, 그

점유가 선의이며 과실없이 개시된 경우에는 5년을 경과하면 그 소유권을 취득할 수 있다(제246조).

제3항 소유권

Ⅰ. 소유권의 개념과 한계

　소유권(所有權)이란 법률의 범위내에서 소유물을 사용·수익·처분할 수 있는 권리를 말한다(제211조). 다시 말해 소유권이란 전면적이고 배타적으로 물건을 지배할 수 있는 기본적 물권이자 완전한 물권이다. 그러나 이러한 소유권도 절대적인 것은 아니며 그 행사에 있어서 법률에 의하여 일정한 제한을 받게 된다. 즉 민법상으로도 이웃하는 토지소유자와 이용자간에는 상린관계규정(제216조 내지 제244조)에 의하여 일정한 한도내에서 서로로 양보하고 협조해야 할 권리와 의무를 가진다. 예를 들면 「토지소유자는 매연, 열 기체, 액체, 음향, 진동 기타 이와 유사한 것으로 이웃 토지의 사용을 방해하거나 이웃 거주자의 생활에 고통을 주지 아니하도록 적당한 조처를 할 의무가 있고, 이웃 거주자는 이러한 사태가 이웃 토지의 통상적 용도에 적당한 것이면 이를 인용할 의무가 있다」(제217조). 또한 이른바 「토지공개념」의 이념을 바탕으로 공법에서도 토지소유권을 제한하는 여러 규정들을 찾아 볼 수 있다.

Ⅱ. 소유권의 취득

　소유권은 예를 들어 필요한 상품을 사는 경우와 같이 타인과의 거래를 통하여 취득하는 경우가 보통이나, 기타의 특별한 사유에 의하여 취득할 수 있는 경우도 있다. 민법이 소유권 취득사유로 인정하는 것으로는 점유권에서 살펴 본 취득시효(取得時效)를 비롯하여, 동산의 경우에는 선의취득(善意取得)으로도 소유권을 취득할 수 있다. 즉 평온, 공연하게 동산을 양수한 자가 선의, 무과실로 점유한 경우 양도인이 정당한 소유자가 아니더라도(물건을 빌린 자 등) 즉시 그 동산의 소유권을 취득한다(제249조). 다만 그 동산이 도품(盜品)이나 유실물(遺失物)이면 피해자나 유실자는 2년 안에 반환을 청구할 수 있다(제250조).

　주인이 없는 무주물인 동산은 소유의 의사로 점유하면 그 소유권을 취득하는데, 야생동물은 무주물로 하고 사양하는 야생동물도 다시 야생상태로 돌아가면 무주물이나, 부동산은 주인이 없으면 국유로 한다(제252조). 또한 유실물이나 매장물은 유실물법에 의하여 공고한 후 1년내에 그 소유자가 권리를 주장하지 아니하면 습득자나 발견자가 그 소유권을 취득한다(제253조, 제254조). 다만 학술, 기예 또는 고고의 중요한 재료가 되는 물건은 국유로 하되, 습득자나 발견자는 국가에 대하여 적당한 보상을 청구할 수 있다(제255조).

　한편, 물건과 물건과의 부합(제256, 257조)이나 혼화(제258조) 그리고 타인의 동산에 가공함으로써(제259조) 소유권을 취득하는 경우를 첨부(제260조)라고 한다.

Ⅲ. 소유권의 효력

　소유권은 물건을 배타적으로 사용, 수익, 처분할 수 있는 지배권으로 어떠한 자가 이를 침해하면 법의 보호를 받는다. 즉 소유자는 자기 소유물을 점유하는 자에게 반환청구권을 가지며(제213조), 소유권을 방해하는 자에게 방해제거청구권을 행사할 수 있고 방해할 염려만 있어도 그 예방이나 손해배상의 담보를 청구하는 방해예방청구권을 행사할 수 있다(제214조).

Ⅳ. 공동소유

　여러 사람이 하나의 물건을 함께 소유하는 것을 공동소유라고 하는데, 그 유형으로는 공유(共有), 합유(合有), 총유(總有)의 3 가지가 있다. 가장 일반적인 공동소유형태는 공유로서 공동소유자 각자가 지분(持分)을 가지고 그 지분을 마음대로 처분할 수 있고(제262, 263조), 수인이 조합체로서 물건을 소유하는 것이 합유이며(제271조), 법인 아닌 사단의 사원이 집합체로서 소유하는 것을 총유라고 한다(제275조).

제4항 용익물권

I. 지상권

　지상권(地上權)이란 다른 사람의 토지 위에 건물, 공작물 및 나무 등을 소유하기 위하여 그 토지를 사용하는 권리를 말한다(제279조). 지상권의 존속기간은 석조 등 견고한 건물이나 수목의 소유를 위해서는 30년, 기타의 건물은 15년, 건물이외의 공작물은 5년 이상 보장된다(제280조). 지상권은 일정한 목적을 위하여 타인의 토지를 빌려 쓰는 권리이나, 임차권과는 달리 하나의 물권이기 때문에 지상권자는 토지소유자의 동의가 없어도 자기 마음대로 그 권리를 양도하거나 그 토지를 임대할 수도 있다(제282조). 이와 같이 물권인 지상권은 지주에게 상대적으로 불리하기 때문에 현실에서는 지상권의 설정보다 채권계약인 임대차가 많이 이용된다.

II. 지역권

　지역권(地役權)이란 자기토지의 편리와 이익을 위하여 타인의 토지를 이용하는 권리를 말한다(제291조). 편익을 받는 토지를 요역지, 편익을 제공하는 토지를 승역지라 한다. 지역권은 요역지소유권에 附從하여 이전되고 요역지와 분리하여 양도하거나 다른 권리(저당권 등)의 목적으로 할 수 없다(제292조). 지역권의 내용으로는 인수지역권(引水地役權), 용수지역권(用水地役權) 및 통행지역권(通行地役權) 등이 있다.

III. 전세권

　전세권(傳貰權)이라 함은 전세금을 지급하고 타인의 부동산을 점유하여 사용·수익하고, 전세가 끝나 그 부동산을 반환할 때 전세금을 돌려받을 수 있는 권리를 말하며(제303조), 전세권을 설정하려면 부동산등기를 하여야 하며 등기 없는 채권적 전세권과는 구별된다. 원래 전세권은 차임지급방법이 전세금이라는 특수한 형태로 이루어지던 채권계약인 관습을 민법이 전세권자를 두텁게 보호하기 위하여 물권으로 규정한 것이다. 그러나 현실에서는 부동산의 소유자들이 오히려 전세권설정을 회피하고 채권계약인 임대차를 주로 이용하는 결과를 낳아 그 활용이 거의 없었다. 따라서 임차인의 법적 보호를 위하여 주택임대차보호법과 상가임대차보호법이 별도로 제정되어 시행되고 있다.

제5항 담보물권

담보물권(擔保物權)이라 함은 채권을 담보하기 위하여 채무자가 변제할 때까지 타인의 물건을 점유하여 유치하거나 담보물권이 설정된 물건의 매각대금에서 다른 채권자보다 우선변제를 받는 등의 권리를 행사할 수 있는 권리를 말한다. 민법상의 유치권, 질권 및 저당권을 이른바 전형적 담보물권이라고 하며, 판례나 특별법에 의한 양도담보와 가등기담보 등을 비전형적 담보물권이라고 한다.

Ⅰ. 유치권

유치권(留置權)이라 함은 타인의 물건이나 유가증권을 점유하고 있는 자가 그 물건이나 유가증권에 대한 채권을 변제받을 때까지 그 물건이나 유가증권을 유치함으로써(제320조) 채권변제를 간접적으로 강제하는 권리이다. 예컨대, 시계수리를 맡긴 경우 수리비를 낼 때까지 시계방주인이 시계를 내주지 않고 유치할 수 있는 권리가 바로 유치권이다.

유치권자는 채권전부의 변제를 받을 때까지 유치물전부를 유치할 수 있을 뿐만이 아니라(제321조), 채무자가 끝까지 변제하지 않으면 채권을 변제받기 위해 유치물을 경매할 수는 있으나(제322조), 그 경매대금에서 우선변제를 받을 권리는 없다.

Ⅱ. 질권

질권(質權)이라 함은 채권자가 채권의 담보로 채무자 또는 제3자(물상보증인)로부터 받은 동산을 유치하고 채무를 변제 받지 못할 때에는 그 물건을 경매하여 그 물건의 대금으로부터 다른 채권자에 우선하여 변제 받을 수 있는 권리를 말한다(제329조). 예컨대 반지를 맡기고 돈을 빌린 경우 채권자는 채무변제를 받을 때까지 그 반지를 유치할 수 있고 채무자가 끝까지 변제하지 않으면 그 반지를 경매하여 우선변제를 받을 수 있는 권리가 바로 질권이다. 질권은 동산 뿐만이 아니라 권리에 대하여도 설정할 수 있으나 (권리질권), 부동산을 대상으로 할 수는 없다.

Ⅲ. 저당권

저당권(抵當權)이라 함은 채무자 또는 제3자(물상보증인)가 점유를 이전하지 않고 채무담보로 제공한 부동산에 대하여 다른 채권자보다 자기채권의 우선변제를 받을 권리를 말한다(제360조). 저당권은 계약에 의하여 설정되는 약정담보물권이라는 점에서 질권과 같으나 목적물을 채권자가 점유하지 않는 점이(따라서 유치적 효력이 없다) 질권과는 다르다.

예컨대 가옥을 담보로 잡고 돈을 빌려준 은행(채권자)이 가옥의 사용은 채무자에게 그대로 두나, 변제기에 채무자가 채무이행을 하지 않으면 그 가옥을 경매하여 다른 채권자가 있어도 저당권자인 은행은 우선적으로 변제를 받을 수 있다.

저당권은 그 담보할 채무의 최고액만을 정하고 채무의 확정을 장내에 보류하여 이를 설정할 수 있는데(제366조) 이를 근저당권이라고 하며, 은행거래 등의 현실에서는 근저당이 많이 활용되고 있다.

Ⅳ. 양도담보

양도담보(讓渡擔保)라 함은 채권을 담보하기 위하여 담보제공자가 담보물의 소유권이나 재산권 자체를 채권자에게 양도해 주고 채무를 변제하면 채권자에게 양도한 권리를 돌려 받고 이행기에 채무변제를 못하면 채권자가 채권담보로 양도받은 권리를 가지고 변제에 충당할 수 있는 비전형담보를 말한다. 양도담보는 관행상 널리 이용되고 있으며, 판례도 이를 인정하고 있다.

V. 가등기담보

가등기담보(假登記擔保)라 함은 이행기에 채무를 변제하지 아니할 경우 부동산의 소유권 등을 채권자에게 이전할 것을 약정하는 대물변제예약을 하고 그 소유권이전청구권을 보전하기 위한 가등기를 하여 두는 비전형담보를 말한다. 이에 관하여는 가등기담보 등에 관한 법률이 규정되어 있는데, 비용이 적게 들고 절차가 간편하다는 점에서 널리 이용되고 있다.

제1항 총 론

I. 채권의 의의

채권(債權)이라 함은 특정인(채권자)이 특정인(채무자)에 대하여 일정한 행위를 청구할 수 있는 권리를 말한다. 이와 같이 채권은 채무자를 상대로 한 대인권이자 상대권이며, 독점성이 있는 배타적 권리인 물권에 비하여 채권은 다른 채권자를 배제하지 않는 평등한 권리이다.

채무관계를 규율하는 채권법은 물권법과 더불어 재산법의 한 축을 이룬다. 채권법은 사회가 분업화되고 교환경제상태로 발전하고 나서야 비로소 성립된 거래법이다. 또한 사람이 다른 사람에게 피해를 준 경우를 규율하는 것도 채권법의 임무이다. 이와 같이 사람과 사람과의 법률관계를 규율하는 채권법은 그 대상범위가 매우 넓다. 즉 채권관계는 계약으로 발생하는 약정채권관계와 공동체관계에서 불가피적으로 발생하는 가해자와 피해자간의 법률관계를 규율하는 법정채권관계를 모두 포함한다.

민법은 제3편 채권에서 채권의 목적, 효력 및 소멸 등을 규정한 총칙(제1장)을 비롯하여, 계약(제2장), 사무관리(제3장), 부당이득(제4장), 불법행위(제5장)에 관한 규정을 두고 있다. 이 가운데 계약에 의해 발생하는 채권관계를 「약정채권관계」라 하고, 사무관리(事務管理)와 부당이득(不當利得) 및 불법행위(不法行爲)를 「법정채권관계」라고 한다.

채권법(債權法)은 임의법인 것이 원칙이다. 사적자치와 계약자유의 원칙에 의하여 채권관계는 당사자간의 합의에 의하여 자유롭게 정할 수 있다. 대부분의 채권규정은 당사자간에 의견충돌이 있을 때 이를 원칙에 의해 해결하기 위한 임의규정으로서의 의미를 갖는다. 상거래가 국제적으로 확대됨에 따라 거래관계를 규율하는 채권법도 세계적으로 통일되는 보편성을 띠게 된다.

Ⅱ. 채권의 목적

채무자에게 일정한 행위를 청구할 수 있는 권리인 채권의 목적을 「급부(給付)」라 한다. 다시 말해 채권은 일정한 급부를 요구하는 권리라고 할 수 있다. 채권의 목적인 급부는 재화의 인도(주는 급부)나 노무의 제공(하는 급부)과 같이 적극적 행위인 경우가 보통이나, 일정한 행위의 금지를 요구하는 소극적인 경우(예컨대 2층 이상의 건축을 하지 않을 채무)도 있다.

화폐경제의 현대사회에서 중요한 의미를 갖는 금전채권을 비롯하여 보통의 채권은 금전적 가치가 있는 것을 목적으로 하나, 그 금액을 산정할 수 없는 것(예컨대 미대생에게 그림을 그려 줄 것을 요구하는 권리)이라도 채권의 목적이 될 수 있다(제373조).

특정물의 인도가 채권의 목적인 경우 채무자는 그 물건을 인도하기까지 선량한 관리자의 주의로 보존하여야 하며(제375조), 채권의 목적을 종류로만 지정한 종류채권의 경우 채무자는 중등품질의 물건으로 이행하여야 하며, 종류채권도 채무자가 이행에 필요한 행위를 완료하거나 채권자와의 합의로 이행할 물건을 지정하면 특정물채권이 된다(제376조). 그리고 당사자의 약정이 없는 이자채권의 법정이율은 년 5분(%)이다(제379조).

Ⅲ. 채권의 효력

1. 채무불이행의 효력

일정한 급부를 요구할 수 있는 권리인 채권에는 기본적으로 청구력이 있고, 채무자가 급부를 이행하면 이를 수령하여 보유하는 급부보유력이 있다. 이와 같이 채무자가 자기의 의무를 다해 채무의 내용을 이행하면 채권은 자기의 목적을 달성하고 소멸하게 된다. 그러나 채무자가 임의이행을 하지 않는 경우가 문제이다. 채무자가 임의로 채무를 이행하지 않으면 채권자는 그 강제이행을 법원에 청구할 수 있고(제389조), 또한 채무불이행으로 인한 손해배상을 청구할 수 있다(제390조).

2. 채무의 강제이행

채무자가 임의로 채무를 이행하지 않는 경우 자력구제는 원칙적으로 허용되지 않으므로, 채권자는 그 강제이행을 법원에 청구하여야 한다(제389조). 즉 채권자가 판결을 구하는 소의 제기가 있으면 법원은 사실관계를 확인하는 소송절차를 거쳐 최종적인 법적 판단인 판결을 하는데, 채권자의 청구에 타당한 이유가 있는 경우 채무자에게 이행을 명령하는 이행판결을 내리게 된다. 이러한 판결에도 불구하고 채무자가 계속 이행을 하지 않는 경우 국가기관은 강제력을 동원하여 판결의 내용을 실현하게 되는데 이것이 바로 강제집행절차이며, 강제집행의 구체적 방법에는 다음과 같은 것이 있다.

(1) 직접강제

채무의 내용을 강제적으로 그대로 실현하는 것을 직접강제라 한다. 직접강제는 주는 채무(인도채무)에 인정되고 하는 채무(행위채무)에 관하여는 채무자의 인격존중을 위해 허용되지 않는다.

(2) 대체집행

채무의 실현을 채권자나 제3자에게 실현시키고 그 비용만을 채무자에게 부담시키는 방법으로, 하는 채무 중에서 채무내용을 제3자가 대신하여 이행할 수 있는 것을 대상으로 하는 강제집행방법이다.

부작위를 목적으로 한 채무의 경우 채무자의 비용으로써 그 위반한 것을 제거하고 장래의 적당한 처분을 법원에 청구할 수 있다.

(3) 간접강제

채무자에게 일정한 기간 내에 이행하지 않으면 구류나 손해배상 등의 불이익처분을 할 것을 통보하여 간접적으로 이행을 강제하는 방법으로, 하는 채무 중에서 대체집행을 할 수 없는 채무에 인정된다. 그러나 채무의 성질이 강제이행을 하지 못할 것인 때에는 (예를 들어 채무자의 자발적으로 이행하지 않으면 그 목적을 달성할 수 없는 화가의 그림을 그려주는 채무 등) 간접강제도 하지 않고 손해배상으로 대체할 수 밖에 없다.

(4) 법률행위의 강제이행(판결대용)

법률행위를 목적으로 하는 채무에 관하여는 재판으로 채무자의 의사표시에 갈음할 수 있다.

3. 채무불이행의 유형과 손해배상

채무불이행(債務不履行)의 유형은 크게 이행지체와 이행불능으로 나누어 볼 수 있는데, 이행지체의 경우 그 강제이행과 손해배상(지연배상)을 청구할 수 있으나, 이행불능의 경우(예컨대 증여한 자동차가 인도 전에 사고로 완전히 파손된 경우)에는 급부실현이 불가능하므로 채권자는 원래 급부의 이행을 요구할 수는 없고 다만 이행에 갈음한 손해배상(전보배상, 즉 증여자동차 시가의 배상)을 청구할 수 있을 뿐이다.

또한 이행지체의 경우에도 채권자가 상당한 기간을 주고 이행을 최고하여도 채무자가 계속 이행하지 않거나 지체후의 이행이 채권자에게 이익이 없으면 채권자는 수령을 거절하고 이행에 갈음한 손해배상을 청구할 수 있다(제395조). 이와 같이 채무불이행의 최종적 효력은 손해배상이라고도 할 수 있다.

채무불이행으로 인한 손해배상은 통상의 손해를 그 한도로 하고, 특별한 사정으로 인한 손해는 채무자가 그 사정을 알았거나 알 수 있었을 때에 한하여 배상책임이 있다

(제393조). 또한 손해배상의 방법은 다른 의사표시가 없으면 금전배상이 원칙이다(제394조).

채무불이행에 관하여 채권자에게 과실이 있는 때에는 법원은 손해배상의 책임 및 그 금액을 정함에 이를 참작하여야 하는데 이를 과실상계라 하며(제396조), 채권자가 그 채권의 목적인 물건이나 권리의 가액전부를 손해배상으로 받은 때에는 채무자는 그 물건이나 권리에 관하여 당연히 채권자를 대위하게 되는데 이를 손해배상자의 대위라 한다(제399조). 그리고 채무불이행에 의한 손해배상의 규정(제393, 394, 396, 399조)은 불법행위로 인한 손해배상의 경우에도 준용된다(제763조).

한편 금전채무불이행의 손해배상에 관하여는 채권자는 손해의 증명이 필요하지 않고 채무자는 과실 없음을 항변하지 못한다. 즉 금전채무불이행은 이행지체이지 이행불능이 될 수 없고 채무자는 과실여부를 묻지 않고 이행지체에 대한 책임을 진다. 그 손해배상액은 다른 약정이 없는 한 법정이율에 의하여 정하여 지며 이를 지연이자라고 한다(제397조).

4. 책임재산의 보전

채무불이행의 경우 채권자는 국가의 강제력을 동원하여 이를 실현할 수 있는데 이러한 강제집행에 의한 채무자의 집행부담을 「책임」이라고 한다. 이러한 책임을 채무자에게 묻기 위하여 그 전제가 되는 것은 채무자의 책임재산의 존재이다. 즉 채무자의 재산은 채권실현을 위한 최종적 담보가 되는 것으로 채무자의 책임재산이 없으면 아무리 소를 제기하여 판결까지 받았다 하더라도 아무 소용이 없게 된다. 따라서 채무자가 그 책임재산을 부당하게 감소시키지 못하도록 법은 일정한 조치를 취하고 있는 바, 민사집행법의 가압류나 가처분과 같은 보전처분제도와 민법의 채권자대위권과 채권자취소권이 바로 책임재산보전을 위하여 인정된 제도이다.

(1) 채권자대위권

채권자가 자기의 채권을 보전하기 위하여 채무자의 권리를 행사하는 것을 채권자대위권이라고 한다(제404조). 예컨대, 甲이 乙에게 받을 돈이 있음에도 불구하고 이를 수령하지 않고 돈이 없어 丙에 대한 채무를 변제할 수 없다고 하는 경우 丙은 甲을 대신하여 乙로부터 돈을 받아 자기의 채권을 만족시킬 수 있다.

(2) 채권자취소권

채무자가 일부러 자기의 재산을 감소시켜 채권자에 대한 변제를 불가능하게 만든 때, 이러한 채무자의 재산감소행위를 취소하여 그 재산을 원상회복시키는 채권자의 권리를 채권자취소권이라 한다(제406조). 예컨대 채무자가 자기의 유일한 재산인 주택을 타인에게 증여하여 책임재산이 없게 된 경우 채권자가 채무자의 증여행위의 취소와 그 원상회복을 법원에 청구할 수 있다. 채권자취소권의 소는 채권자가 취소원인을 안 날로부터 1년, 채무자의 사해행위가 있은 날로부터 5년 내에 제기하여야 한다.

IV. 수인의 채권자 채무자

동일한 채권채무관계에 채권자 또는 채무자가 수인인 경우가 있는데 이를 다수당사자의 채권관계라고 한다. 이러한 다수당사자의 채권관계의 유형은 기본적으로 분할(分割)채권관계와 불가분(不可分)채권관계로 나누어 볼 수 있다. 분할채권채무는 각 채권자 또는 각 채무자는 균등한 비율로 권리가 있고 의무를 부담하는 경우를 말하며(제408조), 민법은 공평의 이념상 분할채권관계를 다수당사자의 채권관계에 있어서의 원칙적인 형태로 본다.

한편 수인의 채무자가 채무전부를 각자 이행할 의무가 있고 채무자 1인의 이행으로 다른 채무자도 그 의무를 면하게 되는 것을 연대채무(連帶債務)(제413조)라고 하며, 주채무자가 이행하지 않는 채무를 이행하여 할 채무를 보증채무(保證債務)(제428조)라고 한다. 민법은 연대채무와 보증채무에 관하여 자세한 규정을 두고 있다.

V. 채권양도와 채무인수

채권은 하나의 재산권으로 양도할 수 있는 것이 원칙이며(제449조), 민법은 지명(指名)채권, 지시(指示)채권 및 무기명(無記名)채권의 양도에 관하여 각각 별도로 규정을 두고 있다. 한편 채무도 채권자의 승낙이 있으면 제3자가 인수할 수 있다(제453조 이하).

VI. 채권의 소멸

채권은 변제, 공탁, 상계, 경개, 면제, 혼동 등에 의하여 소멸한다.

(1) 변제

변제(辨濟)란 채무의 내용을 이행하는 것을 말하며 채무를 변제하면 채권은 당연히 소멸한다. 변제는 가장 중요한 채권의 소멸사유라고 할 수 있으며, 민법은 변제에 관한 여러 사항들에 대하여 자세한 규정을 두고 있다(제460조 내지 제486조). 변제를 하는 자(채무자)는 변제를 받는 자(채권자)에게 영수증을 청구할 수 있다(제474조).

(2) 대물변제

대물변제(代物辨濟)란 채무자가 채권자의 승낙을 얻어 본래의 채무이행과는 다른 급부를 하는 것을 말한다(제466조). 예를 들어 돈 50만원을 꾼 자가 빌린 돈 대신에 자기의 카메라를 주는 경우가 대물변제이다.

(3) 공탁

공탁(供託)이란 채권자가 변제 받기를 거절하거나 변제 받을 수 없는 경우 채무자가 변제의 목적물을 공탁소에 임치하는 것을 말하고(변제공탁이라고도 함) 공탁을 하면 채무자는 그 채무를 면하게 된다(제487조). 또한 변제자의 과실 없이 누가 채권자인지 알 수 없는 경우에도 공탁할 수 있다.

공탁은 채무이행지의 공탁소에서 하여야 하며(제488조), 변제의 목적물이 공탁에 적당하지 않거나 멸실·훼손될 우려가 있고, 공탁에 과다한 비용이 드는 경우 변제자는 법원의 허가를 얻어 그 물건을 경매하거나 시가로 방매하여 그 대금을 공탁할 수 있다(제490조).

(4) 상계

쌍방이 서로 같은 종류의 채무를 부담하고 있는 경우에 그 일방의 의사표시에 의하여 대등액의 채무를 소멸시키는 것을 상계(相計)라고 한다. 예컨대 甲이 乙에게 갚아야 할 200만원의 채무가 있는데 乙도 甲에게 100만원의 금전채무가 있는 경우 甲이 대등액인 100만원의 채무를 일방적으로 상계하고 남은 100만원만 변제하는 경우, 甲의 상계의 의사표시로 甲과 乙의 100만원의 금전채무가 상호 소멸한다.

(5) 경개

경개(更改)라 함은 당사자가 채무의 중요한 부분을 변경하여 새로운 채무를 성립시키는 계약을 말한다. 예컨대 카메라를 인도할 채무를 돈 50만을 지급할 채무로 바꾸는 경우가 경개이다. 경개로 인하여 구채무(카메라 인도채무)는 당연히 소멸한다.

(6) 면제

면제(免除)라 함은 채권자가 채무자에 대하여 채무를 면제하는 의사표시를 말한다(제506조). 면제는 채권자의 단독행위로서 채권자가 채권을 포기하는 것을 말한다. 채무면제는 채권자가 마음대로 할 수 있으나 면제로써 정당한 이익을 가지는 제3자(채권의 질권자, 압류자 등)에게 대항하지 못한다.

(7) 혼동

혼동(混同)이라 함은 채권과 채무가 동일인에게 귀속되는 것을 말한다. 예컨대 채권자가 채무자를 상속하는 경우 혼동이 발생할 수 있다. 혼동이 되면 채권·채무는 당연히 소멸한다.

제2항 계약

Ⅰ. 계약의 의의

계약(契約)이라 함은 서로 대립되는 두 개 이상의 의사표시(청약과 승낙)가 합치된 법률행위로서 채권의 발생을 목적으로 하는 것을 말한다. 현행 민법은 증여, 매매, 교환, 소비대차, 사용대차, 임대차, 고용, 도급, 현상광고, 위임, 임치, 조합, 종신정기금,

화해와 같은 14가지 종류의 전형계약(典刑契約)에 관하여 규정하고 있다.[65]

Ⅱ. 전형계약

1. 증여

증여(贈與)는 당사자 일방이 무상으로 재산을 상대방에게 수여하는 의사를 표시하고 상대방이 이를 승낙하는 계약이다(제554조). 증여의 의사가 서면으로 표시되지 않으면 각 당사자가 이를 해제할 수 있고(제555조), 수증자가 증여자나 그 직계혈족에게 범죄행위를 하거나(제556조), 증여자의 재산상태가 생계에 중대한 영향을 미칠 정도로 현저히 변경되는 경우(제557조), 증여자는 증여계약을 해제할 수 있다.

2. 매매

매매(賣買)는 재산권의 이전과 그 대금을 지급할 것을 약정하는 계약이다(제563조). 매매는 대표적인 유상계약으로 매매에 관한 규정은 다른 유상계약에도 준용된다.

매매계약(賣買契約) 당시에 계약금 등의 명목으로 금전 등을 상대방에게 교부한 때에는 다른 약정이 없는 한 당사자의 일방이 이행에 착수 할 때까지 교부자는 이를 포기하고 수령자는 그 배액을 상환하여 매매계약을 해제할 수 있다(제565조). 매매의 목적물에 그 권리나 물건에 하자가 있는 경우 매도인은 일정한 담보책임을 진다. 예를 들어 매매목적물인 부동산에 설정된 저당권 또는 전세권의 행사로 인하여 매수인이 그 소유권을 취득할 수 없거나 소유권을 잃은 때에는 매수인을 계약을 해제할 수 있고, 손해를 받은 때에는 그 배상을 청구할 수도 있다(제576조). 또한 매매의 목적물에 하자가 있고(불량품 등) 그 하자가 커서 매매의 목적을 달성할 수 없는 경우에는 매수인은 계약 자체를 해제할 수 있고, 기타의 경우에는 손해배상만을 청구할 수 있으나, 매수인이 하자있

65| ① 계약의 해제라 함은 당사자 일방의 의사표시에 의하여 유효하게 성립한 계약을 소급적으로 소멸시키고, 당초부터 계약이 체결되지 않았던 것과 마찬가지의 상태로 회복시키는 것을 말한다.
② 계약의 해지는 계속적 계약에서 당사자의 일방적 의사표시만으로 그 효력을 장래에 대하여 소멸시키는 것을 말한다.

는 것을 알았거나 과실로 인하여 알지 못한 때에는 매도인에게 담보책임을 물을 수 없다(제580조). 물건의 하자로 인한 매수인의 권리는 그 사실을 안 날로부터 6월내에 행사하여야 한다(제582조).

매도인이 매매계약과 동시에 환매할 권리를 보유한 때에는 그 영수한 대금 및 매수인이 부담한 매매비용을 반환하고 그 목적물을 환매할 수 있으나(제590조), 환매기간은 부동산의 경우 5년, 동산의 경우 3년을 넘기지 못한다(제591조). 매매목적물이 부동산인 경우 매매등기와 동시에 환매권의 보류를 등기한 때에는 제3자에 대하여 그 효력이 있다(제592조).

3. 교환

교환(交換)은 당사자 쌍방이 금전이외의 재산권을 상호이전할 것을 약정하는 계약으로(제596조), 당사자 일방이 금전을 보충적으로 지급하는 보충금부 교환의 경우 그 금전에 대하여는 매매대금에 관한 규정을 준용한다(제597조).

4. 소비대차

소비대차(消費貸借)는 당사자일방이 금전 기타 대체물의 소유권을 상대방에게 이전할 것을 약정하고 상대방은 그와 같은 종류, 품질 및 수량으로 반환할 것을 약정하는 계약이다(제598조). 이자 있는 소비대차는 차주가 목적물을 인도 받은 때로부터 이자를 계산한다(제600조). 차용물의 반환시기를 약정하지 않은 경우 대주는 상당한 유예기간을 주고 반환을 최고해야 하지만, 차주는 언제든지 반환할 수 있다(제603조).

5. 사용대차

사용대차(使用貸借)는 무상으로 사용, 수익하도록 목적물을 인도하고 상대방은 이를 사용한 후 그 물건을 반환할 것을 약정하는 계약이다(제609조). 차주는 계약으로 정한 용법 또는 목적물의 성질에 따른 방법으로 사용, 수익하여야 하며, 대주의 승낙이 없으면 제3자에게 차용물을 사용, 수익하게 하지 못한다(제610조). 차주는 차용물을 원상 회복하여 반환하여야 하며, 이에 부속시킨 물건은 철거할 수 있다(제615조).

6. 임대차

임대차(賃貸借)는 당사자일방이 상대방에게 목적물을 사용, 수익하게 할 것을 약정하고 상대방이 이에 대하여 차임을 지급할 것을 약정하는 계약이다(제618조 내지 제654조). 민법은 임대차에 관하여 비교적 자세한 규정을 두고 있으며(제618조 내지 제654조), 주택이나 상가건물의 임대차에 관하여는 별도의 특별법이 있다(주택임대차보호법, 상가건물임대차보호법).[66]

7. 고용

고용(雇傭)은 노무제공과 이에 대한 보수지급을 약정하는 계약이다(제655조). 고용에 관하여는 현재 노동법이 많이 발전되어 있어 민법규정은 별 의미가 없다.

8. 도급

도급(都給)은 어느 일을 완성할 것을 약정하고 상대방이 그 일의 결과에 따라 보수를 지급할 것을 약정하는 계약이다(제664조). 도급인은 완성된 목적물의 인도를 받음과 동시에 그 보수를 수급인에게 지급하여야 하나, 목적물의 인도가 필요 없는 경우는 수급인이 그 일을 완성하면 지체없이 보수를 지급하여야 한다(제665조).

---

[66] 주택과 상가 임대차의 대항력 : 주택임대차보호법 제3조 (대항력등) ① 임대차는 그 등기가 없는 경우에도 임차인이 주택의 인도와 주민등록을 마친 때에는 그 익일부터 제3자에 대하여 효력이 생긴다. 이 경우 전입신고를 한 때에 주민등록이 된 것으로 본다. ② 국민주택기금을 재원으로 하여 저소득층의 무주택자에게 주거생활안정을 목적으로 전세임대주택을 지원하는 법인이 주택을 임차한 후 지방자치단체의 장 또는 해당 법인이 선정한 입주자가 그 주택에 관하여 인도와 주민등록을 마친 때에는 제1항을 준용한다. 이 경우 대항력이 인정되는 법인은 대통령령으로 정한다. ③ 임차주택의 양수인(기타 임대할 권리를 승계한 자를 포함한다)은 임대인의 지위를 승계한 것으로 본다. ④ 민법 제575조제1항·제3항 및 제578조의 규정은 이 법에 의하여 임대차의 목적이 된 주택이 매매 또는 경매의 목적물이 된 경우에 이를 준용한다. ⑤ 민법 제536조의 규정은 제3항의 경우에 이를 준용한다. 상가건물임대차보호법 제3조 (대항력 등) ① 임대차는 그 등기가 없는 경우에도 임차인이 건물의 인도와 부가가치세법 제5조, 소득세법 제168조 또는 법인세법 제111조의 규정에 의한 사업자등록을 신청한 때에는 그 다음 날부터 제3자에 대하여 효력이 생긴다. ② 임차건물의 양수인(그 밖에 임대할 권리를 승계한 자를 포함한다)은 임대인의 지위를 승계한 것으로 본다. ③ 민법 제575조제1항·제3항 및 제578조의 규정은 이 법에 의하여 임대차의 목적이 된 건물이 매매 또는 경매의 목적물이 된 경우에 이를 준용한다. ④ 민법 제536조의 규정은 제3항의 경우에 이를 준용한다.

9. 현상광고

현상광고(縣賞廣告)는 광고자가 어느 행위를 한 자에게 일정한 보수를 지급할 의사를 표시하고 이에 응한 자가 그 광고에 정한 행위를 완료함으로써 그 효력이 생긴다(제675조). 현상광고가 있음을 알지 못하고 광고에 정한 행위를 한자도 보수청구권이 있고(제677조), 광고에 정한 행위를 완료한 자가 수인인 경우에는 먼저 그 행위를 완료한 자가 보수를 받을 수 있다. 그런데 수인이 동시에 완료한 경우에는 각각 균등한 비율로 보수를 받을 권리가 있으나, 보수가 그 성질상 분할할 수 없거나 광고에 1인만이 보수를 받을 것으로 정한 때에는 추첨에 의하여 보수수령권자를 결정한다(제676조). 한편 광고에 정한 행위를 완료한 자가 수인인 경우에 판정에 의하여 그 우수한 자에 한해 보수를 지급하는 경우를 우수현상광고라고 한다(제678조).

10. 위임

위임(委任)은 상대방에게 사무처리를 위탁하고 상대방이 이를 승낙함으로써 그 효력이 생긴다(제680조). 수임인은 선량한 관리자의 주의로써 위임사무를 처리하여야 하며(제681조), 다른 약정이 없는 한 위임인에게 보수를 청구할 수 없다(제686조).

11. 임치

임치(任置)는 금전이나 유가증권 기타 물건의 보관을 위탁하고 상대방이 이를 승낙함으로써 그 효력이 생기는 계약이다(제693조). 수치인은 임치인의 동의없이 임치물을 사용하지 못하며(제694조), 무보수로 임치를 받은 자는 임치물을 자기재산과 동일한 주의로 보관하면 된다(제695조).

12. 조합

조합(組合)은 2 사람이상이 서로 출자하여 공동사업을 할 것을 약정하는 계약이다(제703조). 이때 출자는 금전 기타 재산 또는 노무로도 할 수 있다. 조합재산은 조합원의 합유로 하며(제704조), 조합사업에 따른 손익분배비율은 당사자의 별도의 약정이 없는 한 각 조합원의 출자가액에 비례하여 결정된다(제711조). 조합채권자는 조합원의 손실부담비율

을 모르면 각 조합원에게 균분하여 그 권리를 행사할 수 있고(제712조), 조합원 중에 변제
자력이 없는 자가 있으면 그 부분은 다른 조합원이 균분하여 변제책임을 진다(제713조).

13. 종신정기금

종신정기금(終身定期金)계약은 자기, 상대방 또는 제3자의 종신까지 정기로 금전 등
을 상대방 또는 제3자에게 지급할 것을 약정함으로써 그 효력이 생긴다(제725조).

14. 화해

화해(和解)는 당사자가 서로 양보하여 당사자간의 분쟁을 끝낼 것을 약정하는 계약으
로(제731조), 화해계약에서 당사자 일방이 양보한 권리는 소멸되고 상대방이 그 권리를 취
득하는 창설적 효력이 있을 뿐만이 아니라(제732조), 화해계약은 착오를 이유로 취소할 수
없는 것이 원칙이다(제733조).

제3항 사무관리

사무관리(事務管理)라 함은 법률상의 의무 없이 타인의 사무를 관리하는 것을 말한
다. 예컨대 집을 잃은 어린이를 발견하여 집을 찾아 주는 경우가 여기에 해당한다. 사
무관리자는 그 사무의 성질에 따라 본인에게 가장 유리한 방법과 본인의 의사에 적합
하게 관리해야 하며, 이를 위반하여 잘못된 관리로 본인에게 손해가 발생하면 이를 배
상할 책임을 진다(제734조).

관리자가 비용을 지출한 때에는 본인에게 그 상환을 청구할 수 있고(제739조) 사무관리
를 하면서 과실없이 손해를 입으면 본인의 현존이익 한도에서 그 손해의 보상을 청구
할 수 있으나(제740조), 별도의 보수청구권은 없다.

제4항 부당이득

부당이득(不當利得)이라 함은 법률상의 원인 없이 타인의 재산 또는 노무로 이익을 얻고 그로 인하여 타인에게 손해를 끼치는 것을 말하며 부당이득은 손해를 본 자에게 반환하여야 한다(제741조). 예컨대 채무가 있는 줄 알고 변제하였으나 채무가 없는 경우가 부당이득이다.

그런데 채무 없음을 알고 변제한 때에는 그 반환을 청구하지 못하며(제742조), 채무 없음을 모르고 변제하였어도 그 변제가 도의관념에 적합하면 그 반환을 청구하지 못한다(제744조). 또한 불법을 원인으로 재산을 급여(불법원인급여)한 경우에는 그 이익의 반환을 청구하지 못한다. 다만 그 불법원인이 수익자에게만 있는 때에는 반환을 청구할 수 있다(제746조).

제5항 불법행위

불법행위(不法行爲)란 고의 또는 과실의 위법행위로 타인에게 손해를 가하는 행위를 말하며, 가해자는 피해자에게 그 손해를 배상할 책임을 진다(제750조). 예컨대 사람을 일부러 때려 상처를 내거나, 실수로 남의 물건을 훼손하여 손해를 입힌 경우가 불법행위이며 피해자는 가해자에게 손해배상을 청구할 수 있다. 이와 같이 불법행위가 성립하려면 가해자의 고의 또는 과실이 있어야 하나, 최근에는 위험책임의 법리에 의하여 고의나 과실여부를 불문하고 일정한 자(특히 위험을 수반하는 활동을 하는 기업이나 의사 등의 전문가 등)에게 손해배상의 법적 책임을 지도록 하는 경우가 있다.

타인의 신체, 자유 또는 명예를 해하거나 기타 정신적 고통을 가한 자도 재산이외의 손해도 배상하여야 하며(제751조), 타인의 생명을 해한 자는 피해자의 직계존속, 직계비속 및 배우자에게는 재산적 손해가 없는 경우에도 정신적 손해에 대한 배상책임을 진다(제752조). 한편 정당방위나 긴급피난의 경우에는 타인에게 손해를 가하여도 이를 배상할 책임이 없다(제761조).

자기행위의 책임을 변식할 지능이 없는 미성년자와 심신상실자는 불법행위를 하여도 손해배상책임을 지지 않는다(제753조, 제754조). 이러한 책임무능력자의 불법행위에 대하여는 이를 감독할 법정의무 있는 자(친권자, 후견인 등)가 배상책임을 진다(책임무능력자의 감독자책임 제755조). 또한 사용자는 피용자가 그 사무집행에 관하여 제3자에게 가한 손해를 배상할 책임이 있다(제756조).

공작물의 설치나 보존의 하자로 타인에게 손해를 가한 때에는 공작물의 점유자나 그 소유자가 손해배상책임을 지고(제758조), 동물이 사람에게 가한 손해는 동물의 점유자가 이를 배상할 책임을 진다(제759조).

여러 명이 공동으로 불법행위를 한 경우에는 각자가 연대하여 손해배상책임을 지며, 교사자나 방조자도 공동행위자로 보아 연대책임을 지운다(제760조).

불법행위로 인한 손해배상청구권은 피해자가 그 손해 및 가해자를 안 날로부터는 3년, 불법행위가 한 날로부터 10년간 행사하지 않으면 시효로 소멸한다(제766조).

9   친족법

일반사법인 민법은 경제생활과 가족생활에 관한 법으로 경제생활에 관하여는 물권편과 채권편을, 가족생활에 관하여는 친족편을 두고 있다. 가족법은 가족과 친족간의 공동생활관계를 규율하는 법이다. 재산법이 일정한 목적을 위한 인위적 결합체인 이익사회의 생활관계에 관한 법인데 반하여, 가족법은 인간의 종족보존본능에 기초한 자연적 결합체인 혈연적 공동사회의 생활관계에 관한 법이기 때문에 윤리적 요소가 강하다. 근대이후 각국의 재산법질서는 세계적으로 공통성을 띠면서 보편화되고 있다고 볼 수 있는데, 물론 가족법도 이러한 보편화 현상이 없는 것은 아니나, 그 나라 고유의 습속과 윤리에 뿌리를 둔 고유법적 성격이 재산법에 비해 훨씬 강하다.

제1항 친족관계

Ⅰ. 친족의 의의

친족관계(親族關係)는 혈연과 혼인으로 발생한다. 현행민법상 친족이란 배우자, 혈족 및 인척(姻戚)을 말한다(제767조). 여기서 혈족이란 혈연으로 맺어진 집단으로서, 이에는 직계혈족과 방계혈족으로 나누어지는데, 직계혈족은 자기의 직계존속과 직계비속을 말하고, 방계혈족은 자기의 형제자매와 형제자매의 직계비속 및 직계존속의 형제자매와 그 형제자매의 직계비속을 가리킨다(제768조). 혈족은 자연혈족뿐만 아니라 입양으로 맺어지는 법정혈족관계도 있다. 양친족관계는 입양한 때로부터 발생하고(제772조), 입양의 취소 또는 파양이 있으면 종료한다.

인척이란 혈족의 배우자, 배우자의 혈족, 배우자의 혈족의 배우자를 말한다(제769조). 인척관계는 혼인으로 발생하며 혼인의 취소 또는 이혼으로 인하여 종료하며, 부부의 일방이 사망한 경우 생존배우자가 재혼한 때에도 종료한다(제775조).

Ⅱ. 친족의 범위

친족관계는 혈연과 혼인을 기초로 무한히 확대될 수 있으므로, 일정한 한계를 정할 필요가 있는데, 우리 민법은 부계위주의 친족관계를 기준으로 하였다가 1990년 남녀평등의 원리에 따라 개정하여 친족의 범위를 8촌이내의 혈족, 4촌이내의 인척 그리고 배우자로 하고 있다(제777조).

제2항 가족의 범위와 자(子)의 성과 본

2005년의 개정으로 민법은 호적을 기준으로 한 형식적인 가족개념을 벗어나, 실질적인 가족제도를 도입하였다.[67] 따라서 배우자, 직계혈족 및 형제자매가 가족이 되며, 생계를 같이하는 직계혈족의 배우자, 배우자의 직계혈족 및 배우자의 형제자매도 가족이 된다(제779조).

　자는 부의 성과 본을 따르는 것이 원칙이나, 부모가 혼인신고시 모의 성과 본을 따르기로 협의한 경우에는 모의 성과 본을 따른다. 한편 부가 외국인인 경우에는 자는 모의 성과 본을 따를 수 있고, 부를 알 수 없는 자는 모의 성과 본을 따른다. 한편 부모를 알 수 없는 자는 법원의 허가를 받아 성과 본을 창설한다. 그런데 성과 본을 창설한 후 부 또는 모를 알게 된 때에는 부 또는 모의 성과 본을 따를 수 있다. 혼인외의 출생자가 인지된 경우 자는 부모의 협의에 따라 종전의 성과 본을 계속 사용할 수 있는데, 부모가 협의할 수 없거나 협의가 이루어지지 아니한 경우에는 자는 법원의 허가를 받아 종전의 성과 본을 계속 사용할 수 있다. 그리고 자의 복리를 위하여 자(子)의 성과 본을 변경할 필요가 있을 때에는 부, 모 또는 자의 청구에 의하여 법원의 허가를 받아 이를 변경할 수 있다. 다만 자가 미성년자이고 법정대리인이 청구할 수 없는 경우에는 제777조의 친족 또는 검사가 청구할 수 있다(제781조).

제3항 혼 인

Ⅰ. 약혼

1. 의의와 성립요건

　약혼(約婚)이란 장차 혼인할 것을 합의하는 것이다. 약혼은 장차 혼인할 당사자간의 계약이기 때문에, 당사자 아닌 양가부모의 합의인 정혼(定婚)은 약혼이 아니며, 혼인신고만이 없는 사실혼과도 다르다.

67| 근대이전의 대가족사회(大家族社會)에서의 호주(家長)는 가족을 통솔하고 보호하기 위한 막강한 권한이 있었다. 이러한 가부장제적 호주제도의 잔재가 민법제정시에도 남아있었으나, 1990년 개정으로 호주의 가족에 관한 실질적 권한은 모두 삭제되고, 단지 호적변동과 친족회에 관한 몇 가지 형식적 지위만 남아 있었다. 이러한 남자우선의 호주제도는 남녀평등에 반하므로 2005년의 민법개정으로 2008년부터 폐지되었다. 개정전의 민법상의 가(家)는 현실적인 가족을 의미하는 것이 아니라 호적을 기준으로 한 형식적인 개념으로 동일한 호적 내에 있는 친족집단을 가(家)라고 하였다.

약혼의 성립에 특별한 형식은 요구되지 않으며, 성년에 달한 자는 자유로 약혼할 수 있으나(제800조), 미성년자(18세 이상)나 금치산자는 부모 또는 후견인의 동의를 얻어야만 약혼할 수 있다(제801, 802조).

2. 약혼의 효력

약혼하였다고 반드시 혼인을 해야 하는 것은 아니다. 즉 약혼은 강제이행을 청구하지 못한다(제803조). 다만 정당한 사유 없이 파혼한 자는 상대방에게 이로 인한 손해를 배상하여야 하는데, 재산상 손해외에 정신상 고통(위자료)에 대하여도 손해배상의 책임이 있다(제806조).

3. 약혼해제사유

약혼의 해제사유는 ① 약혼후 자격정지이상의 형의 선고를 받은 때, ② 약혼후 금치산 또는 한정치산의 선고를 받은 때, ③ 성병, 불치의 정신병 기타 불치의 악질이 있는 때, ④ 약혼후 타인과 약혼 또는 혼인을 한 때, ⑤ 약혼후 타인과 간음한 때, ⑥ 약혼후 1년이상 그 생사가 불명한 때, ⑦ 정당한 이유없이 혼인을 거절하거나 그 시기를 지연하는 때, ⑧ 기타 중대한 사유가 있는 때이다(제804조). 약혼의 해제는 상대방에 대한 의사표시로 하나, 그러나 상대방에 대하여 의사표시를 할 수 없는 때에는 그 해제의 원인있음을 안 때에 해제된 것으로 본다.

Ⅱ. 혼인의 성립

혼인(婚姻)이란 영속적 공동생활을 목적으로 하는 남녀간의 정당한 결합을 의미한다. 성년자는 누구나 자유롭게 혼인할 수 있다. 즉 혼인은 자유이다. 다만 미성년자(18세 이상, 제807조)나 금치산자는 부모 또는 후견인의 동의를 얻어야 하며(제808, 809조), 중혼은 금지되고(제810조), 여자가 재혼하는 때에는 전혼관계가 종료된 때로부터 6개월을 경과하여야 한다(제811조).68)

한편 혼인은 가족관계의등록등에관한법률에 정한 바에 의하여 신고함으로써 그 효력

이 생긴다(신고혼주의, 제812조).69| 따라서 결혼식을 거행하고 장기간 동거생활을 하더라도 신고를 하지 않으면 사실혼관계에 불과하며, 결혼식을 하지 않더라도 혼인신고만 하면 법률상 혼인이 성립한다.

Ⅲ. 혼인의 무효와 취소

혼인신고가 있더라도 ① 당사자간에 혼인의 합의가 없는 때, ② 당사자가 8촌 이내의 혈족(친양자의 입양 전의 혈족을 포함한다)인 경우, ③ 당사자간에 직계인척관계가 있거나 또는 있었던 때, ④ 당사자간에 양부모계의 직계혈족관계가 있었던 때에는 그 혼인은 무효이고(제815조), ① 혼인적령에 미달한 때, 미성년자나 금치산자가 동의를 얻지 않은 경우, 근친혼인 경우(당사자간에 6촌 이내의 혈족의 배우자, 배우자의 6촌 이내의 혈족, 배우자의 4촌 이내의 혈족의 배우자인 인척관계나 이러한 인척관계이었던 경우 및 당사자간에 6촌 이내의 양부모계의 혈족이었거나 4촌 이내의 양부모계의 인척이었던 경우)와 중혼인 경우, ② 혼인당시 당사자일방에 부부생활을 계속할 수 없는 악질 기타 중대한 사유 있음을 알지 못한 때, ③ 사기 또는 강박으로 인하여 혼인의 의사표시를 한 때에는 법원에 그 취소를 청구할 수 있다(제816조).

Ⅳ. 혼인의 효력

혼인이 유효하게 성립하면, 부부는 친족이 되고 인척관계가 발생하며, 미성년자가 혼인을 한 때에는 성년자로 본다(혼인성년의제 제826조의 2). 혼인의 일반적 효력으로서 부부는 동거하며70| 서로 부양하고 협조하여야 하며(제826조 1항), 당연히 상호간에 정조의무를 진다.

부부는 일상의 가사에 관하여 서로 대리권이 있고(제826조), 일상가사채무에 대하여 연

68| 동성동본금혼규정(제809조)은 위헌판결로 1999. 1. 1일부터 그 효력을 상실하였다.
69| 혼인신고는 당사자쌍방과 성년자인 증인2인의 연서한 서면으로 하여야 한다(제812조 2항).
70| 그러나 정당한 이유로 일시적으로 동거하지 아니하는 경우에는 서로 인용하여야 한다(동조 동항 단서).

대책임을 지며(제832조), 생활비용은 특약이 없는 한 부부가 공동으로 부담한다(제833조). 또한 부부간의 계약은 혼인중 언제든지 부부일방이 이를 취소할 수 있다(제828조).

부부간의 재산관계의 기본원칙은 별산제이다. 즉 부부의 일방이 혼인전부터 가진 고유재산과 혼인중 자기의 명의로 취득한 재산은 그 특유재산으로 하고(제830조 1항), 이러한 특유재산은 각자가 관리, 사용, 수익한다(제831조). 다만 부부의 누구에게 속한 것인지 분명하지 아니한 재산은 부부의 공유로 추정한다(제830조 2항). 그런데 부부가 혼인성립전에 그 재산에 관하여 따로 약정을 하면 이러한 약정이 우선하고, 이를 혼인성립시까지 등기하면 부부의 승계인 또는 제3자에게도 대항할 수 있다(제829조).

V. 이 혼

1. 협의이혼

협의이혼(協議離婚)은 부부가 합의하여 이혼하는 것으로, 가정법원의 확인을 받아 가족관계의등록등에관한법률에 따라 신고하면 된다(제836조).[71] 이혼으로 부부간의 친족관계와 인척관계는 소멸한다. 이혼한 부부에게 미성년인 자녀가 있는 때에는 우선 당사자의 협의에 의하여 양육에 관한 사항과 친권자를 결정하여야 한다(제837조, 제909조 4항).[72] 자녀를 직접 양육하지 않는 부모의 일방과 자녀는 상호 면접교섭권을 가지나,

---

[71] 이혼을 하려는 자는 가정법원이 제공하는 이혼에 관한 안내를 받아야 하고, 가정법원은 필요한 경우 당사자에게 전문상담인의 상담을 받을 것을 권고할 수 있으며, 가정법원에 이혼의사의 확인을 신청한 자는 위의 안내를 받은 날부터 양육할 자(포태중인 자 포함)가 있는 경우에는 3개월, 기타의 경우에는 1개월의 기간이 지난 후에 이혼의사의 확인을 받을 수 있다. 또한 양육할 자식이 있는 경우 당사자는 자식의 양육과 친권자결정에 관한 협의서나 가정법원의 심판정본을 제출하여야 한다(제836조의2).

[72] 이혼할 당사자는 자식의 양육에 관한 사항(양육자, 양육비용부담, 면접교섭권)을 협의로 결정하여야 하는데, 그 협의가 자(子)의 복리에 반하는 경우 가정법원은 보정을 명하거나 직권으로 그 자식의 의사 및 연령, 부모의 재산상황, 기타의 사정을 참작하여 양육에 필요한 사항을 정한다. 양육에 관한 협의가 이루어지지 아니하거나 협의할 수 없는 때에는 가정법원은 직권 또는 당사자의 청구에 따라 이를 결정하며, 가정법원은 자의 복리를 위하여 필요하다고 인정하는 경우에는 부·모·자 및 검사의 청구 또는 직권으로 자의 양육에 관한 사항을 변경하거나 다른 적당한 처분을 할 수 있다.

가정법원은 자의 복리를 위하여 이를 제한하거나 배제할 수 있다(제837조의 2). 한편 이혼한 자의 일방은 다른 일방에 대하여 재산분할을 청구할 수 있는데, 협의가 되지 않거나 불가능한 경우 가정법원은 당사자의 청구에 의하여 쌍방의 협력으로 이룩한 재산의 액수 기타 사정을 참작하여 분할의 액수와 방법을 정한다. 이러한 재산분할청구권은 이혼한 날부터 2년이 지나면 소멸한다(제839조의 2).

2. 재판이혼

부부의 일방은 ① 배우자의 부정행위,[73] ② 배우자의 악의의 유기, ③ 배우자 또는 그 직계존속으로부터 심히 부당한 대우, ④ 자기의 직계존속에 대한 배우자의 심히 부당한 대우, ⑤ 배우자의 3년이상 생사불명, ⑥ 기타 혼인을 계속하기 어려운 중대한 사유가 있을 때에는 가정법원에 이혼을 청구할 수 있다(제840조). 즉 상대방이 이혼에 동의하지 않아도 재판상 이혼사유가 있는 때에는 재판을 통하여 이혼할 수 있으며, 이때 이혼재판(裁判離婚)을 청구한 자는 혼인파탄에 책임있는 상대방에게 손해배상도 청구할 수 있다(제806, 843조).

제4항 부모와 자

친자관계에서의 1차적인 법적 과제는 어떠한 사람간에 친자관계가 인정되는가 즉 친자관계의 성립에 관한 문제라고 할 수 있다. 민법은 친생자와 양자관계로 나누어 친자관계의 성립에 관하여 규정하고, 친자관계의 효력문제로서 친권에 관하여 규정한다. 이밖에도 부모와 자는 직계혈족관계로서 부양과 상속의 법률효과가 발생할 수 있다.

---

[73] 부정행위(不貞行爲)는 다른 일방이 사전동의나 사후용서를 한 때 또는 이를 안 날로부터 6월, 부정행위가 있은 날로부터 2년을 경과한 때에는 이혼을 청구하지 못한다.

Ⅰ. 친생자

1. 혼인중의 출생자

부부가 혼인중에 포태하여 출생한 자를 혼인중의 출생자라 하는데, 민법은 혼중자의 부(父)에 대한 추정규정을 두고 있다. 즉 처가 혼인중에 포태한 자는 부(夫)의 자로 추정하며, 혼인성립일로부터 2백일후 또는 혼인관계종료일로부터 3백일내에 출생한 자는 혼인중에 포태한 것으로 추정한다(제844조). 그러나 처가 낳은 자식이 남편의 자식이 아닌 경우 부부의 일방은 친생부인(親生否認)의 소를 제기하여 부자관계를 단절시킬 수 있다(제846조).

2. 혼인외의 출생자

혼인외의 출생자는 그 부모가 이를 인지하여야만 법적인 친자관계가 인정된다(제855조). 인지는 가족관계의등록등에관한법률에 따라 신고하여야 그 효력이 생긴다(제859조). 부모가 인지하지 않는 경우 혼외자는 부 또는 모를 상대로 하여 인지청구의 소를 제기할 수 있다(제863조).

Ⅱ. 양자

입양(入養)으로 성립하는 법정친자관계과 양자관계이다. 양자(養子)는 당사자의 입양의 합의로 성립하며, 혼인과 마찬가지로 가족관계의등록등에관한법률에 따라 신고하여야만 효력이 생긴다. 성년자는 누구나 자유롭게 양자를 할 수 있으나(제866조), 혼인한 자가 양자를 할 때에는 배우자와 공동으로 하여야만 한다(제874조 1항). 양자가 될 자가 15세미만인 때에는 법정대리인이 그에 갈음하여 입양의 승낙을 하며(제869조), 미성년자인 경우에는 부모 또는 다른직계존속이 없으면 후견인의 동의를 얻어야 한다(제871조). 양자가 될 자는 성년자라도 부모가 있으면 그 동의를 얻어야 한다(제870조).[74] 한편 존

74| 부모가 사망 기타 사유로 인하여 동의를 할 수 없는 경우에 다른 직계존속이 있으면 그 동의를

속 또는 연장자는 양자로 삼지 못한다(제877조). 당사자의 합의로 성립하는 양자관계도 혼인과 마찬가지로 당사자의 협의나 재판을 통하여 파양(罷養)할 수 있다. 파양이 되면 양친자관계는 소멸한다. 한편 2005년 개정민법은 양자의 복리를 더욱 증진시키기 위하여, 양친과 양자를 친생자관계로 보아 종전의 친족관계를 종료시키고 양친과의 친족관계만을 인정하며 양친의 성과 본을 따르도록 하는 친양자제도를 신설하여(제908조의 2 내지 제908조의 8) 2008년부터 시행하고 있다.

Ⅲ. 친권

친권(親權)이란 미성년자인 자녀를 보호하고 교양할 부모의 권리·의무를 말하며(제913조), 미성년자인 자녀는 부모의 친권에 복종하여야 한다. 친권은 부모가 혼인중인 때에는 부모가 공동으로 행사하나, 부모의 일방이 친권을 행사할 수 없을 때에는 다른 일방이 이를 행사한다. 혼외자가 인지된 경우와 부모가 이혼하는 경우에는 부모의 협의로 친권자를 정하고, 협의할 수 없거나 협의가 이루어지지 아니하는 경우에는 가정법원은 직권 또는 당사자의 청구에 따라 친권자를 정하며, 양자는 양부모의 친권에 복종한다(제909조).

친권자는 미성년자인 자녀의 법정대리인으로서(제911조), 자를 보호하고 교양할 권리의무가 있다(제913조). 이를 위해 친권자는 자녀에 대한 거소지정권(제914조)과 징계권도 가지는데 필요한 경우에는 법원의 허가를 얻어 감화 또는 교정기관에 위탁할 수도 있으며(제915조), 자녀의 특유재산에 대한 관리권도 가진다(제916조). 이러한 친권을 행사함에 있어서는 자의 복리를 우선적으로 고려하여야 한다(제912조).

부모가 친권을 남용하거나 현저한 비행 기타 중대한 사유가 있는 때에는 법원은 자녀의 친족 또는 검사의 청구에 의하여 친권상실을 선고할 수 있다(제924조).[75]

얻어야 하는데, 직계존속이 수인인 때에는 최근존속을 선순위로 하고, 동순위자가 수인인 때에는 연장자를 선순위로 한다.
75| 한편 친권자가 부적당한 관리로 자녀의 재산을 위태롭게 한 때에는 법원은 자녀의 친족의 청구에 의하여 법률행위대리권과 재산관리권의 상실을 선고할 수도 있고 친권자 스스로 정당한 사유가 있으면 법원의 허가를 얻어 법률행위대리권과 재산관리권을 사퇴할 수도 있다(제925, 927조).

제5항 후견

우리나라의 후견제도도 대체로 과거의 일반적인 관습에 의하면 미성년자 또는 정신병자를 위하여 보호자를 두는 경우가 있었다고 하며, 민사·형사소송에서는 호후인(護後人)이라는 용어를 사용했다. 조선민사령(1912년 制令 7호)이 제정된 초기에는 미성년자 또는 정신병자가 호주인 때에 한하여 후견인이 정해졌고, 그것도 친권을 행사하는 모(母)가 있는 때는 후견인을 두지 않는 관습이 있었다.

그 후 1921년 조선민사령의 개정에 의하면 일본민법(구민법)의 친권규정을 의용하게 되자 미성년자와 금치산자를 보호하기 위한 후견이 인정되었다. 이것은 근대적 후견제도에 따른 것이라고 볼 수는 있지만, 가(家)를 기조로 하는 친족회에 대하여 후견에 관한 감독기관으로서의 지위를 인정한 것은 가부장제가족제도의 유습을 벗어나지 못한 것이었다(구민 제901~제904조). 그리고 구법에서는 후견제도와 더불어 한정치산자(구법에서는 禁準治産者)에 대한 보호기관으로 보좌인(保佐人)제도를 별도로 인정하고 있었다(구민 제909조). 또한 구법에서는 후견 감독으로서 제1차로 후견감독인이라는 제도를 두고 있었다(구민 제910조~912조).

2011년 개정 전의 민법은 보좌인제도와 후견감독인제도를 폐지하고 감독기관으로서는 친족회와 가정법원을 인정하였다. 특히 민법이 후견인에 대한 사회적 감독의 필요성으로 가정법원에 적극적 감독권을 인정하는 것은 현대적 후견입법의 추세에 비추어 타당하다고 생각되며, 고령화시대의 진전과 함께 친족회를 후견감독기관으로 두는 것에 관해서는 많은 의문이 제기되어 왔으므로, 2011년 민법의 일부개정을 통하여 후견감독인제도를 도입하고 가정법원의 적극적 개입을 인정하고 있다.

2011년 민법의 일부개정을 통해서 후견제도는 대폭 변경되었다. 우선 후견을 미성년후견과 성년후견으로 나누고, 성년후견은 세유형(성년후견, 한정후견, 특정후견)으로 나누에 이 가운데 특정후견은 능력의 제한을 두지 않았고, 또 후견계약제도를 두어 임의후견인을 선임할 수 있도록 하였으며, 후견인의 선임을 일정한 자의 청구에 의해 가정법원이 직권으로 하도록 하였다. 뿐만 아니라 친족회제도를 없애고 후견감독인제도를 두었다.[76]

76| 한봉희·백승흠, 『가족법』, 삼영사(2013), 339면 이하 참조.

제6항 부양

직계혈족 및 그 배우자와 기타 생계를 같이하는 친족간에는 자기의 자력 또는 근로에 의하여 생활을 유지할 수 없는 자에 대하여 서로 부양(扶養)할 의무가 있다(제974, 975조). 부양의 정도나 방법에 관하여 당사자간에 협정이 되지 않는 경우, 법원은 당사자의 청구에 의하여 부양을 받을 자의 생활정도와 부양의무자의 자력 기타 제반사정을 참작하여 이를 정한다(제977조). 그리고 부양을 받을 권리는 이를 처분하지 못한다(제979조).

Section

10 상속법

제1항 의 의

상속(相續)이란 피상속인의 사망으로 피상속인의 재산에 관한 권리·의무가 상속인에게 포괄적으로 승계되는 것을 말한다.

근대이전의 봉건사회(封建社會)에서는 제사(祭祀)상속을 중심으로 상속관계가 규율되었다. 즉 선조에 대한 제사는 가족공동체의 정체성을 상징하는 것으로 제사상속을 중심으로 호주의 지위나 재산의 상속이 당연히 이에 수반되는 것으로 생각하였다. 우리 민법은 제정당시 제사를 윤리적인 문제로 보고 이를 상속의 대상으로 규율하지는 않았지만,[77] 호주지위의 승계문제를 상속법에 포함하고 있었다. 그러다가 1990년의 개정으로 호주상속을 호주승계로 고쳐 친족편으로 옮겼다. 따라서 현재의 민법상의 상속은 재산상속만을 의미한다.

---

[77] 분묘에 속한 1정보이내의 금양임야(禁養林野)와 600평이내의 묘토인 농지, 족보와 제구의 소유권은 호주가 승계하도록 하여 제사에 필요한 재산에 대한 상속문제만 규정하였을 뿐이다. 지금도 이에 대하여는 그 승계자를 호주에서 제사주재자로 고쳐 상속편에서 그대로 규정하고 있다(제1008조의 3).

제2항 상속인

　피상속인의 사망으로 재산을 상속받는 자가 상속인이다. 상속인은 상속순위에 의하여 결정되며, 상속순위는 피상속인을 기준으로 ① 직계비속, ② 직계존속, ③ 형제자매, ④ 4촌이내의 방계혈족인데, 동순위의 상속인이 여러 명인 때에는 최근친을 우선순위로 하고 동친등(同親等)의 상속인이 여러 명이면 공동상속인이 된다(제1000조).

　상속인이 될 직계비속 또는 형제자매가 상속개시전에 사망하거나 결격자가 된 경우 그 직계비속이 있으면 이들이 사망자나 결격자의 순위에 가름하여 상속인이 되는데(제1001조), 이를 대습상속(代襲相續)이라고 한다.

　피상속인의 배우자는 직계비속이나 직계존속이 있으면 이들과 동순위로 공동상속인이 되고 이들이 없으면 단독상속인이 된다. 또한 배우자는 대습상속권도 가진다(제1003조).

　한편 상속공동체를 깨트릴 만한 패륜이나 비행을 저지른 상속인에게는 그 상속자격을 박탈한다. 상속결격자는 ① 고의로 직계존속, 피상속인, 그 배우자 또는 상속의 선순위나 동순위에 있는 자를 살해하거나 살해하려한 자, ② 고의로 직계존속, 피상속인과 그 배우자에게 상해를 가하여 사망에 이르게 한 자, ③ 사기 또는 강박으로 피상속인의 양자 기타 상속에 관한 유언 또는 유언의 철회를 방해한 자, ④ 사기 또는 강박으로 피상속인의 양자 기타 상속에 관한 유언을 하게 한 자, ⑤ 피상속인의 양자 기타 상속에 관한 유언서를 위조·변조·파기 또는 은닉한 자이다(제1004조).

　상속인이 없는 경우 상속재산은 일정한 법적 절차를 거쳐 국고에 귀속한다(제1058조).

제3항 상속의 효력

　상속인(相續人)은 상속개시된 때(피상속인의 사망시)로부터 피상속인의 일신에 전속한 것을 제외하고 피상속인의 재산에 관한 포괄적 권리의무를 승계(承繼)한다. 상속인이 한 명이면 단독상속을 하고 별문제가 없으나, 상속인이 여러 명인 경우에는 상속재산을 공동상속인간에 나누는 문제가 남는다. 한편 상속은 강제상속이 아니다. 따라서 상속을 받을지의 여부를 상속인이 결정할 수 있는데 이것이 상속의 승인·포기의 문제다.

Ⅰ. 상속분과 상속재산의 분할

동순위의 상속인이 수인인 때에는 그 상속분(相續分)은 동일하다(제1009조 1항). 다만 배우자의 상속분은 5할을 가산하고(동조 2항), 대습상속인의 상속분은 피대습인의 상속분에 한한다(제1010조).

공동상속인중에 피상속인으로부터 재산의 증여 또는 유증을 받은 특별수익자는 그 수증재산이 자기의 상속분에 부족한 한도에서만 상속분이 있고(제1008조), 상속재산의 유지나 증가에 특별히 기여한 자와 피상속인을 특별히 부양한 자가 있을 때에는 상속개시 당시의 피상속인의 재산가액에서 그 기여분을 공제한 상속재산을 기준으로 계산한 재산액에 기여분을 가산하여 그자의 상속분으로 한다(제1008조의 2). 별도의 유언이 없으면 공동상속인은 언제든지 협의에 의하여 상속재산을 분할할 수 있다(제1013조).

Ⅱ. 상속의 승인 및 포기

상속인은 상속개시있음을 안 날로부터 3월내에 단순승인(單純承認)[78]이나 한정승인(限定承認)[79] 또는 포기(抛棄)[80]할 수 있다. 다만 상속인이 상속채무가 상속재산을 초과하는 사실을 중대한 과실없이 위의 기간내에 알지 못하고 단순승인을 한 경우에는 그 사실을 안 날부터 3월내에 한정승인을 할 수 있다(제1019조).

---

[78] 상속인이 단순승인을 한 때에는 제한없이 피상속인의 권리의무를 승계하는데(제1025조), 상속인이 ① 상속재산에 대한 처분행위를 한 때, ② 기간내에 한정승인 또는 포기를 하지 아니한 때, ③한정승인 또는 포기를 하였어도 상속재산을 은닉하거나 부정소비하거나 고의로 재산목록에 기입하지 아니한 때에는 상속인이 단순승인을 한 것으로 본다(제1026조).

[79] 상속으로 인하여 취득할 재산의 한도에서 피상속인의 채무와 유증을 변제할 것을 조건으로 하는 것이 한정승인이다. 상속인이 한정승인을 함에는 상속개시 있음을 안 날로부터 3월내에 상속재산의 목록을 첨부하여 법원에 한정승인의 신고를 하여야 한다(제1030조).

[80] 상속인이 상속을 포기할 때에는 상속개시있음을 안 날로부터 3월내에 가정법원에 포기의 신고를 하여야 한다(제1041조).

제4항 유언

I. 의의와 방식

유언(遺言)이란 유언자가 자기의 사후에 재산처분 기타 일정한 법적 효과를 발생시킬 목적으로 하는 단독행위로서 요식행위이다. 법은 유언자의 의사를 존중하여 유언에 따른 일정한 법률효과를 발생시킨다. 유언은 자유이나, 만17세에 달하지 못한 자는 유언을 하지 못한다(제1061조). 유언은 요식행위로서 민법에 정한 방식 즉 ① 자필증서(自筆證書),[81] ② 녹음(錄音),[82] ③ 공정증서(公正證書),[83] ④ 비밀증서(秘密證書),[84] ⑤ 구수증서(口授證書)[85]에 의하지 않으면 법적 효력이 생기지 않는다(제1060, 1065조).[86]

---

[81] 자필증서에 의한 유언은 유언자가 그 전문과 연월일, 주소, 성명을 자서(自書)하고 날인하여야 한다(제1066조).

[82] 녹음에 의한 유언은 유언자가 유언의 취지, 그 성명과 연월일을 구술하고 이에 참여한 증인이 유언의 정확함과 그 성명을 구술하여야 한다(제1067조).

[83] 공정증서에 의한 유언은 유언자가 증인 2인이 참여한 공증인의 면전에서 유언의 취지를 구수하고 공증인이 이를 필기낭독하여 유언자와 증인이 그 정확함을 승인한 후 각자 서명 또는 기명날인 하여야 한다(제1068조).

[84] 비밀증서에 의한 유언은 유언자가 필자의 성명을 기입한 증서를 엄봉날인하고 이를 2인이상의 증인의 면전에 제출하여 자기의 유언서임을 표시한 후 그 봉서표면에 제출 연월일을 기재하고 유언자와 증인이 각자 서명 또는 기명날인 하여야 한다. 이 방식에 의한 유언봉서는 그 표면에 기재된 날로부터 5일내에 공증인 또는 법원서기에게 제출하여 그 봉인상에 확정일자인을 받아야 한다(제1069조).

[85] 구수증서에 의한 유언은 질병 기타 급박한 사유로 인하여 앞의 4개의 방식에 의할 수 없는 경우에 유언자가 2인이상의 증인의 참여로 그 1인에게 유언의 취지를 구수(口授)하고 그 구수를 받은 자가 이를 필기낭독하여 유언자의 증인이 그 정확함을 승인한 후 각자 서명 또는 기명날인하여야 한다. 이 방식에 의한 유언은 그 증인 또는 이해관계인이 급박한 사유가 종료한 날로부터 7일내에 법원에 그 검인을 신청하여야 한다(제1070조).

[86] 유언의 증서나 녹음을 보관한 자 또는 이를 발견한 자는 유언자의 사망후 지체없이 법원에 제출하여 그 검인을 청구하여야 한다(제1091조).

Ⅱ. 유언의 효력

　유언은 유언자가 사망한 때로부터 그 효력이 생긴다(제1073조). 유증을 받은 자는 일반상속과 마찬가지로 유언자의 사망후에 언제든지 유증을 승인 또는 포기할 수 있다(제1074조).

　유언은 유언집행자가 실행하는데, 유언자는 유언으로 유언집행자를 지정할 수 있고(제1093조), 따로 지정이 없으면 상속인이 유언집행자가 된다(제1095조). 유언집행자가 없거나 사망, 결격 기타 사유로 인하여 없게된 때에는 법원은 이해관계인의 청구에 의하여 유언집행자를 선임하여야 한다(제1069조).

　유언은 유언자의 최종의 의사를 기준으로 하는 것이기 때문에, 유언자는 유언을 하였더라도 언제든지 유언 또는 생전행위로써 유언의 전부나 일부를 철회할 수 있다(제1108조).

제5항 유류분

Ⅰ. 의의

　유류분제도(遺留分制度)는 상속개시시를 기준으로 피상속인이 행한 유증과 증여를 일정한 한도에서 유류분권자가 반환받을 수 있도록 하는 제도이다. 사유재산제하에서는 원칙적으로 자신의 재산을 마음대로 처분할 수 있기 때문에, 상속재산도 유언자가 마음대로 처분할 수 있는 것이 원칙이다. 그러나 유언자유의 원칙을 관철하고 유언자가 상속재산전부를 타인에게 증여한 경우 상속을 기대하던 법정상속인은 그 생활을 위협받을 수가 있다. 따라서 민법은 1977년 개정을 통하여 유류분제도를 도입하였다.

Ⅱ. 유류분의 산정

　유류분권리자는 피상속인의 직계비속, 배우자, 직계존속, 형제자매로서 제3순위까지의 법정상속인이며, 4촌이내의 방계혈족은 여기에 포함되지 않는다. 유류분은 직계비속과 배우자는 그 법정상속분의 2분의 1이며, 직계존속과 형제자매는 그 법정상속분의

3분의 1이다(제1112조). 유류분은 피상속인의 상속개시시에 있어서 가진 재산의 가액에 증여재산의 가액을[87] 가산하고 채무의 전액을 공제하여 이를 산정한다(제1113조).

Ⅲ. 유류분 반환청구권

피상속인이 상속재산을 증여하거나 유증하였다고 언제나 유류분반환청구권이 발생하는 것은 아니다. 물론 피상속인이 상속재산 전부를 증여·유증하였다면 유류분권리자는 당연히 그 반환청구권을 행사할 수 있으나, 피상속인이 상속재산의 일부만 증여·유증한 경우, 즉 상속인이 상속재산의 일부를 상속받은 경우는, 상속재산이 유류분보다 부족한 때에만 그 부족한 한도에서 반환을 청구할 수 있을 뿐이다(제1115조 1항). 이때 증여 및 유증을 받은 자가 수인이면 각자가 받은 재산가액의 비례로 반환하여야 하는데(제1115조 2항), 증여에 대하여는 유증을 반환받은 후가 아니면 이것을 청구할 수 없다(제1116조). 예를 들어 A에게 아들 B가 있음에도 불구하고 사망 3개월 전에 7억을 C에게 증여하고 남은 재산 3억원 중 D에게 2억원을 유증하고 B에게는 1억원만 남긴 경우, B는 부족분 4억원에 대하여 먼저 D에게 2억원을 반환청구하고 남은 부족분 2억원을 C에게 반환청구할 수 있다. 유류분반환청구권은 유류분권리자가 상속의 개시와 반환하여야 할 증여 또는 유증을 한 사실을 안 때로부터 1년내에 하지 않으면 시효로 소멸하며, 상속이 개시한 때로부터 10년을 경과한 때도 같다(제1117조).

---

[87] 증여는 상속개시전의 1년간에 행한 것에 한하여 포함되나, 당사자 쌍방이 유류분권리자에 손해를 가할 것을 알고 증여를 한 때에는 1년전에 한 것도 포함된다(제1114조). 여기서 증여는 생전증여만을 의미하며, 유증한 재산은 당연히 상속재산으로 산정되므로 다시 가산할 필요가 없다.

Chapter

05 상 법

Section
1 총 칙

Ⅰ. 상법의 의의

상법(상법)이란 주로 기업에 대한 법률관계를 규율하는 사법을 말하며, 일반사법인 민법에 대하여 대표적익 특별사법으로서의 지위를 가지고 있다. 제정법을 기준으로 한 형식적 의미의 상법인 상법전은 총칙, 상행위, 회사, 보험, 해상 5편으로 구성되어 있으며, 현행상법전은 1962. 1. 20. 공포되어 1963. 1. 1. 부터 시행되었으며, 그 동안 10여 차례의 개정을 거쳐 현재에 이르고 있다.

기업은 계획적이고 지속적으로 영리활동을 하는 조직체이며, 이러한 기업의 법률관계를 규율하는 상법은 회사제도를 통하여 자본의 집중을 원활하게 함으로써 기업의 설립을 용이하게 하고, 일단 성립한 기업의 유지와 발전을 도모하며, 기업활동의 원활과 확실성을 통하여 기업의 영리성을 보장하려는 데에 그 특징이 있다.

상법의 법원(法源)에는 상법전 외에, 상관습법 및 조리 등을 들 수 있는데, 「상사에 관하여 상법에 규정이 없으면 상관습법에 의하고 상관습법이 없으면 민법의 규정에 의한다」(제1조).

Ⅱ. 기업의 주체

상법의 총칙편은 주로 기업의 구성 내지 조직에 관하여 규정하고 있다.

1. 상 인

기업(企業)이 회사와 같이 법인격을 갖추면 당연히 권리·의무의 주체가 된다. 법인이 아닌 기업이 그 활동으로 인한 권리·의무는 특정 개인에게 귀속되는데, 이러한 귀속주체를 상인이라 한다. 즉 자기명의로 상행위를 하는 사람을 상인(당연상인)이라 한다(제4조). 여기서 상행위란 매매, 임대차 등 상법이 정한 21종의 행위를 영업으로 하는 것을 말하며(제46조), 영업이란 영리를 목적으로 동종의 행위를 지속적으로 반복하는 것을 말한다.

점포 기타 유사한 설비에 의하여 상인적 방법으로 영업을 하는 사람과 회사는 상행위를 하지 않더라도 상인으로 보며(제5조), 이를 의제상인이라 한다. 한편 미성년자 또는 한정치산자가 법정대리인의 허락을 얻어 영업을 하는 때에는 등기를 하여야 한다(제6조).

소상인(小商人)은 규모가 작은 기업으로서[88] 기업성이 별로 없기 때문에 지배인, 상호, 상업장부와 상업등기에 관한 규정은 소상인에 적용하지 아니한다(제9조).

2. 기업의 인적 설비(상업사용인)

기업은 개인이 단독으로 운영하는 것보다는 전문가 등의 도움을 받아 운영하는 것이 보다 경제적이고 합리적이라고 하겠는데, 이와 같이 기업활동을 보조하는 자를 기업의 인적 설비라 한다. 이에는 특정상인에 종속하여 그 조직 내에서 영업활동을 보조하는 자로서, 지배인 등의 상업사용인과 같은 종속적 기업보조자와, 자신도 독립한 상인의 자격을 가지면서 다른 상인의 기업조직 외부에서 이를 보조하는 독립적 기업보조자가 있다.[89]

---

[88] 소상인은 자본금액이 1천만원에 미달하는 상인으로서 회사가 아닌 자를 말한다(상법의일부규정의시행에 관한규정 제2조).

[89] 예를 들어, 대리상, 중개인, 위탁매매인, 운송인, 운송주선인, 창고업자 등이 독립적 기업보조자로서 상법상 독립된 상인으로 규정되어 있다.

상업사용인 중 가장 큰 권한을 가진 자가 「지배인」으로서, 지배인은 영업주에 갈음하여 그 영업에 관한 재판상 또는 재판외의 모든 행위를 할 수 있다(제11조). 보통 지점장, 지사장 등의 명칭을 가지는 자가 여기에 해당하며, 상인은 지배인의 선임과 그 대리권의 소멸에 관하여 그 지배인을 둔 본점 또는 지점소재지에서 등기하여야 한다(제13조). 영업의 특정한 종류 또는 특정한 사항(판매, 구매, 대출, 출납 등)에 대해서만 위임을 받은 사용인은 이에 관한 재판외의 모든 행위를 할 수 있다(제15조). 즉 보통 부장, 과장, 계장, 주임 등의 명칭을 가지는 영업의 일부에 대한 대리권을 가지는 사용인은 위임 받은 사항에 대해서 대리권을 가지나, 재판에 관한 권한은 없다. 한편 물건을 판매하는 점포의 사용인은 설령 판매의 대리권이 없더라도 그 판매에 관한 모든 권한이 있는 것으로 본다(제16조).

3. 기업의 물적 설비와 그 공시

(1) 상호

상인(商人)이 영업상 자기를 표시하는 명칭을 상호(商號)라 하는데, 상인은 그 성명 기타의 명칭으로 자유로이 상호를 선정하여 사용할 수 있다(제18조). 상호권에는 상호사용권과 상호전용권(타인의 사용을 배제할 수 있는 권리)이 있는데, 상호권은 등기를 하지 않아도 인정되나, 상호를 등기하면 더 강한 상호전용권이 보장된다.[90]

회사의 상호에는 그 종류에 따라 합명회사, 합자회사, 주식회사 또는 유한회사의 문자를 사용하여야 하며(제19조), 회사가 아니면 상호에 회사라는 명칭을 사용하지 못한다(제20조).

(2) 상업장부

상인은 영업상의 재산 및 손익의 상황을 명백히 하기 위하여 회계장부 및 대차대조표를 작성하여야 한다. 이와 같이 상법상의 의무에 의하여 상인이 작성하는 장부를 상업장부라 하는데, 상업장부의 작성은 일반적으로 공정·타당한 회계관행에 의한다(제29조).

---

[90] 타인이 등기한 상호는 동일한 특별시·광역시·시·군에서 동종영업의 상호로 등기하지 못한다(제22조).

회계장부에는 거래와 기타 영업상의 재산에 영향이 있는 사항을 기재하여야 하며, 상인은 영업을 개시한 때와 매년 1회이상 일정시기에, 회사는 성립한 때와 매 결산기에 회계장부에 의하여 대차대조표를 작성하고, 작성자가 이에 기명날인 또는 서명하여야 한다(제30조).

(3) 상업등기

영업에 관한 중요한 사항을 상법규정에 의하여 상업등기부에 하는 등기를 상업등기(商業登記)라 한다. 상업등기는 상인과 제3자간의 이해관계 있는 일정한 사항을 공시함으로써 거래안전의 도모와 동시에 상인의 신용을 유지하기 위한 제도이다.

상업등기는 당사자의 신청에 의하여 영업소의 소재지를 관할하는 법원의 상호등기부에 등기하는데(제34조), 본점의 소재지에서 등기할 사항은 다른 규정이 없으면 지점의 소재지에서도 등기하여야 한다(제35조). 등기할 사항은 이를 등기하지 아니하면 선의의 제3자에게 대항하지 못한다(제37조).

Ⅲ. 영업의 양도

영업양도란 단순히 기업에 속한 재산이나 권리의 양도만을 의미하는 것이 아니라, 영리를 위하여 조직화된 유기적 일체로서의 기능적 재산을 모두 타인에게 이전함으로써 영업주체의 지위를 포괄적으로 양수인에게 넘겨주는 것을 의미한다.

영업을 양도하고도 양도인이 계속 동일한 영업활동을 계속한다면 영업을 양수한 실익이 없게 되므로, 영업을 양도한 경우에 다른 약정이 없으면 양도인은 10년간 동일한 특별시·광역시·시·군과 인접 특별시·광역시·시·군에서 동종영업을 하지 못한다(제41조 1항).

한편 영업양수인이 양도인의 상호를 계속 사용하는 경우에는 양도인의 제3자에 대한 영업채무에 대하여 양수인도 변제할 책임이 있고(제42조 1항)[91], 양도인의 영업채권에 대하여 채무자가 선의이며 중대한 과실 없이 양수인에게 변제한 때에는 그 효력이 있다(제43조).

91| 다만 양수인이 영업양도를 받은 후 지체없이 양도인의 채무에 대한 책임이 없음을 등기한 때에는 변제할 책임이 없으며, 양도인과 양수인이 지체없이 제3자에 대하여 그 뜻을 통지한 경우에도 같다(동조 2항).

Section

2   상행위

Ⅰ. 상행위의 의의

상행위(商行爲)란 실질적으로는 영리를 목적으로 하는 모든 행위를 의미하나, 형식적으로는 상법과 상사특별법에 상행위로 규정된 행위를 말한다.

Ⅱ. 상행위의 종류

1. 기본적 상행위와 보조적 상행위

상인개념의 기초가 되는 영업행위, 반복·계속되는 기본적 영업행위를 기본적 상행위라 하며,92ǀ 상인의 개념을 전제로 기본적 상행위 이외에 상인이 영업을 위하여 하는 행위(제47조), 즉 기업 본래의 목적활동과의 관련행위를 보조적 상행위라 한다.

2. 일방적 상행위와 쌍방적 상행위

소매상과 일반인의 거래와 같이 당사자의 일방에게만 상행위가 되는 경우를 일방적 상행위라 하며, 도매상과 소매상의 거래와 같이 당사자 쌍방 모두에게 상행위가 되는 경우를 쌍방적 상행위라 한다. 쌍방적 상행위는 물론 일방적 상행위에 대해서도 상법이 적용된다. 즉 당사자중 그 1인의 행위가 상행위인 때에는 전원에 대하여 상법을 적

92ǀ 상법 46조는 기본적 상행위의 종류를 다음과 같이 구체적으로 나열하고 있다(총 21종: 1. 재산의 매매, 2. 재산의 임대차, 3. 제조, 가공, 수선행위, 4. 전기, 전파, 가스, 물의 공급행위, 5. 도급의 인수, 6. 출판, 인쇄, 촬영행위, 7. 광고, 통신, 정보행위, 8. 금융거래, 9. 객의 집래시설에 의한 거래, 10. 상행위의 대리인수, 11. 중개행위, 12. 위탁매매 기타 주선행위, 13. 운송의 인수, 14. 임치의 인수, 15. 신탁의 인수, 16. 상호부금 기타 유사행위, 17. 보험, 18. 광물, 토석의 채취행위, 19. 기계·시설재산의 물융(物融)행위, 20. 상호·상표 등의 사용허락에 의한 영업행위, 21. 영업상 채권의 매입·회수 등의 행위).

용한다(제3조).

3. 준상행위

형식적 의미에서는 상행위가 아니지만 상행위에 관한 규정이 준용되는 행위를 준상행위라 하며, 설비상인이나 민사회사와 같은 의제상인(제5조)의 영업을 위한 행위가 여기에 속한다(제66조).

Ⅲ. 상행위법의 성질

상행위법은 대부분 임의규정이다. 따라서 다른 의사표시나 상관습이 있으면 이것이 우선한다. 또한 상행위법은 거래의 안전과 신속을 위해 집단성·정형성이 강한 것이 특징이다.

Ⅳ. 상행위편의 구조와 내용

상법 제2편에서는 상행위가 되는 각종의 행위를 규정하는 외에, 일반법인 민법이 상사관계에 그대로 적용되는 것이 적당하지 않은 경우에 대한 예외규정의 성격을 갖는 여러 특칙을 두고 있다. 상행위편의 규정은 총칙과 각칙으로 나누어 볼 수 있는데, 총칙규정으로는 상행위의 개념규정(제1장 통칙, 제46조, 제47조), 상행위일반에 관한 특칙(제48조 이하), 매매에 관한 특칙(제2장, 제67조 이하), 상호계산(제3장, 제72조 이하), 익명조합(제4장, 제78조 이하)에 관한 규정이 있다. 그리고 개별적 상행위에 관한 각칙규정으로는 대리상(제5장, 제87조 이하), 중개업(제6장, 제93조 이하), 위탁매매업(제7장, 제101조 이하), 운송주선업(제8장, 제114조 이하), 운송업(제9장, 제125조 이하), 공중접객업(제10장, 제151조 이하), 창고업(제11장, 제155조 이하)에 관한 규정이 있다.

I. 회사의 의의

회사(會社)란 상행위 기타 영리를 목적으로 설립된 사단법인(社團法人)을 말한다. 민법상의 법인이 비영리법인(非營利法人)임에 대하여, 회사는 영리법인(營利法人)이다. 따라서 회사는 영리성을 가져야 하며, 2사람 이상의 결합체인 사단으로서 법인의 형태로 존재하여야 한다.

물론 기업은 개인이 단독으로 운영할 수도 있으나, 자본의 집중과 위험의 분담을 위해서는 여러 사람이 참여한 공동기업이 바람직하다고 하겠다. 이와 같이 여러 사람이 참여한 공동기업의 형태에는 민법상의 조합을 비롯하여 익명조합 등이 있을 수 있으나, 가장 전형적인 것이 회사이며, 상법상의 회사에는 합명회사, 합자외사, 주식회사, 유한회사의 4가지가 있다.

II. 회사의 종류

1. 합명회사

합명회사(合名會社)란 2인 이상의 무한책임사원으로 구성되는 회사를 말한다(제178조 이하). 합명회사의 사원은 출자의무를 부담할 뿐만 아니라, 대외적으로 회사채무에 대하여 직접·연대·무한의 책임을 진다(제212조). 이와 같이 합명회사의 사원은 다른 회사보다 그 책임이 무겁다. 반면에 정관에 별도의 규정이 없는 한 사원 각자가 회사의 업무를 집행하고(제200조), 회사를 대표할 권한을 가진다(제207조). 사원의 출자는 재산뿐만 아니라 근로나 신용으로도 가능하며, 퇴사하는 경우 출자에 따른 지분을 환급받을 수 있다(제222조). 합명회사의 사원은 회사의 소유자인 동시에 그 경영자로서 회사의 운영에 관여하기 때문에, 사실상 합명회사는 개인기업의 공동경영체와 같다. 따라서 합명회사의 내부관계에 관하여 정관 또는 상법에 다른 규정이 없으면 조합에 관한 민법규정을 준용한다(제195조).

합명회사의 설립은 간단하다. 즉 2인이상의 설립자가 공동으로 정관을 작성하여 설립등기를 하면 된다(제178조, 제180조).

2. 합자회사

합자회사(合資會社)란 무한책임사원과 유한책임사원으로 구성되는 2원적 조직을 가진 회사이다(제268조). 무한책임사원은 합명회사의 사원과 같은 책임을 지고, 유한책임사원은 직접 채권자에 대하여 책임을 지나 그 책임은 출자액의 한도에 그친다. 경제적으로 보면 무한책임사원이 경영하는 합명회사에 유한책임사원이 자본을 제공하여 사업에서 생기는 이익을 분배하는 형태이므로 익명조합과 유사하지만, 법률상 유한책임사원도 회사의 구성원으로서 사원의 지위를 가지고 대외적으로 출자액의 한도 내에서 직접 책임을 진다는 점에서 익명조합과 다르다. 따라서 상법은 합자회사에 대하여 다른 규정이 없는 한 합명회사에 관한 규정을 준용한다(제269조). 유한책임사원은 회사의 경영에 관하여 직접적인 권한은 없으나 감시권을 가진다(제277조). 합자회사의 설립도 정관을 작성하여 등기하면 된다.

3. 주식회사

(1) 의 의

주식회사(株式會社)란 주주인 사원의 지위가 주식이라는 세분화된 단위로 나누어져 있고, 주주인 모든 사원은 그 주식의 인수가격을 한도로 하는 출자의무를 질 뿐, 회사 채무에 대하여 아무런 책임을 지지 않는 형태의 회사를 말한다. 이 주식이라는 제도에서 주식회사는 다른 회사와의 차이점이 분명하게 나타난다. 주식회사는 회사재산만이 그 신용의 기초가 되기 때문에 물적회사 또는 자본적 결합단체라고 할 수 있다. 또한 주식회사의 자본은 다수의 주식으로 분할되어 일반인으로부터 널리 이를 모집할 수 있기 때문에, 대자본이 요구되는 현대적 기업에 가장 적합한 회사형태라고 할 수 있다.

(2) 설 립

주식회사의 설립방법에는 발기인(發起人)만이 주식을 인수하여 회사를 설립하는 「발기설립」과 발기인은 주식의 일부만을 인수하고 그 나머지 주식은 모집하여 설립하는 「모집설립」의 2가지 방법이 있는데, 그 절차는 상당히 까다롭고 엄격하다.

1) 발기설립 : 발기인이 정관을 작성하고(제289조), 서면으로 설립시에 발행하는 주식의 총수를 인수한 후(제293조), 인수가액의 전액을 납입하고(제295조), 이사와 감사를 선임하고(제296조), 설립의 등기를 하여야 한다(제317조). 이사와 감사는 취임후 지체없이 회사의 설립에 관한 모든 사항이 법령 또는 정관의 규정에 위반되지 아니하는지의 여부를 조사하여 발기인에게 보고하여야 하는데, 정관으로 변태설립사항을[93] 정한 때에는 이사는 이에 관한 조사를 하게 하기 위하여 검사인의 선임을 법원에 청구하여야 한다(298조).

2) 모집설립 : 발기인이 정관을 작성한 후 발기인은 설립시에 발행하는 주식의 일부를 인수하고 남은 주식에 대하여 주식의 청약을 받고 이를 배정하여 인수를 확정하여야 한다(제301조 이하). 출자전액을 납입하여야 함은 발기설립의 경우와 같다(제303조). 주식인수인으로 구성된 설립중인 회사의 의결기관인 창립총회는 이사와 감사의 선임, 설립경과의 조사 기타 설립에 관한 모든 사항을 결의할 수 있다(제308조 이하). 물론 모집설립의 경우에도 설립의 등기는 필요하다(제317조).

(3) 주식

주식(株式)이란 말은 여러 의미로 사용될 수 있는데, 기본적으로는 자본의 구성단위를 의미한다. 한편 주식이란 주주의 회사에 대한 권리·의무, 즉 법률상 지위인 주주권을 가르키거나 주주권이 증권화된 주권의 의미로 사용되기도 한다. 주식은 주주의 성명이 주권에 기재되는가의 여부에 따라 기명주식과 무기명주식으로 나누인다.

주식회사는 자본금이 5천만원 이상이어야 한다. 주식회사의 자본은 이를 주식으로

93| 변태설립사항은 정관에 기재함으로써 그 효력이 있고, 그 내용은 ① 발기인이 받을 특별이익과 이를 받을 자의 성명, ② 현물출자를 하는 자의 성명과 그 목적인 재산의 종류, 수량, 가격과 이에 대하여 부여할 주식의 종류와 수, ③ 회사성립후에 양수할 것을 약정한 재산의 종류, 수량, 가격과 그 양도인의 성명, ④ 회사가 부담할 설립비용과 발기인이 받을 보수액이다(제290조).

분할하는데, 주식의 금액은 균일하고, 1주의 금액은 100원이상으로 하여야 한다(제329조). 주식발행은 회사설립시에 모두 하여야 하는 것은 아니고, 발행예정주식의 1/4만 발행하면 된다(제289조 2항). 미발행주식은 자금이 필요할 때에 이사회의 결정에 따라 신주발행의 형식으로 할 수 있다(제416조).

(4) 사채

주식회사(株式會社)는 신주발행 외에도 자금을 조달하기 위하여 의사회의 결의에 따라 유가증권인 사채(社債)를 발행할 수 있으나(제469조), 그 총액은 최종의 대차대조표에 의하여 회사에 현존하는 순자산액의 4배를 초과하지 못하며(제470조), 각사채의 금액은 1만원이상으로 하여야 한다(제472조). 사채는 채권(債券)에 채권자의 이름을 기재하느냐의 여부에 따라 기명사채와 무기명사채로 나누이며(제479조), 나중에 채권이 주식으로의 전환가능성 여부에 따라 전환사채와 통상사채로 구분된다(제513조 이하). 또한 사채권자에게 신주인수권이 부여되는 신주인수권부사채도 있다(제516조의2 이하).

(5) 기관

회사의 의사를 결정하고 이를 집행하는 조직을 기관(機關)이라 하며, 주식회사의 기관에는 주주총회(株主總會), 대표이사(代表理事)·이사회(理事會) 및 감독기관인 감사(監事)가 있다.

주주총회는 주주로 구성된 주식회사의 최고의사결정기관이자 필요기관이나, 상법은 그 권한을 제한하여 상법 또는 정관에 정하는 사항에 한하여 결의할 수 있도록 하고(제361조), 이사회의 권한을 강화하고 있다.

이사회는 주주총회에서 선임된 이사로[94] 구성되며, 회사의 업무집행에 관한 의사결정과[95] 업무감시를 하는 필요·상설기관이다. 대표이사란 대외적으로 회사를 대표하고 업무집행을 담당하는 필요·상설기관이다.

---

[94] 이사는 3인이상이어야 하나, 자본총액이 5억원미만인 회사는 1인 또는 2인으로 할 수 있고, 그 임기는 3년을 초과하지 못한다(제383조).

[95] 중요한 자산의 처분 및 양도, 대규모 재산의 차입, 지배인의 선임 또는 해임과 지점의 설치·이전 또는 폐지 등 회사의 업무집행은 이사회의 결의로 한다(제393조 1항).

4. 유한회사

유한회사(有限會社)란 2인 이상 50인 이하의 사원으로 구성되며(제545조), 사원은 출자액의 한도에서만 유한책임을 지는 회사를 말한다(제553조). 유한회사는 물적회사와 인적회사의 장점을 결합시킨 중간적 형태의 회사로서 주로 중소기업에 적합한 형태이다. 조직이 비공개적이고 폐쇄적인 면에서는 인적회사와 비슷하나, 유한책임사원으로 구성되는 자본단체라는 면에서 주식회사와 유사하기 때문에 주식회사에 관한 규정이 많이 준용된다.

유한회사의 자본총액은 1천만원 이상이어야 하고, 출자1좌의 금액은 5천원이상으로 균일하여야 한다(제546조). 주식회사보다 설립절차가 간단하며, 기관도 간편하여 감사도 임의기관으로 안 둘 수 있으며(제568조), 이사회도 필요 없고 1인 또는 수인의 이사만 두면 된다(제561조).

Ⅲ. 회사의 해산과 청산

해산(解散)이란 회사의 법인격을 소멸시키는 것을 말하며, 회사는 존립기관의 만료, 기타 정관에 정한 사유의 발생, 해산결의, 합병, 파산, 법원의 해산명령·판결 등의 사유로 해산한다. 한편 해산한 회사의 법률관계를 정리·결제하는 절차를 청산(清算)이라 하는데, 청산방법에는 임의청산과 법정청산의 2가지가 있다. 전자는 정관 또는 총사원의 동의로 그 방법을 정하는 것이고, 후자는 청산인에 의한 법정절차에 따른 청산절차를 말한다. 인적 회사(합명·합자회사)에서는 임의청산이 원칙이고(제247조, 제269조), 법정청산은 특별한 경우 보충적으로만 인정된다(제250조). 그러나 물적 회사(주식·유한회사)에서는 제3자를 보호하기 위하여 법정청산만이 허용된다(제531조 이하, 제613조 2항).

4 보 험

Ⅰ. 의 의

보험(保險)이란 동질적 위험을 안고 있는 다수인이 미리 일정한 금전(보험료)을 거출하여 공동의 준비재산을 마련하고, 실제로 사고를 당한 자에게 일정한 재산적 급여(보험금)를 함으로써 화재, 질병, 사망 등의 불의의 재해를 대비하기 위한 제도를 말한다. 보험계약은 당사자 일방(보험계약자)이 약정한 보험료를 지급하고 상대방(보험자)이 재산 또는 생명이나 신체에 관하여 불확정한 사고가 생길 경우에 일정한 보험금액 기타의 급여를 지급할 것을 약정함으로써 효력이 생긴다(제638조).

보험은 그 주체를 기준으로 공보험(公保險)과 사보험(私保險), 그 대상에 따라 물건보험과 인보험(人保險), 사고의 종류에 따라 화재보험, 도난보험 등 여러 가지가 있을 수 있는데, 현행상법은 크게 손해보험과 인보험으로 그 종류를 나누어 규정하고 있다.

Ⅱ. 손해보험

손해보험이란 우연한 사고로 생길 재산상의 손해를 보상하는 보험을 말하며(제665조 참조), 상법이 규정하는 손해보험에는 화재보험, 운송보험, 해상보험, 책임보험, 자동차보험이 있다.

1. 화재보험

화재보험이란 화재(火災)로 인하여 생기는 손해를 보상하는 보험을 말하며(제683조), 그 목적은 건물, 동산 등 유체물에 한한다(제685조 참조). 집합된 물건을 일괄하여 보험의 목적으로 한 때에는 피보험자의 가족과 사용인의 물건도 보험의 목적에 포함된 것으로 하며(제686조), 그 집합물이 보험기간 중에 수시로 교체된 경우에도 보험사고의 발생시에 현존한 물건은 보험의 목적에 포함된 것으로 본다(제687조).

2. 운송보험

운송보험이란 운송물에 생기는 손해를 보상하는 보험을 말하며, 운송보험자는 다른 약정이 없으면 운송인이 운송물을 수령한 때로부터 수하인에게 인도할 때까지 생긴 손해를 보상하여야 한다(제688조). 운송보험의 목적은 운송물이며, 여객은 대상이 아니다. 그리고 운송물은 육상운송(육지운송은 물론, 호수, 하천, 항만운송 포함)에 한하며, 해상운송은 해상보험의 대상이다.

3. 해상보험

해상보험이란 해상사업으로 인한 사고로 생기는 손해를 보상하는 보험을 말하며(제693조), 그 목적물은 선박과 선박에 실린 물건, 즉 적하(積荷)이다. 해상사고로 인한 것이라도 여객·선원의 사망이나 상해에 관한 것은 해상보험이 아니라 인보험에 속한다. 보험사고는 침몰·좌초·충돌 등의 항해에 고유한 사고는 물론 화재, 도난, 포획, 선원의 불법행위 등도 포함된다.

4. 책임보험

책임보험이란 피보험자가 보험기간 중의 사고로 인하여 제3자에게 손해배상책임을 진 경우, 이를 보상하는 보험을 말한다(제719조). 즉 책임보험은 피보험자 자신에게 발생한 직접손해를 보상하는 것이 아니라, 피보험자가 책임을 져야 할 제3자에게 발생한 손해의 배상으로 인한 간접적 손해를 보상한다는 점에서 일반손해보험과 다르다.

5. 자동차보험

자동차보험이란 피보험자가 자동차를 소유, 사용 또는 관리하는 동안에 발생한 사고로 인하여 생긴 손해를 보상하는 보험을 말한다(제726조의2).

피보험자가 자동차를 양도한 경우 양수인은 보험자의 승낙을 얻어야만 그 지위를 승계할 수 있는데, 보험자가 양수인으로부터 양수사실을 통지받으면 지체없이 승낙여부를 통지하여야 하고 통지 받은 날부터 10일내에 통지가 없으면 승낙한 것으로 본다(제726조의4).

Ⅲ. 인보험

인보험(人保險)이란 생명 또는 신체에 관하여 보험사고가 생긴 경우에 보험자가 보험금액 기타의 급여를 하는 보험을 말하며(제727조), 이에는 생명보험과 상해보험이 있다.

1. 생명보험

생명보험(生命保險)이란 피보험자의 생명에 관한 보험사고가 생길 경우에 보험자가 약정한 보험금액을 지급하는 보험을 말하며(제730조), 손해보험과는 달리 보험사고로 인한 손해의 유무나 다소에 관계없이 일정금액을 지급하는 정액(定額)보험이다.

생명보험에는 피보험자의 사망을 보험사고로 하는 사망보험, 일정한 시기(만기)의 피보험자의 생존을 보험사고로 하는 생존보험(교육보험, 퇴직보험) 및 사망·생존 쌍방을 보험사고로 하는 혼합보험(양로보험 제735조) 등이 있고, 보험금액을 약정에 따라 연금으로 분할하여 지급할 수 있다(연금보험 제735조의2).

사망보험(死亡保險)의 경우 타인의 사망을 보험사고로 하는 경우 보험계약 체결시에 그 타인의 서면에 의한 동의를 얻어야 하며(제731조), 15세미만자, 심신상실자 또는 심신박약자의 사망을 보험사고로 한 보험계약은 무효이다(제732조). 한편 피보험자의 사망이 보험계약자 또는 피보험자나 보험수익자의 중대한 과실로 생긴 경우에도 보험자는 보험금액을 지급하여야 한다(제732조의2). 말을 바꾸면 보험계약자·피보험자·보험수익자의 고의로 피보험자가 사망하였다면 보험자는 보험금을 지급할 책임을 면할 수 있다.

2. 상해보험

상해보험(傷害保險)이란 신체의 상해에 관한 보험사고가 생길 경우에 보험금액 기타의 급여를 지급하는 보험을 말한다(제737조). 여기서 상해(傷害)란 외부적·돌발적인 사고로 인하여 입은 신체의 손상을 말하므로 각종 중독, 마취, 질병(질병보험) 또는 정신적인 충동으로 인한 신체의 손상은 포함되지 않는다. 상해보험에 관하여는 제732조(15세미만자 등에 대한 계약금지)를 제외하고 생명보험에 관한 규정을 그대로 준용한다(제739조).

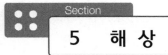

5 해 상

I. 의 의

해상(海商)이란 바로 해상기업(海上企業), 즉 해양을 무대로 선박에 의하여 활동하는 기업을 말하여, 그 대표적인 것이 해상운송기업이다. 해상기업은 육상기업에 비하여 선박에 관한 기술성, 해상활동의 위험성, 국제성이라는 특이성을 가지고 있다. 이에 관한 해상법(海商法)은 역사적으로 육상기업에 관한 법보다 먼저 발달하여 상법의 기원이 되기도 하였고, 해상기업의 특이성으로 인하여 ① 해상운송에 수반되는 기술적 법규가 많고, ② 해상기업의 위험성에 대비한 선박소유자의 유한책임제도나 해손(海損), 해난구조 등에 관한 규정을 두고 있을 뿐만 아니라, ③ 해상기업의 활동범위가 국제적이기 때문에 국제적·통일적이라는 특성을 가지고 있다.

상법은 제5편 해상에서 해상기업, 운송과 용선, 해상위험 등에 관하여 규정하고 있는데, 해상운송계약에 관한 규정을 국제무역실무에 맞게 정비하고 전자선하증권과 해상화물운송장 등 새로운 무역환경에 부합하는 제도를 마련하는 한편, 선박소유자의 책임한도와 운송물의 포장·선적단위당 책임한도를 국제기준에 맞게 상향조정하는 등 2007년의 상법개정으로 해상 부분은 전면적으로 개편되었다.

Ⅱ. 해상기업의 조직

1. 선박

해상법에서 선박(船舶)이란 상행위 기타 영리를 목적으로 항해에 사용하는 배를 말하며(제740조), 해상기업은 바다를 무대로 선박에 의해 영위되는 기업이므로 해상법은 거의 선박을 중심으로 법률관계를 규율한다.

선박은 동산에 속하지만, 등기를 권리이전의 대항요건으로 함으로써(제743조) 법률상 부동산처럼 취급되며, 선박담보에 관하여는 별도로 규정한다(제777조·제790조).

2. 선박소유자와 선장

해상기업(海商企業)의 인적 조직에 대하여 해상법은 선박소유자를 중심으로 규율하며, 해상법은 이른 바 선박소유자의 유한책임제도에 의하여 선박소유자의 고의나 손해발생을 인식한 행위로 인한 것이 아닌 한 일정한 한도액 내에서만 해상기업이 손해배상책임을 지도록 하여(제769조 이하), 해상기업의 위험성을 제한할 수 있도록 배려하고 있다.

선장은 해상기업의 보조자로서, 선주에 고용되어(제745조) 특정선박의 항해를 지도하고 선주의 대리인이며(제749조), 공법상의 직무도 행하는 자이다. 즉 선장은 많은 인명과 거액의 재산을 맡고 있는 선박공동체의 책임자이므로 선원을 지휘·감독하고 선내의 질서를 유지하기 위하여 해원을 징계하는 등의 선박권력을 가질 뿐만이 아니라, 사법경찰관 등의 공무원의 직무를 행사하는 공법상의 권한도 가진다. 선장은 항해에 관한 중요한 사항을 지체 없이 선박소유자에게 보고하여야 하며, 개개의 항해를 종료한 때에는 그 항해에 관한 계산서를 지체 없이 선박소유자에게 제출하여 그 승인을 얻어야 한다(제755조).

Ⅲ. 운송과 용선

해상운송(海商運送)은 크게 운송인이 물건이나 여객을 해상에서 선박으로 운송하여주고 이에 대하여 운임을 지급받는 「운송」과 일정한 목적을 위하여 선박자체를 제공하고 용선료를 받는 「용선(傭船)」으로 나누어진다. 운송에는 운송인이 개개의 물건을 해상에서 선박으로 운송하는 개품운송(제791조)과 운송인이 특정한 여객을 출발지에서 도착지까지 운송하는 해상여객운송(제817조)이 있다. 용선에는 특정한 항해를 위해 선박소유자가 용선자에게 선원과 항해장비를 갖춘 선박의 전부 또는 일부를 제공하고 운임을 받는 항해용선(제827조), 선원과 항해장비를 갖춘 선박을 일정한 기간동안 항해에 사용하게 하고 기간으로 정한 용선료를 받는 정기용선(제842조) 및 용선자의 관리·지배하에 선박을 운항할 목적으로 선박만을 제공하는 선체용선(제847조)이 있다. 물건을 운송하는 경우 송하인 또는 용선자의 청구에 의하여 선하증권을 을 발행하는 것이 보통이다(제852조 이하).

IV. 해상위험

1. 공동해손

공동해손제도란 선박 및 적하(積荷)의 공동위난을 면하기 위한 선장의 처분으로 생긴 손해를 이해관계인에게 공평하게 분담시키려는 것으로서, 선장의 처분으로 인하여 생긴 손해 또는 비용을 공동해손으로 하여(제865조), 그 위험을 면한 선박 또는 적하의 가액과 운임의 반액과 공동해손의 액과의 비율에 따라 각 이해관계인이 이를 분담한다(제866조).

2. 선박충돌

선박충돌(船舶衝突)이란 직접적인 접촉의 유무를 불문하고 2척 이상의 선박이 그 운용상 작위 또는 부작위로 선박 상호 간에 다른 선박 또는 선박 내에 있는 사람 또는 물건에 손해를 생기게 하는 것을 말하며(제876조), ① 쌍방 모두 과실이 없는 불가항력이나 그 원인이 명백하지 아니한 경우에는 피해자는 충돌로 인한 손해배상을 청구하지 못하며(제877조), 각자 손해를 스스로 부담할 수밖에 없다. ② 일방의 선원의 과실로 인한 때에는 그 선박소유자가 손해배상책임을 진다(제878조). ③ 쌍방 모두 과실이 있는 경우에는 그 과실의 경중에 따라 손해배상의 책임을 분담하는데, 과실의 경중을 판정할 수 없으면 균분하여 부담한다(제878조).

3. 해난구조

　해난구조(海難救助)란 어떠한 수면에서 위난에 조우한 항해선 또는 그 적하 기타의 물건을 법적 의무 없이 구조하는 것을 말하며,[96] 이를 구조한 자는 그 결과에 대하여 상당한 보수를 청구할 수 있는데(제882조), 구조의 보수액은 다른 약정이 없으면 구조된 목적물의 가액을 초과하지 못한다(제884조).

---

[96] 조난사고에서의 구조에 관한 법적 의무 및 수난구호업무종사자의 비용지급에 관하여는 수난구호 법 참조.

06   민사소송법

1   총 설

Ⅰ. 의 의

민사소송(民事訴訟)이란 사인간의 법률상의 분쟁과 이해대립을 국가의 재판권에 의하여 강제적으로 해결하는 절차를 말한다. 민사소송은 사법질서의 유지와 실현에 그 목적이 있으며, 적정·공평·신속·경제의 4가지를 제도운영의 이상으로 삼고 있다. 따라서 법원은 소송절차가 공정하고 신속하며 경제적으로 진행되도록 노력하여야 하며, 당사자와 소송관계인은 신의에 따라 성실하게 소송을 수행하여야 한다(민사소송법 제1조).

Ⅱ. 민사소송의 기본원칙

민사소송에서는 소송심리의 주도권을 당사자가 갖는다. 이를 「당사자주의」라 하며, 형사소송이 직권주의를 취하는 것과 대비된다. 민사소송의 기본원칙이라 할 당사자주의는 다시 소송의 개시·종료 및 심판대상을 당사자가 결정한다는 「처분권주의」와 재판의 기초가 되는 소송자료, 즉 사실과 증거의 수집·제출을 당사자의 권능과 책임으로 하는 「변론주의」로 구체화된다. 또한 민사소송은 헌법상의 원칙으로서의 「공개재판주의」를 비롯하여, 「쌍방심리주의」(무기평등의 원칙), 「직접심리주의」, 「구술심리주의」 및 법관은 사실인정의 기초가 되는 증거의 증거능력이나 증거력에 대하여 법률상 아무런 제한을 받지 않는다는 「자유심증주의」를 소송심리의 기본원칙으로 하고 있다.

Ⅲ. 민사소송법

민사소송절차는 사법상의 법률관계를 확정하는 판결절차와 강제적 수단으로 이를 실현하는 강제집행절차로 대별되며, 이를 규율하는 법을 민사소송법이라 한다. 형식적인 의미에서의 민사소송법이란 민사소송법전을 가리키지만, 실질적 의미의 민사소송법에는 민사소송법과 민사집행법을[97] 비롯하여 민사소송관계를 규율하는 법을 총칭하여 민사소송법이라 한다.

Section

2   민사소송의 주체

Ⅰ. 법원

1. 의 의

법원(法院)은 각각 독립하여 재판권을 시행하는 국가의 사법기관이며, 민사소송에서도 당연히 그 주체가 된다.

2. 법원의 조직과 심판권

법원에는 그 심급상 최고법원인 대법원을 비롯하여 고등법원 및 지방법원이 있고, 특별법원으로서 특허법원, 가정법원, 행정법원의 6종이 있다(법원조직법 제3조).

대법원을 구성하는 대법관은 대법원장을 포함하여 14인으로 한다(동법 제4조). 대법원의 심판은 대법원장을 재판장으로 대법관전원의 3분의 2이상의 합의체에서 하나, 대법관 3인이상으로 구성된 부에서 먼저 사건을 심리하여 의견이 일치한 때에는 특별한 경우

---

[97] 강제집행에 관한 규정은 민사소송법에 포함되어 있었으나, 2002년에 민사집행법이 제정되어 현재는 민사소송법에서 분리·독립되어 있다. 민사집행법은 2002년 민사소송법에서 분리하여 별도의 법률로 제정되어 있다.

를 제외하고98] 그 부에서 재판할 수 있다.

고등법원·특허법원 및 행정법원의 심판은 판사 3인으로 구성된 합의부에서 하며,99] 지방법원 및 가정법원과 그 지원 및 시·군법원의 심판은 원칙적으로 1인의 단독판사가 하나, 지방법원 및 가정법원과 그 지원에서 합의심판을 하는 경우에는 판사 3인으로 구성된 합의부에서 이를 행한다(동법 제7조).100]

민사사건은 형사사건과 마찬가지로 3심제로 되어 있다. 제1심사건은 지방법원 또는 지방법원지원이 심판하며, 제1심판결에 불복한 항소사건은 단독판사의 판결의 경우는 지방법원본원합의부가, 지방법원합의부의 판결의 경우는 고등법원이 심판한다.101] 그리고 제2심판결에 불복한 상고사건에 대하여는 모두 대법원이 심판한다.

3. 민사소송의 토지관할

토지관할이란 관할구역을 달리하는 동종의 법원가운데 어느 법원이 사건을 담당할 것인가를 정하는 것으로 민사소송은 피고의 보통재판적이 있는 곳의 법원이 관할한다(민사소송법 제2조). 이와 같이 재판적이란 법원의 관할구역을 결정하는 기준을 말하며, 모든 사건에 동일하게 인정되는 것이 보통재판적이고, 소송사건의 내용에 따라 특별히 부가적으로 인정되는 것이 특별재판적이다. 즉 사람은 그의 주소나 거소(제3조), 법인은 그 주된 사무소 또는 영업소(제5조), 국가는 그 소송에서 국가를 대표하는 관청 또는 대법원이 있는 곳(제6조)에 따라 보통재판적을 정한다. 한편 특별재판적으로서는 사무소 또는 영업소에 계속하여 근무하는 사람에 대한 소는 그 사무소 또는 영업소가 있는 곳(제7조), 어음·수표에 관한 소는 지급지(제9조), 불법행위에 관한 소는 그 행위지(제18조), 부동산에 관한

98] 즉 명령 또는 규칙이 헌법 또는 법률에 위반함을 인정하는 경우 및 종전의 판시의견을 변경하는 경우 등에는 부에서 심판할 수 없고 합의체에서 한다.
99] 다만, 행정법원에서는 단독판사가 심판하도록 행정법원 합의부가 결정한 사건은 단독판사가 심판한다.
100] 지방법원 및 지방법원지원의 합의부는 기본적으로 소송목적의 값이 1억원을 초과하는 사건만을 제1심으로 심판한다. 다만 ① 수표금·약속어음금 청구사건, ② 금융기관이 원고인 대여금·구상금·보증금 청구사건 등은 제외한다(민사 및 가사소송의 사물관할에 관한 규칙 제2조).
101] 또한 고등법원은 소송목적의 값이 5,000만원을 초과하는 사건에 대한 지방법원 단독판사의 제1심 판결·결정·명령에 대한 항소 또는 항고사건을 심판한다(동규칙 제4조).

소는 부동산소재지(제20조) 등이 있다. 하나의 사건에 여러 개의 재판적이 경합하는 경우 원고는 그 중에 하나를 마음대로 선택할 수 있다. 그리고 당사자는 합의로 제1심 관할법원을 정할 수 있고(제29조), 원고가 관할을 위반하여 제소하였더라도 피고가 제1심 법원에서 관할위반이라고 항변하지 않고 변론하면 그 법원은 관할권을 가진다(변론관할 또는 응소관할 제30조).

한편 법원은 관할에 관한 사항을 직권으로 조사할 수 있고(제32조), 소송의 전부 또는 일부에 대하여 관할권이 없다고 인정하면 결정으로 이를 관할법원에 이송한다(제34조).

4. 법관 등의 제척 · 기피 · 회피

법관이나 법원직원이 재판할 사건과 특별한 관련이 있는 경우에는 공정한 재판을 기대하기 어렵기 때문에 민사소송법은 법원직원에 대한 제척(除斥) · 기피(忌避) · 회피(回避)제도를 두고 있다. 제척이란 법관 등을 당해 사건에서 배제하는 것으로 ① 법관 또는 그 배우자가 사건의 당사자이거나, ② 법관이 당사자와 친족관계가 있는 경우 등에는(제41조 참조), 법원이 직권 또는 당사자의 신청에 따라 제척의 재판을 한다(제42조). 한편 사건의 당사자는 법관에게 공정한 재판을 기대하기 어려운 사정이 있는 때에는 기피신청을 할 수 있고(제43조), 법관은 제척 또는 기피의 사유가 있는 경우 감독권이 있는 법원의 허가를 받아 당해 사건을 회피할 수 있다(제49조).

Ⅱ. 당사자

민사소송에서의 당사자란 법원에 대하여 자기에 대한 재판권의 행사를 요구하는 자인 원고와 그 상대방인 피고를 가리킨다. 당사자는 서로 대립되는 관계이므로 당사자의 일방이 타방을 대신할 수 없으며 이를 2당사자주의라 한다. 당사자의 호칭은 소송절차에 따라 다르다. 즉 제1심에서는 원고 · 피고, 제2심에서는 항소인 · 피항소인, 제3심에서는 상고인 · 피상고인이라 하며, 기타 독촉절차나 강제집행절차에서는 채권자 · 채무자, 화해절차나 증거보전절차 등에서는 단순히 신청인 · 상대방이라고 하는 경우도 있다. 한편 소송당사자의 일방 또는 쌍방이 2명 이상인 경우를 공동소송이라고 한다.

Ⅲ. 대리인

소송법상의 대리인(代理人)이란 소송당사자에 대신하여 당사자의 이름으로 소송행위를 하는 자를 말한다. 소송법상의 대리인에는 법정대리인과 임의대리인이 있는데, 법정대리인은 소송능력이 없는 미성년자·한정치산자·금치산자와 같은 무능력자를 대리하는 자(친권자 또는 후견인)를 말하며(제55조), 임의대리인은 소송당사자로부터 소송권한을 위임받은 자로서 보통 소송대리인이라고 하면 임의대리인을 가리킨다. 그런데 법률에 따라 재판상의 행위를 할 수 있는 대리인 외에는 변호사가 아니면 소송대리인이 될 수 없다(제87조).[102] 소송대리인의 권한은 서면으로 증명하여야 한다(제89조). 소송대리인은 위임받은 사건에 대하여 일체의 소송행위와 변제(辨濟)의 영수를 할 수 있으며(제90조),[103] 변호사의 소송대리권은 제한하지 못한다(제91조).

Section

3   소송절차

Ⅰ. 소송의 제기

민사소송은 처분권주의의 원칙에 따라 당사자가 소(訴)를 제기하여야 개시된다. 여기서 소란 재판에 의하여 권리를 보호받고자 하는 당사자의 신청을 말하며, 소는 그 내용에 따라 이행의 소, 확인의 소, 형성의 소의 3종으로 구분된다. ① 이행의 소란 원고가

---

[102] 다만 단독판사가 심리·재판하는 사건으로서 소송목적의 값이 5,000만원을 초과하지 않는 사건에서는 변호사가 아닌 사람(당사자의 배우자나 4촌 안의 친족 또는 당사자와 고용 등의 관계를 맺고 그 사건에 관한 통상사무를 처리하는 사람으로서 상당하다고 인정되는 경우에 한함)도 법원의 허가를 받아 소송대리인이 될 수 있다(민사소송규칙 제15조).

[103] 다만 ① 반소의 제기, ② 소의 취하, 화해, 청구의 포기·인낙 또는 독립당사자참가소송에서의 탈퇴, ③ 상소의 제기 또는 취하, ④ 대리인의 선임에 대하여는 특별한 권한을 따로 받아야 한다.

피고에게 일정한 급부의무의 이행을 청구하는 소로서, 이행의 소에 대한 원고승소판결이 확정되면 이행청구권의 존재에 관한 기판력과 강제집행을 할 수 있는 집행력이 생긴다. ②확인의 소란 당사자간에 다툼이 있는 법률관계의 존부에 관한 판결을 구하는 소를 말하며, 확인판결에는 기판력만이 인정된다. ③형성의 소란 권리 또는 법률관계의 설정·변경·소멸을 요구하는 소를 말한다.

소는 법원에 소장[서식례 1]을 제출함으로써 제기한다(제248조). 소장에는 당사자와 법정대리인, 청구의 취지와 원인을 적어야 하며(제249조)[104], 소장에는 인지(印紙)를 붙이고 송달료를 예납하여야 소가 제기된다.[105] 소장이 법원에 접수되면 사건번호와 사건명이 부여되고 담당재판부가 지정된다. 담당재판부는 소장부본과 응소안내서를 피고에게 보낸다(제255조).

피고가 원고의 청구를 다투는 경우에는 소장의 부본을 송달받은 날부터 30일 이내에 답변서[서식례 2]를 제출하여야 하며, 법원은 답변서의 부본을 원고에게 송달하여야 한다(제256조). 만약 피고가 답변서를 제출하지 않으면 법원은 청구의 원인이 된 사실을 자백한 것으로 보고 변론 없이 판결할 수 있다(제257조).

II. 소송의 심리

소가 제기되면 법원은 그에 대한 응답으로서의 판결을 하기 위하여 소송을 심리한다. 소송의 심리는 당사자의 변론과 법원의 증거조사로 이루어진다. 변론은 재판장(합의부의 재판장 또는 단독판사)이 지휘하며(제135조), 재판장은 소송관계를 분명하게 하기 위하여 당사자에게 사실 또는 법률사항에 대하여 질문하거나 입증을 촉구할 수도 있는데(제136조), 이를 석명권(釋明權)이라 한다. 소송당사자는 판사로 하여금 자신들의 주장이 진

104| 각급법원 민원실에는 대부분 소장양식의 견본을 비치하고 있다.
105| 소장에는 소송목적가액(소가)에 따라 상당액의 인지를 붙여야 한다. 즉 1,000만원 미만은 소가의 0.5%, 1,000만원 이상 1억원 미만은 소가의 0.45%+5,000원, 1억원 이상 10억원 미만은 소가의 0.4%+55,000원, 10억원 이상은 소가의 0.35%+555,000원이 인지액이다(민사소송등인지법 제2조). 그리고 항소장(제2심)에는 제1심의 1.5배, 상고장(제3심)에는 그 2배의 인지를 붙여야 한다(동법 제3조). 또한 원고는 송달료(=당사자수 X 2,760 X 15회분[조정사건 5회, 소액사건 10회, 항소심 12회, 상고심 8회분])를 예납하여야 하며, 잔액은 환불된다(송달료규칙 제3조, 제9조).

실이라는 심증이 들도록 사실인정의 객관적 자료가 되는 증거를 제출하여야 하는데, 민사소송법이 규정하는 증거방법에는 증인신문, 감정, 서증, 검증 및 당사자신문 등이 있다.

Ⅲ. 화해권고결정

화해권고결정(和解勸告決定)제도는 일도양단식의 판결보다는 당사자의 구체적 사정을 고려한 적절한 타협책의 제시를 통한 분쟁의 신속하고도 원만한 마무리를 꾀할 수 있다는 장점 때문에 현재 실무에서 많이 활용되고 있다.

법원·수명법관 또는 수탁판사는 소송에 계속 중인 사건에 대하여 직권으로 당사자의 이익, 그 밖의 모든 사정을 참작하여 청구의 취지에 어긋나지 않는 범위 안에서 사건의 공평한 해결을 위한 화해권고결정을 할 수 있고(제225조), 당사자는 위 결정에 대하여 그 조서 또는 결정서의 정본을 송달받은 날부터 2주 이내에 이의를 신청할 수 있는데(제226조), 위 기간 안에 이의신청이 없으면 화해권고결정은 재판상 화해와 같은 효력을 가진다(제231조).

소　장

원　고　○○○ (주민등록번호)
　　　　○○시 ○○구 ○○동 ○○ (우편번호 ○○○ – ○○○)
　　　　전화번호·휴대폰번호:　　　　　팩시밀리번호:
　　　　전자우편주소:
피　고　◇◇◇ (주민등록번호 또는 한자)
　　　　○○시 ○○구 ○○동 ○○ (우편번호 ○○○ – ○○○)
　　　　전화번호·휴대폰번호:　　　　　팩시밀리번호:
　　　　전자우편주소:

대여금 청구의 소

청 구 취 지

1. 피고는 원고에게 금 700만원 및 이에 대하여 이 사건 소장부본 송달 다음날부터 다 갚을 때까지 연 20%의 비율에 의한 돈을 지급하라.
2. 소송비용은 피고의 부담으로 한다.
3. 위 제1항은 가집행 할 수 있다.
　　라는 판결을 구합니다.

청 구 원 인

1. 원고는 피고에게 20○○. ○. ○. 금 20,000,000만원을 대여하면서 20○○. ○. ○○.에 변제받기로 하였습니다.
2. 그런데 피고는 위 대여금 중 20○○. ○.경 금 13,000,000만원을 변제하였으나, 나머지 금 7,000,000원을 변제기가 지난 현재에 이르기 까지 지불하지 아니하고 있습니다.
3. 따라서 원고는 피고로부터 청구취지와 같은 돈을 지급받기 위하여 이 사건 청구에 이르게 되었습니다.

입 증 방 법

1. 갑 제1호증 차용증서

첨 부 서 류

1. 위 입증방법　1통
1. 소장부본　1통
1. 송달료납부서　1통

20○○. ○. ○.
원고 ○○○ (서명 또는 날인)

○○지방법원 ○○지원 귀중

[서식예 2] 답변서

답 변 서

사 건 20○○가소○○○○ 대여금청구
원 고 ○○○
피 고 ◇◇◇

위 사건에 대하여 피고는 아래와 같이 답변합니다.

청구취지에 대한 답변

1. 원고의 청구를 기각한다.
2. 소송비용은 원고의 부담으로 한다.
라는 판결을 구합니다.

청구원인에 대한 답변

1. 기초적인 사실관계
  가. 원고는 20○○. ○. ○. 피고에게 금 20,000,000원을 대여하였다고 주장하며 그 돈의 지급을 구하고 있으나 이는 사실과 다릅니다.
  나. 원고와 피고는 평소 잘 알고 지내던 사이로서 소외 △△△는 피고의 친구로서 20○○. 경 사업문제로 급전이 필요하다고 하여 피고는 원고에게 빌려줄 여유 있는 돈이 있느냐고 물었더니 가능하다고 하여 피고는 원고를 소외 △△△에게 소개하여 주었던 것입니다.
  다. 그 뒤 소외 △△△가 위 가항 일시에 원고로부터 금 20,000,000원을 차용한 것은 사실입니다.

2. 피고의 책임
  비록 원고가 피고의 소개로 소외 △△△를 알게 되어 돈을 대여하였다고는 하나 이는 피고와는 직접적인 관련이 없는 것으로서 피고가 위 대여금의 지급을 보증한 적은 없습니다.
  원고는 피고가 위 대여일시에 동석하였다는 이유만으로 피고가 책임을 져야 한다는 취지로 주장하나 이는 타당하다고 볼 수 없으며, 어떠한 형태로든 피고가 위 지급의 보증의사를 표시한 적이 없으므로 피고가 이를 책임질 이유는 없다 할 것입니다.

3. 결론
  원고는 소외 △△△로부터 대여금의 일부를 지급 받지 못하자 피고에게 소를 제기한 것으로서 위와 같이 원고의 청구는 타당하지 않으므로 이를 기각하여 주시기 바랍니다.

20○○. ○. ○.
피고 ◇◇◇ (서명 또는 날인)

○○지방법원 ○○지원 제○○ 민사단독 귀중

Ⅳ. 판 결

법원이 소송심리를 마치면 종국판결(終局判決)을 한다(제198조). 민사소송법은 소가 제기된 날부터 5월 이내에 판결을 선고하도록 규정하고 있으나(제199조), 훈시규정에 불과하며 절대적인 것은 아니다. 판결은 선고로 효력이 생기며(제205조), 판결서가 송달된 날부터 2주 이내에 상소가 없으면 확정되어(제498조) 기판력이 발생한다.

Ⅴ. 상소와 재심

상소(上訴)란 재판이 확정되기 전에 상급법원에 대하여 하급법원의 재판의 당부를 심판해 줄 것을 요구하는 것으로, 상소는 심급과 재판의 종류에 따라 항소, 상고, 항고로 구분된다. 한편 재심(再審)은 중대한 사유가 있는 경우에 한하여 확정판결에 대하여 원심법원에 재심판을 요구하는 것을 말한다.

1. 항소

항소(抗訴)는 제1심법원의 종국판결에 대한 상소이다. 항소는 판결이 송달된 날부터 2주일 이내에 항소장을 제1심 법원에 제출함으로써 한다(제396, 397조).

2. 상고

상고(上告)는 고등법원이 선고한 종국판결과 지방법원 합의부가 제2심으로서 선고한 종국판결에 대한 상소이다(제422조). 상고는 항소와는 달리 판결에 영향을 미친 법령위반을 이유로 드는 때에만 할 수 있는데(제423조), 그 절차는 항소와 마찬가지로 판결이 송달된 날부터 2주일 이내에 상고장을 원심법원에 제출함으로써 한다.

상고법원은 상고에 정당한 이유가 없다고 판단하면 상고를 기각하는데, 상고가 기각되면 원심판결이 확정된다. 한편 상고에 정당한 이유가 있다고 인정할 때에는 대법원은 원심판결을 파기하고 사건을 원심법원에 환송하거나 동등한 다른 법원에 이송하여야 하는데(제436조), 사건이 그 사실을 바탕으로 재판하기 충분한 때와 법원의 권한에 속하지 않는다 하여 판결을 파기하는 때에는 스스로 종국판결을 한다(파기자판, 제437조).

3. 항고

항고(抗告)란 판결이외의 재판인 결정 또는 명령에 대한 상소를 말하며, 소송당사자는 소송절차에 관한 신청을 기각한 결정이나 명령에 대하여 항고할 수 있다(제439조). 한편 항고법원·고등법원 또는 항소법원의 결정 및 명령에 대한 상소는 재항고(再抗告)라 하는데, 재항고는 상고와 마찬가지로 재판에 영향을 미친 법령위반을 이유로 드는 때에만 할 수 있다(제442조).

4. 재심

법적 안정성을 보장하기 위하여 판결이 확정되면 당사자는 판결이 부당하다든가 새로운 증거를 찾았다고 하더라도 그 판결에 대한 불복을 신청할 수 없는 것이 원칙이다. 그러나 중대한 결함이 있는 판결에 대해서도 이를 시정할 수 없다면 그 역효과가 오히려 크다. 따라서 확정판결에 중대한 오류가 있는 경우에는 당사자의 신청에 의하여 법원에 다시 그 당부를 심사하도록 하고 있는데 이것이 재심으로, 재심사유는 민사소송법상 엄격히 제한되어 있다(제451조). 재심(再審)은 재심을 제기할 판결을 한 법원의 전속관할로 한다(제453조). 또한 재심의 소는 당사자가 재심의 사유를 안 날부터 30일 이내에 제기하여야 하며, 판결이 확정된 뒤(재심사유가 판결확정 뒤에 생긴 때에는 그 사유가 발생한 날부터) 5년이 지난 때에는 재심의 소를 제기하지 못한다(제456조).

VI. 소송비용

당사자가 소송수행을 위하여 지출한 소송비용은 원칙적으로 패소한 당사자가 부담한다(제98조). 다만 불필요한 소송행위와 소송지연 또는 상대방이 권리를 늘리거나 지키는 데 필요한 행위로 말미암은 소송비용의 전부나 일부는 승소자에게도 부담시킬 수 있다(제99-100조). 일부패소의 경우에는 각 당사자들이 부담할 소송비용은 법원이 정하나, 사정에 따라 한 쪽 당사자에게 소송비용의 전부를 부담하게 할 수 있다(제101조).

소송수행을 위해 변호사를 선임한 경우 당사자가 변호사에게 지급하였거나 지급할 보수는 대법원규칙이 정하는 금액의 범위안에서 소송비용으로 인정한다(제109조 1항).106|

이때 여러 변호사가 소송을 대리하였더라도 1명의 변호사가 대리한 것으로 보고 소송비용에 산입한다(동조 2항).

한편 법원은 소송비용을 지출할 자금능력이 부족한 사람을 위하여 패소할 것이 분명한 경우를 제외하고 본인의 신청 또는 직권으로 재판비용의 납입유예와 변호사보수의 지급유예 등의 조치를 취하는 소송구조를 할 수 있다(제128조 이하).

4 강제집행절차

Ⅰ. 강제집행의 의의

확정판결에 의하여 채권이 확인되고 채무자에게 이행명령을 내린다 하더라도, 채무자가 판결에 의한 명령을 스스로 이행하지 않으면 채권자의 권리는 실현되지 않는다. 따라서 채무자가 그 의무를 이행하지 않는 경우 이를 강제적으로 실현하는 조치가 강구되어야 하는데 이것이 곧 강제집행절차이다. 판결절차를 공권적 판단에 의하여 법적인 권리의무를 확정하는 절차라고 한다면, 강제집행절차는 법절차에 의하여 확인된 의무의 내용을 국가공권력에 의하여 실현시키는 절차라고 하겠다. 강제집행절차에 관한 규정은 예전에 민사소송법에 포함되어 있었으나, 현재는 분리되어 「민사집행법」에 규정되어 있다.

106| 소송비용에 산입되는 변호사의 보수는 당사자가 지급하였거나 지급할 보수액의 범위내에서 각 심급단위로 소송목적의 값에 따라 10%(100만원까지)에서 0.5%(1억원초과)까지 인정된다(변호사보수의소송비용산입에관한규칙 제3조).

Ⅱ. 민사집행법

민사집행법은 강제집행절차, 담보권 실행 등을 위한 경매 및 강제집행할 재산을 확보하기 위한 보전절차(가압류, 가처분)에 대하여 규정하고 있다. 강제집행은 채권의 내용이 금전이냐 아니냐에 따라 또한 그 대상(부동산, 선박, 동산 또는 채권)에 따라 그 방법과 절차가 구별된다.

민사집행은 특별한 규정이 없는 한 집행관이 실시하는데(민사집행법 제2조), 강제집행은 확정판결,[107] 집행명령, 강제집행을 승낙한 공정증서, 소송상 화해 및 청구의 인낙(認諾)과 같은 집행권원(執行權原)에 기초하여야만 시행할 수 있다(동법 제24조, 제56조).

---

5 특별소송절차

Ⅰ. 독촉절차

독촉절차(督促節次)란 금전 기타 대체물이나 유가증권의 일정한 수량의 지급을 목적으로 하는 청구에 대하여 채권자의 신청에 따라 법원이 간단하고 신속하게 지급청구를 확정할 수 있도록 하는 특별소송절차이다(제462조). 독촉절차에 의한 지급명령은 채권자의 신청이 있으면 채무자를 심문하지 않고 법원이 일방적으로 내리며(제467조), 채무자가 지급명령을 송달받은 날부터 2주 이내에 이의신청을 하지 않으면(제470조), 지급명령은 확정판결과 같은 효력이 발생한다(제476조). 이와 같이 채권자의 입장에서는 간단한 절차에 의하여 집행권원을 취득할 수 있는 편리함이 있기 때문에 독촉절차는 많이 활용되고 있는 실정이고, 만약 채무가 없음에도 불구하고 지급명령을 송달받은 자는 반드시 이

107] 확정판결 중에서도 이행판결의 경우에만 강제집행이 시행되지, 집행력이 없는 확인판결과 형성판결의 경우에는 강제집행은 있을 수 없다.

의신청을 하여야만 법적 불이익을 면할 수 있다.

Ⅱ. 소액사건심판법

소액사건심판법은 소액의 민사사건을[108] 간이(簡易)한 절차에 따라 신속히 처리하기 위하여 민사소송법에 대한 특례를 규정한 법이다(제1조).

소액사건은 당사자가 임의로 법원에 출석하여 말로 소를 제기하고 변론할 수 있고(제4, 5조), 당사자의 배우자·직계혈족·형제자매는 법원의 허가없이 소송대리인이 될 수 있다(제8조). 법원은 소가 제기된 경우 바로 변론기일을 정할 수 있고, 되도록 1회의 변론기일로 심리를 마치도록 하여야 하며(제7조), 필요한 경우 근무시간이 아니거나 공휴일에도 개정할 수 있다(제7조의2). 뿐만 아니라 변론이 필요 없다고 판단되면 바로 이행권고결정을 하거나(제5조의3 이하), 변론없이 청구를 기각할 수도 있다(제9조).

판사는 필요한 경우 직권으로 증거조사를 할 수 있고, 상당하다고 인정하면 증인 또는 감정인의 신문에 갈음하여 서면을 제출하게 할 수 있다(제10조). 판결의 선고는 변론종결 후 바로 할 수 있고 판결서에는 이유를 기재하지 아니할 수도 있다(제11조의2).

Ⅲ. 민사조정법

민사조정법은 민사에 관한 분쟁을 간이한 절차에 따라 당사자사이의 상호양해를 통하여 조리를 바탕으로 실정에 맞게 해결함을 목적으로 하는 법이다(제1조).

민사분쟁의 당사자는 모든 민사사건에 관하여 법원에 조정을 신청할 수 있고(제2조), 당사자가 소를 제기한 경우라도 법원이 필요하다고 인정하면 항소심판결선고전까지 소송중인 사건을 결정으로 조정에 회부할 수도 있다(제6조).

조정신청은 서면 또는 구술로 할 수 있는데(제5조), 조정신청의 수수료는 민사소송인지

---

[108] 소송목적의 값이 2,000만원을 초과하지 아니하는 금전 기타 대체물이나 유가증권의 일정한 수량의 지급을 목적으로 하는 제1심의 민사사건(소액사건심판규칙 제1조의2).

액의 1/5에 불과하다(민사조정규칙 제3조).

조정사건은 해당 지방법원, 지원, 시·군법원이 관할하며(제3조), 조정담당판사는 스스로 조정을 하거나 조정위원회로 하여금 이를 하게 할 수 있다(제7조). 조정위원회는 조정장 1인과 조정위원 2인이상으로 구성하는데(제8조), 조정장은 법원장이 관할법원의 판사 중에서 지정하고(제9조), 조정위원은 학식과 덕망이 있는 자로서 법원장이 미리 2년의 임기로 위촉해 놓는데(제10조), 사건을 담당할 조정위원은 당사자가 합의에 의하여 선정한 자 또는 법원장이 미리 위촉한 조정위원중에서 각 사건마다 조정장이 지정한다(제10조의2). 조정담당판사는 사건의 실정에 따라 법원외의 적당한 장소에서 조정할 수 있고(제19조), 조정절차는 비공개로 할 수 있는데(제20조), 조정결과에 대한 이해관계인은 조정담당판사의 허가를 얻어 조정에 참가할 수 있고, 조정담당판사가 상당하다고 인정하면 이해관계인을 조정에 참가시킬 수도 있다(제16조).

조정절차를 거친다고 모든 사건이 다 조정이 되는 것은 아니다. 조정담당판사는 사건이 성질상 조정하기에 적당하지 않거나 당사자가 부당한 목적으로 조정신청을 한 때에는 조정을 하지 아니하는 결정으로 사건을 종결시킬 수 있다(제26조). 한편 조정담당판사는 당사자사이에 합의가 되지 않거나 합의가 성립되어도 그 내용이 상당하지 않다고 인정하는 경우 조정불성립으로 사건을 종결시킬 수 있으나(제27조), 상당한 이유가 없는 한 직권으로 당사자의 이익 기타 모든 사정을 참작하여 신청인의 신청취지에 반하지 않는 한도 내에서 사건의 공평한 해결을 위한 조정에 갈음하는 결정(강제조정결정)을 하여야 한다(제30조). 또한 피신청인이 조정기일에 출석하지 아니한 경우 조정담당판사는 상당한 이유가 없는 한 직권으로 강제조정결정을 하여야 한다(제32조).

위와 같은 조정담당판사의 강제조정결정에 대하여는 당사자가 조서정본이 송달된 날부터 2주일이내에 이의신청을 할 수 있고(제34조), 이의신청이 있으면 그 결정은 효력이 상실되고 사건은 자동적으로 소송으로 이행되어 조정신청을 한 때에 소가 제기된 것으로 본다(제36조).

조정이 잘 되어 당사자사이에 적절한 합의가 성립되면 조정은 당사자사이의 합의사항을 조서에 기재함으로써 성립하며(제28조), 조정은 재판상의 화해와 동일한 효력이 있다(제29조). 조정절차비용은 조정이 성립된 경우에는 특약이 없으면 당사자 각자가 부담하고, 조정이 성립되지 않은 경우에는 신청인이 부담한다(제37조).

Chapter

07 형사소송법

1 총설

1. 의 의

형사소송(刑事訴訟)이란 국가의 형벌권행사에 관한 절차, 즉 형사재판에 관한 절차를 말한다. 죄형법정주의의 원칙에 따라 형법은 어떠한 행위가 범죄가 되며, 각 범죄행위에 대하여 어떠한 형벌을 과할 것인가를 정하고 있다. 그러나 구체적으로 어느 사람의 행위에 대해 범죄의 성립여부를 확정하고 이에 대하여 형법이 규정한 형벌을 과하려면 일정한 절차가 필요한데, 이러한 절차를 형사소송이라 하며, 공공의 질서유지와 개인의 기본적 인권보장을 그 목적으로 한다.

2. 형사소송의 기본원칙

형사소송도 하나의 재판절차라는 점에서는 민사소송과 마찬가지이지만, 근본적인 성격의 차이로 인해 절차의 구조에 있어서 많은 차이가 있다. 즉 민사소송은 사익의 보호를 목적으로 하기 때문에 처분권주의와 변론주의 같은 당사자주의를 기본원칙으로 하지만, 형사소송은 범죄를 적정·신속하게 처벌해야 하는 공익적 필요에 의하여 직권주의와 국가소추주의를 기본원칙으로 하고 있다.

직권주의란 소송절차의 진행에 있어서 당사자의 의사를 불문하고 법원이 주도권을 가지고 적극적으로 소송을 진행하며, 당사자의 주장이나 입증에 구애되지 않고 법원이 실체적 진실을 밝힐 권한(실체적 진실주의)을 갖고 심판하는 것을 말한다. 이와 같이 형사소송이 민사소송과는 달리 직권주의를 원칙으로 하나, 당사자주의를 전혀 배제하는 것은 아니다. 즉 검사와 피고인이 서로 당사자로서 대립하여 검사는 국가형벌권의 실현자로서 피고인을 공격하고, 이에 대해 피고인은 자신을 위해 변호하고 방어하는 소송구조를 갖게 됨은 민사소송과 차이가 없다.

국가소추주의란 탄핵주의를[109] 바탕으로 국가기관인 검사의 소추에 의하여 비로소 형사재판절차가 개시된다는 것으로(제246조), 검사만이 이 권한을 갖고 있기 때문에 이를 기소독점주의라고도 한다. 이와 같이 국가기관인 검사에게만 공소권을 준 것은 사적 보복감정에 따른 소추의 남발을 방지하여 소추권행사의 공정성을 확보하기 위함이다. 한편 검사는 범죄혐의가 있더라도 정황에 따라 기소하지 않을 수도 있는데(제247조), 이를 기소편의주의라고 한다.

3. 형사소송법

국가의 형벌권행사에 관한 절차 즉 형사절차에 관한 법체계를 형사소송법이라 한다. 즉, 형사사건이 발생하였을 때 그에 대해 수사를 하고, 공소제기를 하며, 재판하고, 선고된 형벌을 집행하는 일련의 절차를 형사절차라고 하는 바, 형사소송법이란 바로 이러한 형사절차를 규율 하는 법규범이다. 형법을 실현하는 절차를 규정한 절차법으로 공법이다.

형식적 의미의 형사소송법은 형사소송법전만을 가리키나,[110] 실질적 의미의 형사소송법에는 형사소송법전을 비롯하여 법원조직법, 검찰청법, 형사보상법, 사회보호법, 보안관찰법, 즉결심판에 관한 절차법 등 그 내용이 형사소송절차를 규율하고 있는 모든 법이 포함된다.

---

[109] 탄핵주의(彈劾主義)란 심판을 담당하는 법원은 재판기관이 아닌 자의 소추를 전제로 재판절차를 개시한다는 것으로 재판관이 별도기관의 소추 없이도 직권으로 심리를 개시하여 재판을 하는 규문주의(糾問主義)에 대립되는 원칙을 말한다. 재판기관의 객관성을 담보하기 위해 근대이후의 형사소송법은 탄핵주의를 기본원칙으로 삼고 있다.

[110] 형사소송법은 2007년 피고인·피의자의 권익을 보장하기 위한 인신구속제도의 개선 및 방어권보장의 강화, 공판중심주의적 법정심리절차의 도입, 재정신청대상의 전면 확대, 형사재판기록의 공개범위 확대 및 공소시효연장과 전문심리위원·전문수사자문위원제도의 도입 등 큰 폭의 개정이 있었다.

형사소송법의 체계

범례 : [장], 절), (조문)

- 제1편 총칙
  - 법원
    - [1]관할(1-16의2)
    - [2]법원직원의 제척·기피·회피(17-25)
  - 피고인
    - [3]소송행위의 대리와 보조(26-29)
    - [4]변호(30-36)
    - [9]소환, 구속(68-105)
  - 재판절차
    - [5]재판(37-46)
    - [6]서류(47-59의2), [7]송달(60-65), [8]기간(66-67)
  - 수사 : [10]압수와 수색(106-138)
  - 증거조사
    - [11]검증(139-145)
    - [12]증인신문(146-168)
    - [13]감정(169-179의2)
    - [14]통역·번역(180-183)
    - [15]증거보전(184-185)
    - [16]소송비용(186-194의5)
- 제2편 제1심
  - [1]수사(195-245의4)
  - [2]공소(246-264의2)
  - [3]공판
    - 1)준비와 절차(266-306)
    - 2)증거(307-318의3)
    - 3)재판(318의4-337)
- 제3편 상소
  - [1]통칙(338-356)
  - [2]항소(357-370)
  - [3]상고(371-401)
  - [4]항고(402-419)
- 제4편 특별소송절차
  - [1]재심(420-440)
  - [2]비상상고(441-447)
  - [3]약식절차(448-458)
- 제5편 재판의 집행(459-493)

2 형사소송의 주체

형사소송절차는 공소권(公訴權)을 행사하여 형벌을 청구하는 원고인 검사와 공소가 제기되어 이를 방어하는 자인 피고인이 대립하고, 이에 대하여 제3자인 법원이 심판하는 소송구조를 이루고 있다.

Ⅰ. 법원

형사사건(刑事事件)에 관하여 재판권을 행사하는 법원(法院)에는 최고법원인 대법원, 고등법원 및 지방법원이 있고, 지방법원의 사무의 일부를 처리하기 위하여 그 관리구역 내에 지방법원지원이 있으며, 이밖에 특별법원으로서 군사법원이 있다.

형사사건은 민사사건과 마찬가지로 3심제이며, 지방법원과 그 지원 및 시·군법원의 심판은 원칙적으로 1인의 단독판사가 하나, 지방법원과 그 지원에서 합의심판을 하는 경우에는 판사 3인으로 구성된 합의부에서 이를 행한다(법원조직법 제7조). 특별한 경우를 제외하고 사형·무기 또는 단기 1년 이상의 징역 또는 금고에 해당하는 사건은 지방법원과 그 지원의 합의부가 제1심으로 심판한다(동법 제32조). 그리고 형사사건의 토지관할은 범죄지, 피고인의 주소, 거소 또는 현재지이다(형소법 제4조).

형사소송에서도 민사소송과 마찬가지로 법원직원에 대한 제척111]·기피112]·회

111] 제척 : 공정한 재판이 이루어질 수 있도록 특정한 사건의 당사자 또는 사건의 내용과 특수한 관계를 가진 법관 등을 그 직무의 집행에서 배제하는 것이다.

제17조 (제척의 원인) 법관은 다음 경우에는 직무집행에서 제척된다. 〈개정 2005.3.31〉
1. 법관이 피해자인 때
2. 법관이 피고인 또는 피해자의 친족 또는 친족관계가 있었던 자인 때
3. 법관이 피고인 또는 피해자의 법정대리인, 후견감독인인 때
4. 법관이 사건에 관하여 증인, 감정인, 피해자의 대리인으로 된 때
5. 법관이 사건에 관하여 피고인의 대리인, 변호인, 보조인으로 된 때
6. 법관이 사건에 관하여 검사 또는 사법경찰관의 직무를 행한 때
7. 법관이 사건에 관하여 전심재판 또는 그 기초되는 조사, 심리에 관여한 때

피[113]제도를 두고 있는데, 형사사건의 제척사유는 법관 등이 피해자 본인이거나, 피고인 또는 피해자와 친족관계 등과 같은 밀접한 관련이 있는 때 등이다(제17조).

Ⅱ. 검사

검사(檢事)는 검찰권을 행사하는 국가기관이다. 이를 위해 검사는 형사소송상 당사자 일방인 원고의 지위에 있고, 공익의 대표자로서 ① 범죄수사 및 공소의 제기와 그 유지에 필요한 행위, ② 범죄수사에 관하여 사법경찰관에 대한 지휘·감독, ③ 법원에 대하여 법령의 정당한 적용의 청구, ④ 재판의 집행에 관한 지휘·감독의 직무와 권한을 가진다.

검사의 직무를 통괄하는 기관이 검찰청이며, 검찰청은 법원의 심급에 대응하여 대검찰청·고등검찰청·지방검찰청과 그 지청으로 구성되어 있다.

검사는 검사장이나 지청장의 보조기관이 아니라 개개의 검사가 검찰권을 행사하는 독립관청이다. 그러나 검찰권을 행사함에 있어서는 법관이 사법권독립의 원칙에 의해서 독립하여 심판하는 것과 달리 전국의 검사는 검찰총장을 정점으로 상하복종관계에 서서 일체불가분의 유기적 조직체로서 활동한다. 이를 검사동일체의 원칙이라 한다. 이는 범죄수사·공소권행사 등 검찰권행사에 있어서 기동성·신속성에 대처하고 통일성·공정성을 기하려는데 그 목적이 있다. 검사동일체의 원칙에 의해 현행법이 두고

112] 기피 : 법관이 제척사유가 있음에도 불구하고 재판에 관여하거나 기타 불공평한 재판을 할 염려가 있는 때, 당사자의 신청에 의하여 그 법관을 직무집행에서 탈퇴케 하는 제도이다.

> 제18조 (기피의 원인과 신청권자)
> ① 검사 또는 피고인은 다음 경우에 법관의 기피를 신청할 수 있다.
> 1. 법관이 전조 각호의 사유에 해당되는 때
> 2. 법관이 불공평한 재판을 할 염려가 있는 때
> ② 변호인은 피고인의 명시한 의사에 반하지 아니하는 때에 한하여 법관에 대한 기피를 신청할 수 있다.

113] 회피 : 법관이 스스로 기피의 원인이 있다고 판단한 때, 자발적으로 직무집행에서 탈퇴하는 제도이다.

> 제24조 (회피의 원인등)
> ① 법관이 제18조의 규정에 해당하는 사유가 있다고 사료한 때에는 회피하여야 한다.
> ② 회피는 소속법원에 서면으로 신청하여야 한다.
> ③ 제21조의 규정은 회피에 준용한다.

있는 제도로는 직무이전권·직무승계권·직무대행권 등이 있으며, 검사동일체의 원칙으로 인해 검사에 대해서는 제척·기피·회피제도가 적용되지 않는다.

Ⅲ. 피고인

형사소송의 피고인(被告人)이란 검사에 의하여 공소가 제기된 수동적 당사자를 말한다. 공소가 제기되기 전에는 피의자라 하며, 공소가 제기된 후에야 비로소 피고인이 된다. 형사소송에서는 원고인 검사와 그 상대방인 피고인이 평등한 지위에서 대립하여 서로가 대등한 공격·방어의 수단과 기회를 보장받아야 하는데, 이를 당사자평등의 원칙이라 한다. 그러나 실제에 있어서 피고인에게 전문가인 검사에게 대항할 수 있는 방어력을 기대할 수 없기 때문에 직업적인 변호사의 도움을 받을 수 있도록 하고 있다. 즉 피고인 또는 피의자는 자유로이 변호인을 선임할 수 있고(제30조), 피고인이 구속된 때, 미성년자, 70세이상, 농아자, 심신장애의 의심이 있는 경우와 피고인이 사형, 무기 또는 단기 3년 이상의 징역이나 금고에 해당하는 사건으로 기소된 때 또한 피고인이 빈곤 그 밖의 사유로 변호인을 선임할 수 없는 경우에 피고인의 청구가 있는 때에는 법원은 직권으로 「국선변호인」을 선정하여야 한다(제33조). 국선변호인을 선정한 사건에 관하여는 변호인 없이 공판을 개정하지 못하며, 변호인이 출석하지 않은 때에는 법원이 직권으로 다시 변호인을 선정하여야 한다(제282, 283조).

Ⅲ. 변호인

변호인이란, 피고인 또는 피의자의 방어력을 보충함을 임무로 하는 피고인 또는 피의자의 보조자를 말한다. 헌법은 형사피고인(刑事被告人)이 스스로 변호인을 구할 수 없는 경우에는 국가가 변호인을 붙이도록 하고 있다(헌법 12조 제4항). 다음 어느 하나에 해당하는 경우에 변호인이 없는 때에는 법원은 직권으로 변호인을 선정하여야 한다.
① 피고인이 구속된 때
② 피고인이 미성년자인 때

③ 피고인이 70세 이상인 때

④ 피고인이 농아자인 때

⑤ 피고인이 심신장애의 의심이 있는 때

⑥ 피고인이 사형, 무기 또는 단기 3년 이상의 징역이나 금고에 해당하는 사건으로 기소된 때

⑦ 피고인이 빈곤 기타 사유로 변호인을 선임할 수 없는 때(단, 피고인의 청구가 있는 때에 한한다).

3 소송절차

I. 수사와 기소

1. 수사의 개시

검사(檢事)는 범죄의 단서, 즉 고소,[114] 고발, 자수, 현행범인체포, 변사자의 발견 등이 있는 때에는 수사를 개시하여 한다.[115] 경찰관은 임의로 수사할 수 없고,[116] 검

---

[114] 검사는 범죄의 혐의가 있다고 판단되면 피해자의 고소가 없어도 수사해야 할 의무가 있다. 따라서 피해자의 고소는 형사처벌의 전제조건이 아니다. 형사고소는 범죄의 피해자 또는 그 가족들이 수사기관에 대해 수사 및 공소제기를 촉구하는 의미를 지닐 뿐이다. 다만 친고죄(親告罪)와 반의사불벌죄의 경우에는 피해자의 고소 또는 처벌의사가 필요하다. 한편 피해자의 고소에도 불구하고 검찰이 기소하지 않는 경우에는 ① 상급검찰청에 항고(재항고)할 수 있다. ② 고소권자로서 고소를 한 자(공무원의 직권남용·불법체포·불법감금·폭행·가혹행위의 죄에 대하여는 고발한 자 포함)는 검사로부터 불기소통지를 받은 때에는 관할고등법원에 그 당부에 관한 재정신청(裁定申請)을 할 수 있다(제260-264조의2). ③ 헌법소원을 제기할 수 있다.

[115] 검사는 범죄의 혐의 있다고 사료하는 때에는 범인, 범죄사실과 증거를 수사하여야 한다(제195조).

[116] 경찰관의 직무질문(불심검문)은 경찰의 범죄예방활동의 하나이다. 경찰관은 수상한 거동 기타 주위의 사정을 합리적으로 판단하여 어떠한 죄를 범하였거나 범하려 하고 있다고 의심할 만한 상당한 이유가 있는 자(거동불상자) 또는 범죄에 관한 사실을 안다고 인정되는 자를 정지시켜(정지요구) 질문하거나, 조사를 위해 경찰관서에 동행할 것을 요구할 수 있다. 이때 동행요구는 거절할 수 있으나, 정지요구에 불응하고 달아나면 긴급체포의 대상이 될 수 있으므로 달아나면 안된다. 불심

사에게 보고하고 그 지휘를 받아야 한다.

2. 수사방법

수사(搜査)는 임의수사가 원칙이라고 하겠다. 임의수사란 강제적인 수단을 동원하지 않고 수사 받는 사람의 동의를 얻어 행하는 수사를 말한다.

강제수사란 강제처분에 의한 수사를 말한다. 강제처분은 영장에 의하여 집행한다. 강제처분에는 체포·구속·압수117)·수색118)·검증119) 등이 있다.

피의자에 대한 수사는 불구속 상태에서 함을 원칙으로 하며, 검사, 사법경찰관리 기타 직무상 수사에 관계있는 자는 피의자 또는 다른 사람의 인권을 존중하고 수사과정에서 취득한 비밀을 엄수하며 수사에 방해되는 일이 없도록 하여야 한다(제198조).

(1) 체 포

피의자가 죄를 범하였다고 의심할만한 상당한 이유가 있고, 수사기관의 피의자신문(被疑者審問)120)을 위한 출석요구에 응하지 않거나 응하지 않을 우려가 있는 경우에 체포할 수 있다(제200조의 2).

검문시 경찰관은 자신의 신분을 표시하는 증표를 제시하면서 소속과 성명을 밝히고 그 목적과 이유를 설명하여야 하며, 동행의 경우에는 동행장소를 밝혀야 한다(경찰관직무집행법 제3조). 사법경찰관리가 범인의 체포 등 그 직무를 수행함에 있어서 필요한 경우에는 주민등록증의 제시를 요구할 수 있다(주민등록법 제17조의10).

117) 압수란 증거물 또는 몰수할 물건의 점유를 강탈하는 강제처분이다. 압류, 영치, 제출명령 등이 있다.

118) 수색이란 압수할 물건 또는 체포할 사람을 발견할 목적으로 주거, 물건, 사람의 신체 또는 기타의 장소를 조사하는 강제처분이다.

119) 검증이란 5관의 작용에 의하여 물건 또는 장소의 존재 및 상태를 직접적으로 실험하거나 인식하는 강제처분이다.

120) 검사 또는 사법경찰관은 피의자를 신문하기 전에 ① 일체의 진술을 하지 아니하거나 개개의 질문에 대하여 진술을 하지 아니할 수 있다는 것, ② 진술을 하지 아니하더라도 불이익을 받지 아니한다는 것, ③ 진술을 거부할 권리를 포기하고 행한 진술은 법정에서 유죄의 증거로 사용될 수 있다는 것, ④ 신문을 받을 때에는 변호인을 참여하게 하는 등 변호인의 조력을 받을 수 있다는 것을 알려주어야 하며, 이에 대한 피의자의 권리행사여부를 질문하고 그 답변을 조서에 기재하여야 한다(제244조의3).

1) **원칙(영장에 의한 체포)** : 검사의 청구에 의하여 판사가 발부한 영장에 의하여 체포한다. 범죄혐의가 뚜렷하고 계속 구속할 필요가 있으면 체포한 뒤 48시간 이내에 다시 구속영장을 청구하여야 한다(제200조의 2). 체포된 피의자 또는 그 가족 등은 체포의 적부심사를 청구할 수 있다.

2) **긴급체포** : 체포영장을 발부받을 시간적 여유가 없는 긴급한 상황에서 영장 없이 피의자를 체포하는 제도이다. 범죄의 혐의와 긴급성이 인정되면 언제나 긴급체포가 허용되는 것은 아니다. 사형, 무기 또는 장기 3년 이상의 징역이나 금고에 해당하는 중대한 범죄혐의라야 한다(제200조의 3). 피의자를 긴급체포한 때에는 지체없이 구속영장을 청구하여야 하며 영장청구시간은 48시간을 초과할 수 없다(제200조의 4). 긴급체포의 요건이 충족되지 않는 경우에는 수사상의 임의동행을 요구하여 6시간 내에 구속영장을 청구하는 방법도 있다. 따라서 실무에서는 체포영장제도가 많이 활용되지 않고 있는 실정이다.

3) **현행범인체포** : 현행범인 또는 준현행범인은[121] 누구나 영장없이 체포할 수 있다 (제212조). 현행범인이란 범죄를 실행중이거나 실행직후인 자를 말한다. 일반시민이 현행범인을 체포한 경우는 즉시 검사 또는 사법경찰관리에게 인도하여야 한다.

(2) 구 속

피고인(被告人)을 소환함에는 소환장을, 구인 또는 구속함에는 구속영장(拘束令狀)[122]을 발부받아야 한다(제73조). 구속기간은 2월이며, 특히 구속을 계속할 필요가 있는 경우에는 심급마다 2개월 단위로 2차에 한하여 결정으로 갱신할 수 있다. 다만 상소심은 피고인 또는 변호인이 신청한 증거의 조사, 상소이유를 보충하는 서면의 제출 등으로 추가 심리가 필요한 부득이한 경우 3차에 한하여 갱신할 수 있다(제92조). 피의자 또는 피고인을 구속하기 위해서는 범죄를 범하였다고 의심할만한 상당한 이유가

---

[121] ① 범인으로 호창되어 추적되고 있는 자, ② 장물이나 범죄에 사용되었다고 인정함에 충분한 흉기 기타의 물건을 소지하고 있는 자, ③ 신체 또는 의복류에 현저한 증적이 있는 자, ④ 누구인지 묻는데 도망하려는 자가 준현행범인이다(제211조).
[122] 검사는 관할지방법원판사에게 청구하여 구속영장을 받아 피의자를 구속할 수 있고 사법경찰관은 검사에게 신청하여 검사의 청구로 관할지방법원판사의 구속영장을 받아 피의자를 구속할 수 있다 (제201조).

있고, 형사소송법상의 구속사유가 존재하여야 한다(제70조 1항). 즉 ① 주거가 없거나, ② 도망할 염려가 있거나, ③ 증거를 인멸할 염려가 있어야 한다.

피의자 또는 피고인을 체포·구속하는 때에는 범죄사실의 요지, 체포·구속의 이유와 변호인을 선임할 수 있음을 말하고 변명할 기회를 주어야만 한다(제200조의5, 제72조). 이를 흔히 「미란다원칙」이라고 한다. 이러한 고지를 하지 않으면 불법체포·구속이 된다.

1) **구속영장(실질)심사제도**(제201조의 2) : 체포된 피의자에 대하여 구속영장을 청구받은 판사는 지체 없이 피의자를 심문하여야 하는데, 특별한 사정이 없는 한 구속영장이 청구된 날의 다음날까지 심문하여야 한다. 검사와 변호인은 심문기일에 출석하여 의견을 진술할 수 있고, 심문할 피의자에게 변호인이 없는 때에는 지방법원 판사는 직권으로 변호인을 선정하여야 한다. 판사는 필요한 사항에 관하여 심문한 후 피의자의 구속여부를 판단한다.

2) **체포·구속적부심사제도**(제214조의 2) : 체포 또는 구속된 피의자[123] 또는 그 변호인, 법정대리인, 배우자, 직계친족, 형제자매나 가족, 동거인 또는 고용주는 관할법원에 체포 또는 구속의 적부심사를 청구할 수 있으며, 피의자를 체포 또는 구속한 검사 또는 사법경찰관은 체포 또는 구속된 피의자와 위에 규정된 자 중에서 피의자가 지정하는 자에게 적부심사를 청구할 수 있음을 알려야 한다. 적부심사의 청구를 받은 법원은 청구서가 접수된 때부터 48시간 이내에 체포 또는 구속된 피의자를 심문하고 수사관계서류와 증거물을 조사하여 결정을 내려야 한다.

3) **보석**(제94-100조, 제214조의 2) : 체포 또는 구속된 피의자 또는 피고인에 대하여 일정한 보증금을 납부할 것을 조건으로 석방하는 제도를 보석(保釋)이라고 한다. 피의자 또는 피고인 자신, 변호인, 피고인의 법정대리인, 배우자, 직계친족, 형제자매, 가족·동거인 또는 고용주가 신청권자이다. 경우에 따라서는 법원이 직권으로 허가할 수도 있다. 보석의 결정은 피고인의 자력과 범죄의 성질, 증거 등을 고려하여 상당한 보증금의 납부와 주거의 제한 등 조건을 붙여 허가하는 것이 보통이다.

4) **구속의 취소와 집행정지** : 구속의 취소란 구속사유가 없거나 소멸된 경우 구속을

123| 공소제기 후의 피고인은 구속적부심사를 청구할 수 없다.

취소하는 것이며(제93조, 제209조), 구속의 집행정지란 피고인을 계속 구속하기 어려운 사정이 있는 경우 친족·보호단체 기타 적당한 자에게 부탁하거나 주거를 제한하여 임시로 석방하는 제도이다(제101조, 제209조).

3. 공소제기

공소란 검사가 법원에 대하여 특정 형사사건의 재판을 요구하는 법률행위적 소송행위를 말한다. 수사가 끝나면 검사가 피의자에 대한 공소제기 여부를 결정한다. 검사만이 공소제기의 권한을 가지며, 이를 「**기소독점주의**」라고 한다. 수사의 결과 범죄의 혐의가 인정되더라도 검사는 재량에 의하여 불기소처분을[124] 할 수 있는데, 이를 「**기소편의주의**」라고 한다.

(1) 공소제기의 방법과 효과

① 공소장 제출과 부본 송달 : 공소는 검사가 공소장을 관할법원에 제출함으로써 제기된다(제254조제1항). 검사는 공소제기 시에 피고인의 수만큼 공소장 부본을 법원에 제출하여야 하고(제254조 제2항) 법원은 제1회 공판기일 5일전까지 피고인 또는 변호인에게 공소장 부본을 송달하여야 한다(제256조).

② 공소장일본주의(公訴狀一本主義) : 검사가 공소장을 제출함에 있어서 사건에 관하여 법원에 예단이 생기게 할 우려가 있는 서류 기타 물건은 첨부해서는 안 된다.

(2) 공소제기의 효과

① 소송계속(訴訟係屬) : 공소제기는 우선 절차적 효과로서 사건을 법원의 관장으로 이관시키는 효과를 지닌다.

② 심판범위의 결정 : 공소제기는 심판의 범위를 결정한다. 즉 심판은 공소장에 기재된 피고인 및 공소사실과 단일성 및 동일성이 인정되는 범위에 대해 행해지게 되

124| 범죄의 혐의가 없거나, 혐의가 있더라도 처벌할 수 없는 경우에는 불기소처분을 하는데, 이러한 경우를 좁은 의미의 불기소처분이라고 한다. 한편 범죄의 혐의가 있고 처벌할 수도 있지만 검사의 판단에 의하여 기소하지 않는 것을 기소유예라 하며 넓은 의미의 불기소처분에는 기소유예도 포함된다.

는 것이다.

③ 공소시효의 정지 : 공소제기는 공소시효를 정지시킨다(형소법 253조 제 1항 전단). 이러한 공소시효 정지의 효력은 공범관계에 있는 모든 사람들에게 미치므로 공범의 1인에 대해 공소가 제기되면 공범 전원에 대하여 공소시효가 정지된다(형소법 253조 2항).

④ 이중기소의 금지 : 공소제기는 같은 피고인 및 같은 범죄사실에 대하여 이중 기소하는 것을 금하는 효과를 지닌다.

(3) 공소취소

검사가 법원에 대하여 이미 제기한 공소를 거두어들이는 것을 말한다. 공소취소는 검사만이 할 수 있다. 공소취소는 제 1심 판결선고 전까지 법원에 서면을 제출함으로써 한다(제255조 제1항). 공판정에서는 구두로 공소 취소하는 것도 허용된다(제255조 제2항 본문, 단서). 공소가 취소되면 법원은 동 사건에 대하여 공소기각의 결정을 내려야 한다(제328조 제1항 제1호). 아울러 공소취소를 한 경우에는 동 범죄사실에 대하여 다른 중요한 증거가 발견된 경우가 아니면 재기소 하지 못한다(제329조).

(4) 불기소처분에 대한 구제 방법

1) 검찰항고

검찰항고는 검사의 불기소처분에 대한 이의를 상급의 검사에게 제기함으로써 검찰조직 내부에서 문제를 해결하고자 하는 제도이다. 검찰항고를 할 수 있는 자는 불기소처분에 불복하는 고소인 또는 고발인이다. 항고권자는 불기소처분의 통지를 받은 날로부터 30일 이내에 동 처분을 한 검사가 소속된 지방검찰청 또는 지청을 거쳐 관할 고등검찰청에 항고한다. 기각결정에 불복이 있는 항고인은 재차 검찰총장에게 재항고 할 수 있다.

2) 헌법소원

헌법소원이란 공권력의 행사 또는 불행사로 인하여 헌법상 보장된 기본권을 침해 받은 자가 권리구제를 헌법재판소에 청구하는 제도이다. 청구권자는 고소인이며, 청구대상은 협의의 불기소처분, 기소유예처분, 기소중지처분 등이 모두 해당된다. 아울러 절차와 관련하여 헌법소원은 다른 법률의 구제절차를 모든 거친 후에만 청구할 수 있다(보충성의 원리).

Ⅱ. 공 판

공판(公判)이란 공소가 제기되어 사건이 법원에 속하게 된 때부터 소송절차가 종료될 때까지의 모든 절차를 말한다. 공판절차에는 피고인의 무죄추정의 원칙, 자유심증주의, 구두변론주의, 직접심리주의, 공개재판주의, 계속심리주의 등의 원칙이 적용된다.[125] 공판절차가 모두 종료되면 법관은 유죄 또는 무죄의 판결을 내린다. 실형선고・선고유예・집행유예는 모두 유죄판결에 속한다.

1. 제1심

제1심 공판은 검사의 기소로 시작되어 법원의 종국판결로 끝난다.

공판준비를 거쳐 기일이 지정되면, ① 법관의 피고인에 대한 인정신문, 검사와 피고인의 모두진술을 듣는 모두절차(冒頭節次)에 이어, ② 피고인신문과 증거조사를 하는 사실심리를 거쳐, ③ 검사의 구형을 듣는 논고(論告)와 ④ 피고인의 최후진술 순으로 진행되며, 이러한 심리절차가 끝나면 ⑤ 종국판결이 내려진다.

125| 공판절차의 원칙을 정리하면 다음과 같다. ① 공개주의 : 일반인에게 공판의 방청을 허용하는 주의를 말한다. 일체의 방청을 허용하지 않고 비밀리에 심리, 재판하는 밀행주의(密行主義)와 일정한 소송 관계인에게만 방청을 허용하는 당사자 공개주의에 대립되는 개념이다. ② 구두주의 : 구두로 제공된 자료에 의해 심리, 재판하는 원칙을 말한다. 서면주의 및 조서재판주의(調書裁判主義)에 대립되는 개념이다. ③ 직접주의 : 직접 심리에 관여한 법관만이 재판할 수 있다는 원칙을 말한다. 간접주의에 대립되는 개념이다. 형소법 제301조가 판사의 경질이 있으면 공판절차를 갱신하도록 한 것을 직접주의의 표현이다. ④ 집중심리주의 : 심리에 2일 이상을 요하는 사건의 경우 연일 계속하여 심리해야 한다는 원칙을 말한다.

2. 상소

(1) 항소(抗訴)

제1심 판결에 불복하여 제2심 법원에 제기하는 상소를 말한다. 제1심 판결 선고 후 7일 이내에 원심법원(제1심)에 항소장을 제출하여야 한다. 그리고 항소법원(제2심)에 소송기록이 접수되었다는 통지를 받은 날로부터 20일 이내에 항소이유서를 항소법원에 제출하여야 한다.

(2) 상고(上告)

제2심 판결에 불복하여 대법원에 제기하는 상소를 말한다. 항소와 마찬가지로 제2심 판결 선고 후 7일 이내에 원심법원(제2심)에 상고장을 제출하고, 상고법원의 소송기록 접수통지를 받은 날로부터 20일 이내에 상고이유서를 상고법원에 제출하여야 한다.

(3) 항고(抗告)

법원의 결정에 대하여 불복이 있는 때에 행하는 상소이다.

3. 재심과 비상상고

(1) 재심(제420-440조)

유죄의 확정판결 또는 항소나 상고를 기각하는 판결에 대한 비상구제수단이다. 항소나 상고가 판결이 확정되기 전에 불복을 신청하는 제도인데 반하여, 재심(再審)은 유죄 판결이 확정된 이후에 제기하는 제도이다. 이미 판결이 확정된 후에 심리를 다시 하게 되는 예외적인 제도이기 때문에 재심사유는 엄격하게 제한되어 있다. 확정판결을 뒤집을 만한 새로운 증거가 발견되었거나, 원판결의 사실인정 자료가 허위인 경우에만 재심을 청구할 수 있다.

(2) 비상상고(제441-447조)

검찰총장은 판결이 확정한 후 그 사건의 심판이 법령에 위반한 것을 발견한 때에는 대법원에 비상상고(非常上告)를 할 수 있다. 재심과 마찬가지로 확정판결에 대해 행해지나, 재심은 사실오인을 이유로 하는데 대하여, 비상상고는 법령위반을 이유로 하는 점에 차이가 있다. 또한 비상상고는 검찰총장만이 신청할 수 있다는 점도 다르다.

4 특별형사절차

I. 약식절차(제448-458조)

약식절차(略式節次)란 지방법원이 그 관할에 속한 사건에 대하여 검사의 청구로 공판절차 없이 수사기록만으로 피고인에게 벌금, 과료, 몰수에 처할 수 있는 절차를 말한다. 검사나 피고인은 판사의 약식명령에 대해 불복이 있는 경우에는 7일 이내에 정식재판을 청구할 수 있다.

II. 즉결심판절차(즉결심판에 관한 절차법)

즉결심판(卽決審判)이란 경미한 범죄사건에 대하여 정식 재판절차를 거치지 아니하고 간이·신속하에 처벌함으로써 법원과 검찰의 부담을 줄이고 당사자에게도 편의를 주려는 제도이다. 검사가 기소하는 것이 아니라, 경찰서장이 즉결심판을 청구한다. 즉결심판의 대상은 20만원 이하의 벌금, 구류, 과료에 처할 경미한 범죄이다. 즉결심판에 불복이 있는 피고인은 선고의 고지를 받은 날로부터 7일 이내에 정식재판청구서를 경찰서장에게 제출한다.

Ⅲ. 국민참여재판(국민의 형사재판참여에 관한 법률)

사법(司法)의 민주적 정당성과 신뢰를 높이기 위하여 국민이 배심원(陪審員)으로서 형사재판에 참여하는 제도를 2008년부터 시행하고 있다. 즉 살인죄 등의 특정한 범죄에 대하여126) 피고인이 원하는 경우 국민참여재판(國民參與裁判)을 실시하며(제5조), 지방법원본원 합의부가 그 관할권을 가진다(제10조).

법정형이 사형·무기징역 또는 무기금고에 해당하는 사건에는 9인, 그 외의 사건에는 7인의 배심원이 참여하며(제13조), 배심원은 사실의 인정, 법령의 적용 및 형의 양정에 관하여 의견을 제시할 권한이 있다(제12조).

재판장은 변론이 종결된 후 법정에서 공소사실의 요지, 적용법조, 피고인과 변호인 주장의 요지, 증거능력, 기타 유의할 사항에 관하여 배심원에게 설명하여야 하며, 설명을 들은 배심원은 유·무죄에 관하여 평의하고, 전원의 의견이 일치하면 그에 따라 평결한다(다만 배심원 과반수의 요청이 있으면 판사의 의견을 듣고 평결할 수 있다). 전원의 의견이 일치하지 아니하면 평결 전에 판사의 의견을 듣고 다수결의 방법으로 유·무죄의 평결을 한다. 평결이 유죄인 경우 배심원은 처벌의 범위와 양형의 조건 등에 관한 재판장의 설명을 듣고 판사와 함께 양형에 관하여 토의하고 그에 관한 의견을 개진한다(제46조).

배심원의 평결과 의견은 법원을 기속하지 아니하며(제46조 5항), 법원은 판결서에 그 이유를 기재하고 배심원의 평결결과와 다른 판결을 선고할 수도 있다(제49조 2항).

---

126) 국민참여재판의 대상이 되는 사건은 「형법」상의 특수공무집행방해치사, 현주건조물 등 방화치사, 폭발성물건파열 치사, 가스·전기 등 방류치사, 가스·전기 등 공급방해치사, 현주건조물 등 일수치사, 교통방해치사, 음용수혼독치사, 살인·존속살해, 촉탁·승낙에 의한 살인, 위계에 의한 촉탁살인, 상해치사·존속상해치사, 폭행치사, 유기 등 치사, 체포·감금 등 치사, 강간 등 상해·치상·살인·치사, 미성년자간음추행 상해·치상·살인·치사, 인질살해·치사, 강도상해·치상, 강도살인·치사, 강도강간, 해상강도상해·치상·살인·치사·강간, 중손괴치사, 「특정범죄가중처벌 등에 관한 법률」상의 뇌물, 체포·감금 등의 치사, 국고 등 손실, 약취·유인, 강도상해·치상·강도강간, 보복범죄, 「특정경제범죄 가중처벌 등에 관한 법률」상의 배임수재, 「성폭력범죄의 처벌 및 피해자보호 등에 관한 법률」상의 특수강도강간, 특수강간, 강간 등 상해·치상, 강간 등 살인·치사 등이다.

Chapter

08 사회법

1 총 설

개인주의·자유주의를 토대로 자본주의는 자유방임적 경제질서로서 헌법상의 경제조항은 존재하지 못하고, 다만 자유권으로 국민의 재산권을 보장하고 이를 위한 사유재산제를 보장하였다. 자본주의의 발전이 고도화됨에 따라 19세기 말부터 20세기 초에 걸쳐 사회법이라 하는 '제3의 법역'(개인법에서 사회법으로)이 새로 발전하게 되었다.

19세기의 국가(야경국가)는 시민생활에는 간섭하지 않고 자유방임을 허용하였으며, 거기에는 사적 자치의 원칙이 지배하였다. 자유방임경제의 법적 반영으로 근대시민법에서는 법인격의 자유평등, 소유권의 존중, 계약자유, 과실책임 등의 원칙이 확립되었다. 그러나 20세기의 국가는 '복지국가'의 임무를 수행하여 '정의사회'를 건설하기 위하여 독점기업의 횡포를 억제하여 기업과 노동자와의 이해를 조절하여, 빈자와 부자간의 '소유와 이용의 조화'를 꾀하는 등 사회·경제생활의 전면에 걸쳐서 국가적 통제를 강화하게 되었다. 이러한 국가적 통제의 강화책으로 사법체계의 대폭적 수정이 요구되었으며, 그러한 사명을 띠고 나타나게 된 것이 '사회법'이다. 그러므로 사회법은 자본주의사회에서 일어나는 사회적 부조리를 해결하려는 실정법질서를 말한다.

사회법은 처음에는 노동자에게 '인간다운 생활을 보장하기 위하여' 사법 중에서 특히 고용계약법을 수정하여 '노동법'의 발전을 보게 되었으며, 그리고 노동법외에 경제법, 사회보장법 등의 사회정책적 입법을 포함하는 사회법이 형성되었다.

2 노동법

Ⅰ. 노동법의 의의와 원리

노동법이란 자본주의 경제조직 밑에서 노동관계에 대하여 규정한 법, 즉 자본주의법 질서에 있어서 노동자의 생활질서를 규율하는 법이며, 노동자의 생존을 확보하는 것을 목적으로 한다. 노동자의 생활질서는 자본주의법질서하에서 사용자와의 노동계약의 관계를 토대로 한다. 노동법의 발전의 배후에서는 근대시민법의 기본원칙이었던 '개인본위'의 법원리가 '사회본위'의 법원리로 전환되었음을 볼 수 있다. 노동법은 자본주의법질서를 전제로 하고, 그것을 수정하면서도 결국 자본주의법질서에 포섭되는 것이다.

Ⅱ. 노동법의 내용

1. 헌법적 근거

헌법은 노동자의 생존권확보를 위하여 근로의 권리(제32조)와 노동3권(제33조)인 단결권 · 단체교섭권 · 단체행동권을 보장하고 있으며, 이에 의거하여 근로기준법, 노동조합및 노동관계조정법, 근로자참여및협력증진에관한법률, 최저임금법, 남녀고용평등법 등이 제정되었다.

2. 근로기준법

근로기준법은 헌법에 의하여 근로조건의 기준을 정함으로써 근로자의 기본적 생활을 보장, 향상시키며 균형 있는 국민경제의 발전을 도모함을 목적으로 한다.

근로기준법의 기본 원칙을 살펴보면 아래와 같다.

(1) **근로조건의 기준** : 이 법에서 정하는 근로조건은 최저기준이므로 근로 관계 당사자는 이 기준을 이유로 근로조건을 저하시킬 수 없다.

(2) **근로조건의 결정** : 근로조건은 근로자와 사용자가 동등한 지위에서 자유의사에 의하여 결정하여야 한다.

(3) **근로조건의 준수** : 근로자와 사용자는 단체협약, 취업규칙과 근로계약을 준수하여야 하며 각자가 성실하게 이행할 의무가 있다.

(4) **균등처우** : 사용자는 근로자에 대하여 남녀의 차별적 대우를 하지 못하며 국적, 신앙 또는 사회적 신분을 이유로 근로조건에 대한 차별적 처우를 하지 못한다.

(5) **강제근로의 금지** : 사용자는 폭행, 협박, 감금 기타 정신상 또는 신체상의 자유를 부당하게 구속하는 수단으로써 근로자의 자유의사에 반하는 근로를 강요하지 못한다.

(6) **폭행의 금지** : 사용자는 사고발생 기타 어떠한 이유로도 근로자에게 폭행, 구타행위를 하지 못한다.

(7) **중간착취의 배제** : 누구든지 법률에 의하지 아니하고는 영리로 타인의 취업에 개입하거나 중간인으로서 이익을 취득하지 못한다.

(8) **공민권 행사의 보장** : 사용자는 근로자가 근로시간 중에 선거권 기타 공민권의 행사 또는 공(公)의 직무를 집행하기 위하여 필요한 시간을 청구하는 경우에는 거부하지 못한다.

3. 노동조합 및 노동관계조정법

노동조합및노동관계조정법은 헌법에 의한 근로자의 단결권·단체교섭권 및 단체행동권을 보장하여 근로조건의 유지·개선과 근로자의 경제적·사회적 지위의 향상을 도모하고, 노동관계를 공정하게 조정하여 노동쟁의를 예방·해결함으로써 산업평화의 유지와 국민경제의 발전에 이바지함을 목적으로 한다.

단체행동권이란 투쟁권으로서 노동쟁의가 발생한 경우에 쟁의행위를 할 수 있는 권리를 말하는데 단체적 투쟁에 있어서 가장 본질적인 권리라고 말할 수 있다. 여기서 노동쟁의란 "노동조합과 사용자 또는 사용자단체간 임금·근로시간·복지·해고 기타 대우등 근로조건의 결정에 관한 주장의 불일치로 인하여 발생한 분쟁상태"를 말하고, 쟁의행위란 "파업·태업·직장폐쇄 기타 노동관계 당사자가 그 주장을 관철할 목적으로 행하는 행위와 이에 대항하는 행위로서 업무의 정상적인 운영을 저해하는 행위"를 말한다.

4. 근로자 참여 및 협력증진에 관한 법률

근로자 참여 및 협력증진에 관한법은 근로자와 사용자 쌍방이 참여와 협력을 통하여 노사공동의 이익을 증진함으로써 산업평화를 도모하고 국민경제발전에 이바지함을 목적으로 한다.

5. 최저임금법

최저임금제란 국가가 법적 강제력을 가지고 임금의 최저한도를 획정하여 그 이하의 수준으로는 사용자가 근로자를 고용하지 못하도록 함으로써 상대적으로 불리한 위치에 있는 근로자를 보호하려는 제도를 말한다. 이에 관련된 법이 최저임금법이다. 최저임금법은 근로자에 대하여 임금의 최저수준을 보장하여 근로자의 생활안정과 노동력의 질적 향상을 기함으로써 국민경제의 건전한 발전에 이바지하게 함을 목적으로 한다.

6. 남녀고용평등법

남녀고용평등법은 헌법의 평등이념에 따라 고용에 있어서 남녀의 평등한 기회 및 대우를 보장하는 한편 모성을 보호하고 직장과 가정생활의 양립과 여성의 직업능력개발 및 고용촉진을 지원함으로써 남녀고용평등 실현을 목적으로 한다.

3   사회보장법

Ⅰ. 사회보장법의 의의

1. 넓은 의미의 사회보장법

주체와 방법을 불문하고 개인을 사회적 위험으로부터 보호하는 기능을 수행하는 모든 법영역을 사회보장법이라고 할 수 있다. 우리 헌법의 사회적 기본권을 구체화하는 입법이라고 할 수 있는 모든 법이 이에 포섭될 것이다.

2. 좁은 의미의 사회보장법

(1) 개인을 생활위험으로부터 보호하는 것을 "직접적인 목적"으로 하는 "급여관계"를 규율하는 법만을 사회보장법으로 분류한다. 예를 들면, 아동양육에 따른 추가적인 가계의 부담을 덜어주어 가족을 보호하는 정책적 노력에는 소홀하고, 일반적인 아동보호를 위한 조치들을 내용으로 하고 있는 우리의 아동복지법 등은 엄격한 의미에서 사회보장법에 해당한다고 보기에는 적합치 않은 내용이 형성되어 있다.

(2) 역시 사회보장의 기능을 수행하는 것은 사실이지만 개인의 수요를 충족시키는 데에 목적이 있다기보다는 사회환경을 구조적으로 개선하는 목적을 갖는 각종 구조정책 등은 좁은 의미의 사회보장법에는 속하지 않는다.

(3) 국가 혹은 공법상의 법인이 주체가 되어 개인을 생활위험으로부터 보호하는 입법목적을 갖는다. 그러므로 사회보장법이란 국가 혹은 공법인이 주체가 되어 개인을 생활위험으로부터 보호하는 것을 제1차적인 목적으로 제공되는 급여관계를 규율하는 공법체계이다.

Ⅱ. 사회보장법의 내용

1. 헌법적 근거

헌법 제34조는 「① 모든 국민은 인간다운 생활을 할 권리를 가진다. ② 국가는 사회보장·사회복지의 증진에 노력할 의무를 진다. ③ 국가는 여자의 복지와 권익의 향상을 위하여 노력하여야 한다. ④ 국가는 노인과 청소년의 복지향상을 위한 정책을 실시할 의무를 진다. ⑤ 신체장애자 및 질병·노령 기타의 사유로 생활능력이 없는 국민은 법률이 정하는 바에 의하여 국가의 보호를 받는다. ⑥ 국가는 재해를 예방하고 그 위험으로부터 국민을 보호하기 위하여 노력하여야 한다」고 하여 인간다운 생활을 할 권리와 그의 보호를 위한 국가의 의무 등을 규정하고 있다. 이에 의거하여 사회보장기본법, 국민기초생활보장법, 국민연금법, 국민건강보험법 등 많은 법률이 제정되었다.

2. 사회보장을 받을 권리

사회보장은 모든 국민이 인간다운 생활을 할 수 있도록 최저생활을 보장하고 국민 개개인이 생활의 수준을 향상시킬 수 있도록 제도와 여건을 조성하여, 그 시행에 있어 형평과 효율의 조화를 기함으로써 복지사회를 실현하는 것을 기본이념으로 한다.

(1) 사회보험

사회보험(社會保險)이란 국민에게 발생하는 사회적 위험을 보험방식에 의하여 대처함으로써 국민건강과 소득을 보장하는 제도를 말한다. 즉, 사회보험이란 국민의 생활안정 등을 목적으로 운영되는 공공적 보험제도를 의미한다. 이에는 국민건강보험법, 산업재해보상보험법, 고용보험법, 국민연금법 등이 있다.

(2) 공공부조=공적부조(생활보호를 받을 권리)

공공부조(公的扶助)란 국가 및 지방자치단체의 책임하에 생활유지능력이 없거나 생활이 어려운 국민의 최저생활을 보장하고 자립을 지원하는 제도를 말한다. 다시 말하면 공적 부조란 자조적인 생활유지의 능력이 없는 자에게 국가가 최저한의 생계보호를 하는 제도이다. 즉, 노령·질병 기타 사유로 생활능력을 상실하여 자기 생활을 유지할 능력이 없는 사회적·경제적 약자는 국가에서 보호할 의무가 있는데, 이를 위하여 국민기초생활보장법, 의료급여법 등이 있다.

(3) 사회복지 서비스를 받을 권리

사회복지서비스란 국가·지방자치단체 및 민간부문의 도움을 필요로 하는 모든 국민에게 상담·재활·직업소개·지도·사회복지시설이용 등을 제공하여 정상적인 사회생활이 가능하도록 지원하는 제도를 말한다. 즉, 사회복지서비스란 일부 특별한 국민(여자, 노인, 청소년)의 건강유지와 구호를 위한 제도로써 양로원, 고아원, 조산원, 무료진료소, 직업훈련원 등과 같은 사회구호시설의 혜택을 받을 수 있는 제도이다.

(4) 관련복지제도의 혜택을 받을 권리

관련복지제도란 보건·주거·교육·고용등의 분야에서 인간다운 생활이 보장될 수 있도록 지원하는 각종 복지제도를 말한다.

Section

4 경제법

Ⅰ. 경제법의 의의

경제법은 국가의 경제정책의 실현을 위한 법을 말한다. 헌법에서 경제질서는 개인과 기업의 경제상의 자유와 창의를 존중함을 기본으로 하면서 균형 있는 국민경제의 성장 및 안정과 적정한 소득의 분배를 유지하고, 시장의 지배와 경제력의 남용을 방지하며, 경제주체간의 조화를 통한 경제의 민주화를 위하여 경제에 관한 규제와 조정을 할 수 있음을 규정하고 있는데(헌법 제119조), 여기에 경제법의 근거가 있다.

II. 경제법의 내용

경제법은 기업집중방지·독과점해소·소비자보호·경제여건조성 등을 통하여 자본주의의 발달과 더불어 나타나는 문제점을 해결하고 경제정의를 실현함을 그 목적으로 한다.

독점규제 및 공정거래에 관한 법률, 물가안정에 관한 법률, 약관의 규제에 관한 법률, 소비자보호법, 방문판매 등에 관한 법률, 부정경쟁방지 및 영업비밀보호에 관한 법률, 할부거래에 관한 법률, 무역거래기반조성에 관한 법률, 기업활동규제완화에 관한 특별조치법 등 경제법 관련 법률이 증가하고 있다.

Chapter

09 국제법

Section

1 국제법의 의의와 주체

Ⅰ. 국제법의 의의

국제법은 국제사회를 규율하는 법질서로서 ① 국제단체에 관한 법으로서 국제단체 자체의 구성과 권한을 비롯하여 그 구성원인 국가와의 관계에 관한 법이며, ② 국가에 관한 법으로서 국가상호의 관계를 규정하고, ③ 국제간에 있어서의 개인의 권리·의무를 규율하는 개인에 관한 법이기도 하다.

Ⅱ. 국제법의 법원

그로티우스는 국제법의 창시자로서 당사국간에 의해 생성되는 조약과 국제관습법을 국제법의 법원으로 인정하여 국제법의 비약적 발전을 가져오는데 공헌하였다.

1. 조 약

조약(條約)은 국가간의 합의를 내용으로 한 문서를 말하는데, 이 조약의 내용인 상호간의 약정이 국제법이 된다. 조약이 국제법의 법원이 되기 위하여는 보편적·일반적인 것, 즉 모든 국가에 개방되고 모든 국가가 가입할 수 있는 조약임을 요한다.

2. 국제관습

국제관습(國際慣習)은 국제사회에 있어서 일반적으로 승인된 관행을 말한다.

Ⅲ. 국제법의 주체

1. 국 가

국가는 국제법의 주체로서 중요한 지위를 차지하고 있다. 대다수의 국가는 완전한 국제법상의 능력을 가지고 있으나, 일부국가는 불완전한 주체로서 국제법상의 능력이 제한되어 있다. 완전한 주체인 국가를 독립국 또는 주권국이라 부르며, 불완전한 국가를 비독립국이라 한다.

2. 개 인

종래의 통설은, 개인은 국제법상 아무런 지위를 가지지 못하며 권리·의무의 주체가 될 수 없다고 하였으며, 비록 개인의 권리·의무가 국제법상에 규정된 경우라도 국가를 통하여 개인에 귀속되는 것으로 해석되어 왔었다. 그러나 제2차대전 후 연합국이 패전국의 전쟁범죄인에 대하여 국제법을 적용하여 처벌한 것은 개인도 국제법상의 주체가 될 수 있다는 것을 보여주고 있다.

더욱이 제2차대전 후 국제연합헌장을 비롯한 여러 조약에서 개인의 기본적 인권을 국제적으로 보장하고 있는 것은 개인의 국제적인 지위가 점차적으로 커져 가고 있다는 것을 시사하고 있다.

3. 국제연합

제1차대전후 세계평화에 대한 요망이 높아지고, 이를 확보하기 위한 국제적 협력체로서 나타난 것이 국제연맹이다. 그러나 국제연맹은 제2차대전의 발발로 인하여 사실상 붕괴되어 대전 후 국제연합127)이 새로운 국제기구로 등장하게 되어 국제법의 주체가 되었다.

2 국가영역과 공해

Ⅰ. 국가영역

국가영역은 일국가가 국제법의 제한 아래 자유로이 통치할 수 있는 지역을 말한다. 영역은 일정한 토지를 중심으로 하여 그 주위의 일정한 바다와 그 상공의 공간으로 나누어지는데, 그 토지를 영토라 하고, 바다를 영해, 공간을 영공이라 한다.

Ⅱ. 공 해

공해(公海)는 영해를 제외한 해양이며 국제법상 어느 국가의 영역에도 속하지 않는다. 공해가 어느 국가의 주권이나 관할권에도 속하지 아니하고 각국이 공동으로 이용할 수 있는 것을 공해자유의 원칙이라고 한다.

Ⅲ. 특정수역

특정수역으로는 접속수역, 보존수역, 대륙붕(大陸棚), 우주공간 등이 있다.

127| 국제연합의 조직을 살펴보면 다음과 같다. ① 주요기구 : 총회·안전보장이사회·경제사회이사회·신탁통치이사회·국제사법재판소·사무국. ② 전문기구 : ILO(국제노동기구), FAO(국제연합식량농업기구), UNESCO(국제연합교육과학문화기구), WHO(세계보건기구), IMF(국제통화기금), IBRD(국제부흥개발은행), IFC(국제금융공사), IDA(국제개발협회), ICAO(국제민간항공기구), UPU(만국우편연합), IMO(국제해사기구), WMO(세계기상기구), ITU(국제전기통신연합), WIPO(세계지적소유권기구), IFAD(국제농업개발기금), UNIDO(국제연합공업개발기구)가 있으며 그외에 전문기구는 IAEA(국제원자력기구), WTO(세계무역기구). ③ 보조기구 : 국제연합개발계획, 국제연합환경계획, 국제연합난민고등판무관, 국제연합인권 고등판무관, PKO(평화유지활동)이 있다.

Section

3   국가교섭기관

Ⅰ. 외교사절

외교사절은 국가를 대표하여 외교교섭을 위하여 외국에 파견되는 사절, 즉 국가기관
이다. 각 국가간의 정치문제에 관한 의견의 교환, 장래의 행동에 관한 협정, 분쟁의 해
결, 조약의 체결 등은 보통 외교사절을 통하여 행하여진다.

Ⅱ. 영 사

영사(領事)는 주로 주재국에서 본국의 통상에 관한 사무와 본국 국민의 보호·감독
등의 사무를 집행하는 국가기관을 말한다.

Section

4   국제분쟁

국제분쟁이 발생한 경우에 이를 평화적으로 해결하는 방법이 확립되어야 한다. 평화
적 해결방법에는 ① 직접교섭 ② 주선과 중개 ③ 국제조정 ④ 국제재판 등이 있다. 그
밖에 국가간의 분쟁을 비평화적으로 해결하고자 하는 방법에는 보복·전쟁 등이 있다.

찾아보기(INDEX)

저자소개

● **권영복(법학박사)**

동국대학교 법과대학 및 동 대학원 졸업
세한대학교 소방행정학과 교수 역임
현) 동국대학교 행정 · 경찰공공학부 강의초빙교수

〈주요논문 및 저서〉
국가보훈제도에 있어서 전공사상군경의 법적 보호에 관한 연구(박사학위논문, 2009.8), 전 · 의경의 손해배상청구권 제한의 문제점과 해결방안, 현행법상 해상구조제도의 문제점과 개선방안-여객선 세월호 사건에서 제기된 문제를 중심으로, 미용성형수술사고 환자의 안전권 보호를 위한 제도적 개선방안, 국가보훈제도와 전몰·순직군인 유족 보훈급여제도의 개선방안, 군인의 국가배상청구금지와 국가보훈제도의 관계고찰, 독립유공자제도의 보호대상 요건과 범위의 문제점 및 개선방안, 〈소방관계법규해설(도서출판 영, 2017)〉,〈소방공무원법(도서출판 영, 2017), 〈소방행정법강의 1-2(도서출판 영, 2012)

● **백승흠(법학박사)**

동국대학교 법과대학 및 동 대학원 졸업
현) 청주대학교 법학과 교수

〈주요 논문 및 저서〉
아동의 최선의 복리와 친권의 제한에 관한 유럽인권재판소 판결의 검토-LOBBEN AND OTHERS v. NORWAY 판결을 중심으로-, 영국법상 아동의 법적 지위 인정에 관한 소고, 성년후견제도의 정착을 위한 성년후견인 교육 방안, 동성간의 결합과 혼인으로의 동화-독일 LPartG의 혼인으로의 동화과정을 중심으로-, 영국의 문화재 보존 법제에 관한 고찰, 〈성년후견제도론〉, 〈가족법〉, 〈생활법률〉 등

● **이철호(법학박사)**

동국대학교 법과대학 및 동 대학원 졸업
현) 남부대학교 경찰행정학과 교수

〈주요논문 및 저서〉
헌법상 종교의 자유와 종교문제의 검토, 헌법상 인간의 존엄과 성전환의 문제, 국회 날치기 통과사와 국회 폭력방지방안, 존속살해 범죄와 존속살해죄 가중처벌의 위헌성 검토, 성범죄의 재범 방지 제도와 경찰의 성범죄 전력자 관리, 한국의 기업인 범죄와 법집행의 문제, The Story of the "Order of Merit Party" and the Cancellation of Awards Issued to Chun Doo-Hwan's New Military, 〈헌법강의〉(공저), 〈헌법과 인권〉, 〈경찰과 유머〉, 〈경찰행정 전공 노트〉, 〈법은 어떻게 독재의 도구가 되었나〉 등

법학입문

1판 1쇄 발행 2014년 03월 03일
1판 2쇄 발행 2020년 08월 28일
저   자 권영복, 백승흠, 이철호
발 행 인 이범만
발 행 처 **21세기사** (제406-00015호)
        경기도 파주시 산남로 72-16 (10882)
        Tel. 031-942-7861   Fax. 031-942-7864
        E-mail : 21cbook@naver.com
        Home-page : www.21cbook.co.kr
        ISBN 978-89-8468-525-3

정가 25,000원